[体育・スポーツ・健康科学テキストブックシリーズ]

スポーツ現場に生かす
運動生理・生化学

樋口　満編

CHI
市村出版

編 者	樋口　　満	早稲田大学スポーツ科学学術院
執筆者	石見　佳子	国立健康・栄養研究所健康増進プログラム
	伊藤　静夫	（財）日本体育協会スポーツ科学研究室
	内田　　直	早稲田大学スポーツ科学学術院
	岡村　浩嗣	大阪体育大学
	亀井　明子	国立スポーツ科学センター
	川中健太郎	新潟医療福祉大学医療技術学部
	木村　典代	高崎健康福祉大学
	甲田　道子	中部大学応用生物学部
	坂本　静男	早稲田大学スポーツ科学学術院
	定本　朋子	日本女子体育大学
	鈴木　克彦	早稲田大学スポーツ科学学術院
	髙田　和子	国立健康・栄養研究所健康増進プログラム
	中谷　　昭	奈良教育大学教育学部
	八田　秀雄	東京大学大学院総合文化研究科
	東泉　裕子	国立健康・栄養研究所健康増進プログラム
	町田　修一	東海大学体育学部

〈五十音順〉

はじめに

運動生理・生化学の研究成果のスポーツ現場への応用

　南アフリカで開催されたサッカー・ワールドカップが終わって，すでに半年が過ぎようとしている．今回のワールドカップ開催前には，日本チームに対する国内の評価はいま一つであったが，緒戦にカメルーンに勝利し，オランダに善戦，そしてデンマークに快勝し，決勝トーナメント進出という結果を残した日本チームは，まるで優勝でもしたかのような大歓迎を受けながらの帰国であった．

　私は，日本チームの予選リーグ最終戦であった対デンマーク戦をヨーロッパスポーツ科学会議（ECSS）が開催されていたトルコの地中海に面したリゾートホテルのラウンジで，研究発表にやってきた研究室の大学院生たちとテレビ観戦した．本田選手や遠藤選手の見事なフリーキックによる得点シーンでは，飛び上がって喜んだが，トルコのホテル従業員も一緒に喜んでくれたことが忘れられない．トルコといえば親日的な国として知られており，今回の南アフリカ大会には出場していないが，2002年日韓共同開催のワールドカップ決勝トーナメントで日本が敗れた国でもある．

　ワールドカップ本大会に出場してきた各国チームは，本大会に出場するために，あらゆる手立てを尽くしてきたであろうし，本大会を勝ち抜くためにも最善の努力をしてきたであろうことは，想像に難くない．ワールドカップやオリンピックなど大きな国際大会終了後には，勝利のために活躍した選手や監督にスポットが当てられるのはいつものことであるが，選手やチームの活躍の陰には，スポーツ科学をベースとしたしっかりとしたサポートシステムが構築され，機能していたことは忘れられがちである．

　ECSSでは，クオリティの高い研究発表がデンマークの研究者から数多くなされており，日本からも若手を中心としていくつかのクオリティの高い研究が発表されていた．デンマークをはじめ北欧諸国はスポーツ科学の先進国であるが，サッカーで日本がデンマークに勝ったからといって，日本のスポーツ科学がデンマークより優れていると思う人はいないだろう．しかし，日本サッカー協会がスポーツ科学のこれまでに蓄積されてきた研究成果を取り入れ，スポーツ現場に生かしてきた成果であることは間違いないと思われる．そして，運動生理・生化学を含むスポーツ科学研究の理論をしっかりと身につけ，選手やチームをサポートするスタッフとして，アスレティックトレーナー，スポーツ栄養士，そしてスポーツドクターなど様々なエキスパートが影となって支え，貢献してきたに違いない．

　わが国では日本体育協会が公認スポーツ指導者養成制度により，様々なスポーツ関連のエキスパートを養成してきている．そのなかに，最近，スポーツ栄養士が新たな

エキスパートとして加わったことは特筆されるべきことである．

　本書はスポーツ選手を支える様々な分野のエキスパートを目指す人々にとって，スポーツ科学のなかに重要な位置を占める専門分野である運動生理学，運動生化学のこれまでにコンセンサスが得られている知見に，最新の研究成果を加えて，とくに"スポーツ現場に生かす"という視点から執筆されている．本書の執筆陣はそれぞれの分野で高い専門的知識を持っているばかりでなく，実践的な視点からもスポーツ科学にアプローチしているエキスパートである．執筆者それぞれの書きぶりには多少のばらつきがあるが，それは各執筆者の持ち味が出た結果であると理解していただきたい．今後，読者の方々に忌憚のないご意見を頂き，よりよいものにしていきたいと編者は考えている．

　2010. 12.

樋口　満

早稲田大学スポーツ科学学術院教授

スポーツ現場に生かす運動生理・生化学

目　次

はじめに　運動生理・生化学の研究成果の
　　　　　スポーツ現場への応用 ……………………………………樋口　満… *i*

I. スポーツ現場に生かす運動生理学

1章　スポーツ選手の体格と身体組成 ……………甲田　道子… *3*
1. 身長と体重 …………………………………………………… *3*
2. 身体組成 ……………………………………………………… *3*
   (1) 除脂肪量（LBM）………………………………………… *3*
   (2) 体脂肪量 ………………………………………………… *4*
3. 体脂肪率の測定方法 ………………………………………… *4*
   (1) 密度法（2コンパートメント法）………………………… *4*
   (2) インピーダンス法 ……………………………………… *6*
   (3) 皮脂厚（キャリパー）法 ……………………………… *6*
   (4) 二重X線吸収法（DXA法）…………………………… *8*
   (5) 超音波法 ………………………………………………… *8*
4. スポーツ選手の身体組成 …………………………………… *8*

2章　トレーニングとエネルギー消費量 ……………髙田　和子… *12*
1. 1日のエネルギー消費量の構成 …………………………… *12*
   (1) 基礎代謝量，安静時代謝量 …………………………… *12*
   (2) 食事誘発性熱産生 ……………………………………… *13*
   (3) 身体活動によるエネルギー消費量 …………………… *13*
   (4) 運動後の代謝亢進 ……………………………………… *14*
2. エネルギー消費量の測定 …………………………………… *14*
   (1) 直接法 …………………………………………………… *14*
   (2) 間接法 …………………………………………………… *14*
   (3) 非熱量測定 ……………………………………………… *15*
   (4) 呼吸商 …………………………………………………… *19*
   (5) 基礎代謝量（BMR）の推定 …………………………… *20*
   (6) 歩行・走行のエネルギー消費量の評価 ……………… *22*

3章　スポーツ選手の体調管理と生理学的指標 …坂本　静男… *25*
1. スポーツ選手の体調管理の必要性 ………………………… *25*
2. スポーツに関連した突然死 ………………………………… *25*
   (1) 突然死の現状 …………………………………………… *25*

　　　　(2) 突然死の誘因・原因 …………………………… 26
　　　　(3) 健康チェック，体調チェックの意義 …………… 26
　　3. オーバートレーニング症候群 …………………………… 29
　　　　(1) オーバートレーニング症候群とは ……………… 29
　　　　(2) スポーツ選手における頻度と発症機序 ………… 31
　　　　(3) オーバートレーニング症候群の予防対策 ……… 33
　　　　(4) トレーニング処方作成上の注意点 ……………… 35

4章　スポーツ選手の呼吸循環器系機能 …………… 定本　朋子 … 37
　　1. 有酸素性作業能力の指標—最大酸素摂取量— ………… 37
　　　　(1) 最大酸素摂取量とは ……………………………… 37
　　　　(2) 測定方法による相違 ……………………………… 38
　　　　(3) 最大酸素摂取量に影響する諸要因 ……………… 40
　　2. 呼吸機能と最大酸素摂取量—毎分換気量，肺拡散容量— …… 41
　　3. 酸素運搬能と最大酸素摂取量—ヘモグロビン濃度— ……… 42
　　4. 循環機能と最大酸素摂取量
　　　　　—心拍出量，一回拍出量，心拍数，心肥大— ………… 42
　　　　(1) 心拍出量の重要性 ………………………………… 42
　　　　(2) 一回拍出量と心拍数 ……………………………… 43
　　　　(3) スポーツ心臓 ……………………………………… 44
　　5. 酸素取込能力と最大酸素摂取量—動静脈酸素較差— ……… 44
　　6. 呼吸循環機能とパフォーマンス ………………………… 47

5章　スポーツ選手の骨格筋機能 ……………………… 町田　修一 … 49
　　1. 筋線維タイプ ……………………………………………… 49
　　　　(1) 骨格筋の構造 ……………………………………… 49
　　　　(2) 筋線維タイプの分類 ……………………………… 49
　　　　(3) 筋線維組成 ………………………………………… 51
　　　　(4) 運動単位と筋線維の動員様式 …………………… 53
　　2. 骨格筋の肥大 ……………………………………………… 55
　　　　(1) レジスタンストレーニングと筋肥大 …………… 55
　　　　(2) 筋線維の肥大メカニズム ………………………… 57
　　　　(3) 筋線維の増殖と筋サテライト細胞の役割 ……… 59

6章　運動時の水分補給と体温調節機能 ……………… 伊藤　静夫 … 61
　　1. 運動中の体温調節 ………………………………………… 61
　　　　(1) 身体活動と発汗 …………………………………… 61
　　　　(2) 有効発汗と無効発汗 ……………………………… 62
　　　　(3) スポーツ活動中の発汗量 ………………………… 62
　　　　(4) 体液分布 …………………………………………… 62

(5) 自発的脱水 ……………………………………………… 63
　　　(6) 脱水のパフォーマンスへの影響 ……………………… 63
　2. スポーツ活動中の水分補給 ………………………………… 64
　　　(1) 水分補給ガイドラインの経緯 ………………………… 64
　　　(2) 脱水2%を許容するガイドライン …………………… 64
　　　(3) 低ナトリウム血症 ……………………………………… 65
　　　(4) 塩分の補給 ……………………………………………… 66
　　　(5) 糖質の補給 ……………………………………………… 66
　　　(6) 水分補給と中枢機能 …………………………………… 67
　　　(7) 胃の通過速度からみた飲料の条件 …………………… 68
　3. 熱中症事故とその予防 ……………………………………… 69
　　　(1) 環境温度の測定 ………………………………………… 69
　　　(2) 熱中症予防のための運動の仕方 ……………………… 69
　　　(3) 熱中症の救急処置 ……………………………………… 71

7章　スポーツ選手のうつ状態と脳機能 ……………… 内田　直 … 73
　1. 身体疲労と精神疲労 ………………………………………… 73
　　　(1) 大うつ病（MDD：Major Depressive Disorder） ……… 73
　　　(2) オーバートレーニング症候群
　　　　　（OTS：Overtraining Syndrome） ………………………… 75
　2. 身体運動とうつ状態の発現機序 …………………………… 77
　3. スポーツ現場に生かす知識 ………………………………… 78

II. スポーツ現場に生かす運動生化学

8章　スポーツ選手の体調管理と免疫機能 ……… 鈴木　克彦 … 83
　1. スポーツ選手と感染症 ……………………………………… 83
　　　(1) 感染防御における物理的バリアの重要性 …………… 83
　　　(2) スポーツ選手に多い感染症と発症要因 ……………… 83
　2. 運動と非特異的防御機構 …………………………………… 84
　　　(1) 炎症・アレルギー ……………………………………… 84
　　　(2) 運動と炎症の病態 ……………………………………… 84
　　　(3) 運動と抗酸化機構 ……………………………………… 84
　3. 運動と体液性免疫 …………………………………………… 85
　　　(1) 運動と抗体・補体 ……………………………………… 85
　　　(2) 運動と粘膜免疫 ………………………………………… 85
　4. 運動と細胞性免疫 …………………………………………… 85
　　　(1) 運動とマクロファージ ………………………………… 85
　　　(2) 運動とナチュラルキラー細胞 ………………………… 85
　　　(3) 運動とT細胞 …………………………………………… 86

5. 運動とサイトカイン …………………………………………… 86
　　　（1） 炎症性サイトカイン ………………………………………… 86
　　　（2） 免疫調節性サイトカイン …………………………………… 87
　　　（3） 抗炎症性サイトカイン ……………………………………… 87
　　　（4） コロニー刺激因子，ケモカイン …………………………… 87
　　　（5） 多機能性サイトカインIL-6 ………………………………… 87
　　6. 休養・栄養面での対応策 ……………………………………… 87
　　　（1） オーバートレーニング症候群 ……………………………… 87
　　　（2） 休養によるストレス予防 …………………………………… 87
　　　（3） 栄養によるストレス予防 …………………………………… 88
　　7. 健康増進のための適度な運動習慣の影響 …………………… 88

9章　スポーツ選手の筋疲労と生化学的指標 ……… 中谷　昭… 90
　　1. 筋疲労について ………………………………………………… 90
　　2. 筋疲労と血中CK，LDHおよびミオグロビンの変動 ………… 91
　　　（1） CK ……………………………………………………………… 92
　　　（2） LDH …………………………………………………………… 92
　　　（3） ミオグロビン ………………………………………………… 92
　　3. 運動と血中CKレベルの変動 ………………………………… 93
　　4. 筋疲労と筋肉痛・筋損傷 ……………………………………… 93
　　5. 筋疲労を低減する栄養・食事 ………………………………… 95

10章　運動時の糖・脂質代謝と生化学的指標 …… 川中健太郎… 99
　　1. 運動中の骨格筋におけるエネルギー源 ……………………… 99
　　　（1） 骨格筋におけるエネルギー源としての糖質 ……………… 99
　　　（2） 骨格筋におけるエネルギー源としての脂質 ……………… 100
　　　（3） 運動強度と骨格筋のエネルギー源 ………………………… 101
　　　（4） 運動後の筋グリコーゲン再合成 …………………………… 103
　　2. 運動中の疲労と糖・脂質代謝 ………………………………… 103
　　　（1） 末梢性疲労 …………………………………………………… 103
　　　（2） 中枢性疲労 …………………………………………………… 105
　　3. トレーニングによる骨格筋の代謝適応 ……………………… 107
　　　（1） ミトコンドリアの適応 ……………………………………… 107
　　　（2） GLUT4の適応 ………………………………………………… 108

11章　運動時の乳酸代謝と生化学的指標 ………… 八田　秀雄… 112
　　1. 運動中の乳酸代謝 ……………………………………………… 112
　　　（1） 乳酸は糖の中間代謝産物 …………………………………… 112
　　　（2） 無酸素運動はあり得ない …………………………………… 113
　　　（3） 乳酸は酸素がある状態で糖分解の高まりでできる ……… 113

(4) 乳酸はエネルギー源 ………………………………………… *114*
           (5) 乳酸トランスポーター（輸送担体）……………………… *115*
           (6) 糖は使いやすいが量は少ない …………………………… *115*
       2. 疲労と乳酸 …………………………………………………………… *116*
           (1) マラソン終盤，サッカー終盤の疲労に乳酸は無関係 …… *116*
           (2) 疲労の原因は乳酸ではないことが多い ………………… *117*
           (3) 疲労の原因はさまざま …………………………………… *117*
       3. 生化学的指標としての血中乳酸濃度 …………………………… *118*
           (1) 血中乳酸濃度を指標として利用する …………………… *118*
           (2) 血中乳酸濃度はあくまで指標 …………………………… *119*
           (3) LT（乳酸性作業閾値）…………………………………… *119*
           (4) LT測定の実際 …………………………………………… *120*
       4. 血中乳酸濃度を筋内からの1つの情報として利用する ………… *120*

12章　運動によるたんぱく質代謝と生化学的指標
　　　　　………………………………… 岡村　浩嗣… *122*
       1. 血液 …………………………………………………………………… *123*
           (1) 血中たんぱく質 …………………………………………… *123*
           (2) 血中遊離アミノ酸 ………………………………………… *123*
           (3) 血中アンモニア …………………………………………… *124*
           (4) 血中尿素窒素 ……………………………………………… *124*
           (5) 血中クレアチニン ………………………………………… *125*
           (6) 動静脈格差法（組織バランス法）……………………… *125*
       2. 尿 ……………………………………………………………………… *126*
           (1) 尿たんぱく質 ……………………………………………… *126*
           (2) 尿中遊離アミノ酸 ………………………………………… *126*
           (3) 尿中尿素窒素 ……………………………………………… *127*
           (4) 尿中クレアチニン ………………………………………… *127*
           (5) 窒素出納 …………………………………………………… *128*
       3. 筋肉などの組織 ……………………………………………………… *128*
           (1) 組織たんぱく質の合成速度 ……………………………… *128*
           (2) 全身たんぱく質の代謝回転 ……………………………… *130*
           (3) その他の筋肉などの組織を用いた評価項目 …………… *130*

13章　スポーツ選手の貧血と生化学的指標 ……… 亀井　明子… *132*
       1. 貧血 …………………………………………………………………… *132*
       2. 鉄代謝の生化学 ……………………………………………………… *132*
           (1) 血液の成分と組成 ………………………………………… *132*
           (2) 赤血球の形成と崩壊 ……………………………………… *132*
           (3) ヘモグロビン ……………………………………………… *133*

(4) 鉄代謝 ……………………………………………………… 134
　3. スポーツ選手の貧血 ……………………………………………… 136
　　(1) 貧血の種類 …………………………………………………… 137
　　(2) 体内鉄の状態評価 …………………………………………… 138
　　(3) 貧血の発生頻度 ……………………………………………… 138
　4. 貧血に関係する生化学的指標 …………………………………… 139
　　(1) フェリチン（貯蔵鉄） ……………………………………… 139
　　(2) ハプトグロビン ……………………………………………… 139
　　(3) トランスフェリン …………………………………………… 140
　　(4) 血清鉄 ………………………………………………………… 140
　5. スポーツ選手の貧血および鉄欠乏の予防 ……………………… 140
　　(1) 鉄摂取量の目安 ……………………………………………… 140
　　(2) 貧血予防の食事 ……………………………………………… 141

14章　スポーツ選手の体調管理とビタミン・ミネラル
　　　　　　　　　　　　　　　　　　石見　佳子・東泉　裕子… 143
　1. 水溶性ビタミン …………………………………………………… 143
　　(1) ビタミンB_1（チアミン） ………………………………… 143
　　(2) ビタミンB_2（リボフラビン） …………………………… 144
　　(3) ビタミンB_6（ピリドキシン） …………………………… 145
　　(4) ナイアシン（ニコチン酸，ニコチン酸アミド） ………… 146
　　(5) ビタミンB_{12}（コバラミン） ……………………………… 146
　　(6) 葉酸 …………………………………………………………… 147
　　(7) パントテン酸 ………………………………………………… 147
　　(8) ビオチン ……………………………………………………… 147
　　(9) ビタミンC …………………………………………………… 147
　2. 脂溶性ビタミン …………………………………………………… 148
　　(1) ビタミンA …………………………………………………… 148
　　(2) ビタミンD …………………………………………………… 149
　　(3) ビタミンE …………………………………………………… 149
　　(4) ビタミンK …………………………………………………… 149
　3. ミネラル …………………………………………………………… 150
　　(1) カルシウムの体内分布と代謝 ……………………………… 150
　　(2) 骨粗鬆症とは ………………………………………………… 151
　　(3) カルシウムの摂取量と骨量 ………………………………… 152
　　(4) カルシウム摂取量の現状 …………………………………… 152
　　(5) 運動と骨量 …………………………………………………… 153
　　(6) カルシウム摂取と運動 ……………………………………… 154
　　(7) カルシウム代謝に関与するビタミン・ミネラル ………… 155

15章　スポーツ選手の内分泌機能と性ホルモン
　　　　　　　　　　　　　　　　　　　　　　　木村　典代… 158
　1. ホルモンについて …………………………………………… 158
　　（1）ホルモンの定義 ………………………………………… 158
　　（2）ホルモンの種類と働き ………………………………… 158
　2. 一過性運動時と運動トレーニング時の
　　　ホルモン分泌の変化 ……………………………………… 160
　　（1）一過性運動時のホルモン分泌の変化 ………………… 160
　　（2）運動トレーニング時のホルモン分泌の変化 ………… 160
　3. 運動時の内部環境とホルモンの働き …………………… 161
　　（1）運動時のエネルギー代謝に関わるホルモン ………… 161
　　（2）水分調節にはたらくホルモン ………………………… 161
　　（3）循環器調節にはたらくホルモン ……………………… 164
　　（4）骨格筋におけるたんぱく質代謝にはたらくホルモン ……… 166
　　（5）女性ホルモン …………………………………………… 168

　索引 ………………………………………………………………… 171

I. スポーツ現場に生かす運動生理学

1章　スポーツ選手の体格と身体組成　　甲田　道子
2章　トレーニングとエネルギー消費量　髙田　和子
3章　スポーツ選手の体調管理と生理学的指標
　　　　　　　　　　　　　　　　　　　坂本　静男
4章　スポーツ選手の呼吸循環器系機能　定本　朋子
5章　スポーツ選手の骨格筋機能　　　　町田　修一
6章　運動時の水分補給と体温調節機能　伊藤　静夫
7章　スポーツ選手のうつ状態と脳機能　内田　　直

[I. スポーツ現場に生かす運動生理学]

1章 スポーツ選手の体格と身体組成

キーワード：身長，体重，LBM，体脂肪量

1．身長と体重

もっとも基本的な形態計測項目は身長と体重である．体格の評価法として，体重を身長の2乗で除したBody Mass Index（BMI）が広く使われている．

BMI (kg/m^2) ＝体重(kg) ÷ (身長(m) × 身長(m))

例）身長160cm，体重60kgの場合，BMI＝60÷(1.6×1.6)＝23.4

BMIが高すぎても低すぎても有病率や死亡率は高くなる．日本肥満学会ではBMI 22kg/m²に相当する体重を標準体重に，18.5kg/m²未満を低体重，25kg/m²以上を肥満としている．

スキーのジャンプ競技のルールにはこのBMIが用いられている．BMIによってその選手が使う板の長さが決まり，BMIが低いほど板は短く不利になる．ジャンプ競技では体重が軽い方が優位であることから，過度な減量で健康を害する選手が出ないようにするために導入された．

また，体重変動は普段の食事量が適当であるかどうかの目安になる．食事量の多すぎた状態が続くと体重は増加し，反対に不足していると体重は減少する．普段から体重を記録する習慣をつけておくと，自分の食事の適量が把握しやすい．

しかし，体重だけでは，筋肉が多くて体重が重いのか，脂肪が多くて重いのかを区別することは困難であり，からだの中身まではわからない．そこで身体組成の測定が必要になってくる．身体を構成するそれぞれの要素，例えば筋肉量や脂肪量は競技成績に影響を及ぼしており，それらの望ましい量は競技種目によって異なっている．

2．身体組成

からだを構成している要素（身体組成）は，酸素や炭素，水素といった原子レベルから，骨や骨格筋，脂肪組織などの組織レベルにまで分けて考えることができる．図1-1はBhnkeによる標準体の男性と女性の身体組成である[5]．スポーツ科学の分野では，脂肪組織と脂肪以外の組織（除脂肪組織：Lean Body Mass（LBM））の2つに大別する考え方（2コンパートメント法）が広く用いられている．

(1) 除脂肪量（LBM）

除脂肪組織は筋肉・骨・臓器・神経などからなり，その約50％は骨格筋である（図1-1）．筋力やパワーはその筋肉の断面積や筋肉量に比例し[7]，有酸素性能力の指標である最大酸素摂取量も筋肉量と高い相関関係がみられる[8]．したがって，パフォーマンス向上には筋肉量を増加させることが重要となる．身長1mあたりの除脂肪量は，一般男性では約30kg，女性で約25kgであり[9]，陸上競技やサッカー，水泳の男子選手では約35kg，ラグビーや重量上げ選手では約40kg，そして女子スポーツ選手では約30kgである[2]．し

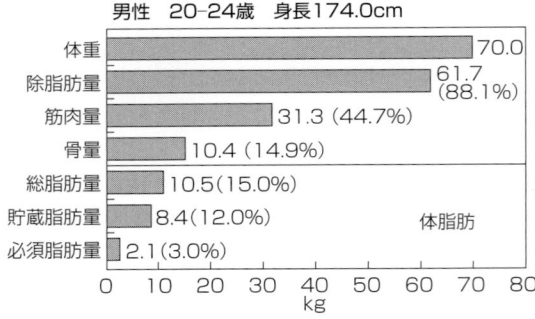

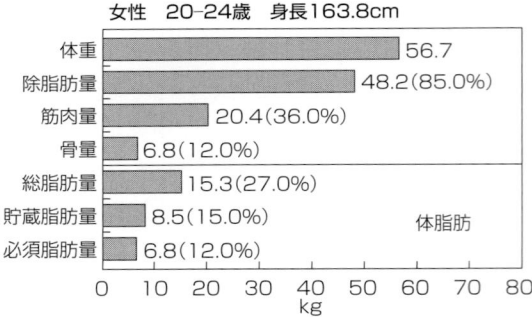

図1-1　標準体の男性および女性の身体組成. (Behnke AR, Wilmore JH.: Evaluation and Regulation of body build and composition. Prentice-Hall, Englewood Cliffs, 1974)（引用：McArdle WDら編著　Sports and exercise nutrition Third Edition pp400, Lippincott Williams & Wilkins, 2008.）

かし，筋肉量は無限に増加するわけではない．除脂肪量の上限は，男性では70kg/身長m，女性では50kg/身長m程度であろうと推測されている[2]．

除脂肪量の英語表記には，LBMだけでなくFFM (fat-free mass) という用語が使われていることがある．両者はほとんど同義であるが，McArdleらのことばを借りると，LBMはin vivo的な見方であり，FFMはin vitro的である[15]．厳密にいえば，LBMの中には細胞膜などのリン脂質といった必須脂肪が含まれているが，FFMには含まれていない．

(2) 体脂肪量

体内にある脂肪はエネルギー源としてだけでなく，生命を営む上できわめて重要な機能を有している．体脂肪は必要最低限の脂肪である「必須脂肪」と，それ以外の「貯蔵脂肪」に大別することができる（図1-1）．貯蔵脂肪組織はおよそ83％の脂肪，2％のたんぱく質，15％の水で構成されている．一方，必須脂肪は体脂肪率にして男性では約3〜4％，女性では9〜12％程度で[5]，骨髄，神経，肝臓，心臓，脾臓，腎臓などに存在している．

女性ではさらに胸部や下肢の皮下，筋肉間等に女性特有の脂肪が付いている．体重あるいは体脂肪量の少ない選手や，食事制限等で体重が激減した場合には月経障害や無月経になる可能性が高い[16]．無月経になると骨密度が低下し，骨折の危険性が高まることが危惧される．このように体脂肪量が少ないと健康障害を引き起こす危険性が高いことから，選手にとって，どのくらいまで体脂肪量を落とすことができるのか，その見極めは重要である．

3. 体脂肪率の測定方法

体脂肪率のおもな測定法には，本格的な科学的測定方法と局所を測定する簡易な方法がある．前者は密度法，二重X線吸収（DXA）法，体水分法，カリウム法であり，大掛かりな装置と高度な技術を必要とする．それらを組み合わせたマルチコンパートメント法は，もっとも正確に体脂肪量を推定する方法であると考えられている．さまざまな測定法の妥当性を検討する際の基準として用いられることも多い．後者は形態計測から求める方法やインピーダンス法，皮脂厚（キャリパー）法などで，統計的に検討されて作成された方法である．いずれの方法にも長所と短所があるので，その特徴を踏まえて測定値を解釈することが大切である．

(1) 密度法（2コンパートメント法）

密度法は各組織の密度を考慮してモデルを構築する方法である．たとえば，脂肪は密度が小さいが，筋肉中のたんぱく質や骨中のミネラルは密度が大きい（表1-1）[6]．したがって，体脂肪量の多

表1-1 各組織の密度と割合 (Brožek J et al.: Densitometric analysis of body composition: Revision of some quantitative assumptions. Ann NY Acad Sci 110: 113-140, 1963.)

組織	密度 g/cm³	除脂肪組織 %	標準体 %
水	0.9937	73.8	62.4
たんぱく質	1.34	19.4	16.4
ミネラル	3.038	6.8	5.9
骨	2.982	5.6	4.8
骨以外	3.317	1.2	1.1
脂肪	0.9007		15.3
除脂肪組織	1.1	100	84.7
標準体	1.064		100

い人ほどからだ全体の密度は小さく，反対に体脂肪量が少なくて筋肉量や骨量の多い人ほど密度は大きくなる．このことを利用して身体密度を求めて体脂肪率を推定する方法が密度法である．

身体密度から体脂肪率を推定するには，成人ではBrožekらの式[6]やSiriの式[20]などが，思春期前の子どもにはLohmanらの式[13]が使われている（図1-2[10]）．

Brožekらの式
体脂肪率(%) = (4.570／身体密度 - 4.142) ×100
Siriの式
体脂肪率(%) = (4.950／身体密度 - 4.500) ×100
Lohmanらの式
体脂肪率(%) = (5.300／身体密度 - 4.890) ×100

1）身体密度の測定法

身体密度は，水中体重法や空気置換法を用いてからだの体積を測定し，体重をその体積で除して求める．

水中体重法は，以前は体脂肪率測定法のゴールドスタンダードと呼ばれていた方法である．これはアルキメデスの法則を利用していて，体重（空気中）と水中に潜った時の体重（水中体重）を測定して体積を求めている．

（みかけの）体積 = （空気中での体重 - 水中での体重）／水の密度

このように実測した体積はみかけの体積であって，そこから肺の残気量を差し引いて真の体積を求める．残気量の測定法には純酸素再呼吸法やヘ

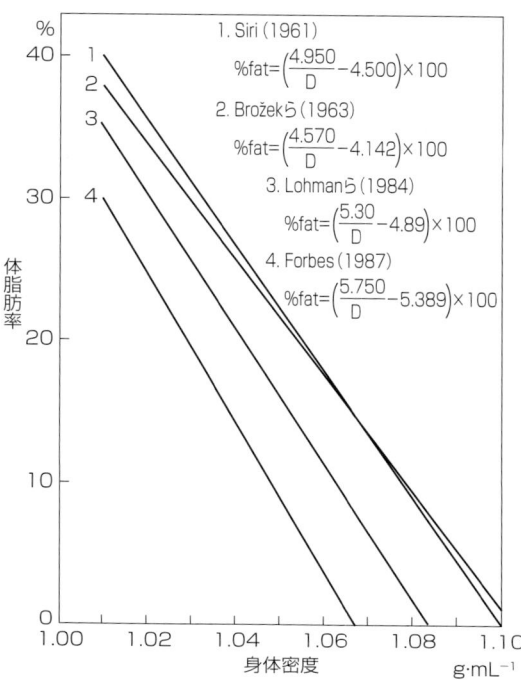

図1-2 身体密度（D）から体脂肪率（%fat）算出の比較．
（北川 薫：身体組成とウエイトコントロール～子どもからアスリートまで～．pp5, 22, 杏林書院, 1991.）

リウム希釈法などがある．水中体重法は最大呼出の状態で数秒間水中に潜っていなくてはならないため，被測定者側からすると息苦しいという苦痛を伴うことから，子どもや高齢者が容易に遂行できる方法ではない．

空気置換法は水中体重法でいう水の代わりに空気を利用して体積を求める方法である．この装置には2つのチャンバー（小部屋）が設置されている．片方のチャンバーに人が入ると，チャンバー内の空気の体積と圧力が変化することから，ボイルの法則を用いて被測定者の体積を測定している．空気置換法は水中体重法よりも被測定者の負担は軽いが，装置は高額である．

2）密度法の問題点

密度法は，除脂肪組織は73.8％の水（密度0.9937g/cm³），6.8％のミネラル（3.038g/cm³），19.4％のたんぱく質（1.34g/cm³）で構成されていて，除脂肪組織の密度は1.1g/cm³，脂肪の密度

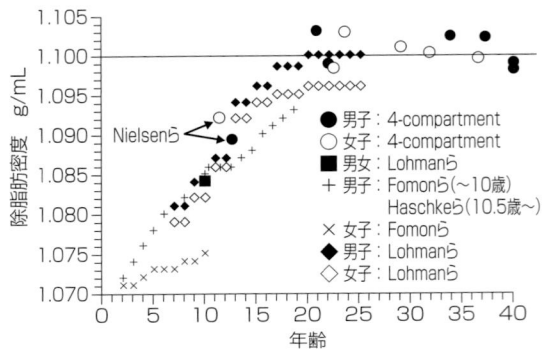

図1-3 発育に伴う除脂肪密度の変化. (戸部秀之ら：思春期用の身体組成算出式（密度法）と皮脂厚による肥満判定基準値の提案. 学校保健研究 39（2）：147-156, 1997.)

は0.9g/cm³であるという前提の上になり立っている（表1-1）.

しかし，除脂肪密度は性，年齢や人種で異なるだけでなく，体格によっても変動する．除脂肪密度が1.1g/cm³より高い人では体脂肪率は実際よりも低く計算され，反対に除脂肪密度が1.1g/cm³より低い人では体脂肪率は実際よりも高くなる．除脂肪密度が高くなる可能性があるのは，除脂肪組織中の骨の密度が高い場合である．黒人のプロフットボール選手を測定したところ，身体密度が1.113g/cm³となり，体脂肪率はマイナスになってしまった例が報告されている[3]．反対にウエイトリフティングなどレジスタントトレーニングを行っていて筋肉量がかなり多い場合，除脂肪密度が低くなる可能性がある．除脂肪組織中の水分量は通常74％程度であるが，筋肉量が多くなると除脂肪密度は低くなるからである．しかし，筋肉量と除脂肪密度とは関係がみられないとする報告もある．子どもから成人までの除脂肪密度を図1-3に示した[3]．この図から成人前では除脂肪密度は1.1g/cm³より小さいことがわかる．

(2) インピーダンス法

インピーダンス法は体肢に電極を付けて微弱な交流電流を流し，そのインピーダンスから体脂肪率を推定する方法である．脂肪組織や骨は電解質をほとんど含まない絶縁体で電気を通さず，骨以外の除脂肪組織は電解質を含んでいるため通電できることを利用している．インピーダンス法は非侵襲的であり装置の移動も簡単である．

インピーダンス法で測定する際は精度を高めるために，取扱説明書をよく読んで以下の点に注意する．

①インピーダンス法は体水分の影響を受けるため，測定に際しては体内における水分の分布状態ができるだけ同じであることが望まれる．それには毎回同じ時間帯に測定するようにする．ただし，起床後あるいは食後は2時間以上経ってからの測定が望ましい．また，体水分の状態が通常でない場合，たとえば運動やサウナなどで発汗して脱水状態の時，多量に水を飲んだ時，多量に酒を飲んだ時も妥当性は低くなる．体重階級制の競技では，計量にパスするために試合直前に脱水をして減量する選手が多い．この場合，体水分の状態が通常とはいえないので，測定値の妥当性は低くなると考えられる．また女性の場合，性周期によって体水分量が変動することに注意を払う必要がある．

②測定時の体位を一定にする．仰臥位や立位で測定するタイプの場合は，左右の太股が付かないように気をつけ，付いてしまう場合はタオルをはさむとよい．

(3) 皮脂厚（キャリパー）法

皮脂厚法はつまんだ皮脂の厚み（skinfold thickness）を皮脂厚計（キャリパー）で測定する方法で，簡便でしかも場所を選ばずに測定できる．実際には図1-4にある厚みを測っていて，超音波法などで測定する真の皮下脂肪（subcutaneous fat）の厚みではない[10]．

測定部位は①上腕背部（上腕三頭筋），②肩甲骨下部，③上腕前部（上腕二頭筋），④胸部，⑤腹部（へそ横），⑥腸骨稜，⑦大腿前部，⑧下腿背部（ふくらはぎ）等である．そのうち①上腕背部と②肩甲骨下部の2カ所の値を用いて体脂肪率を推定することができる．体脂肪率を求めるには，NagamineとSuzuki[17]の式に代入して身体密度

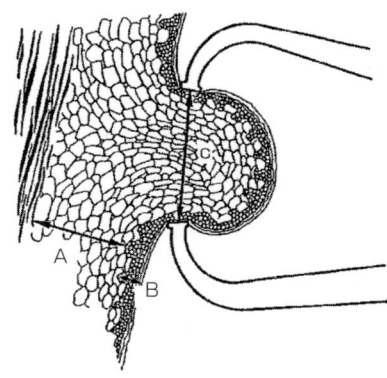

図1-4 皮下脂肪の測定．A：B：C：．（北川 薫：身体組成とウエイトコントロール～子どもからアスリートまで～．pp5, 22, 杏林書院, 1991.）

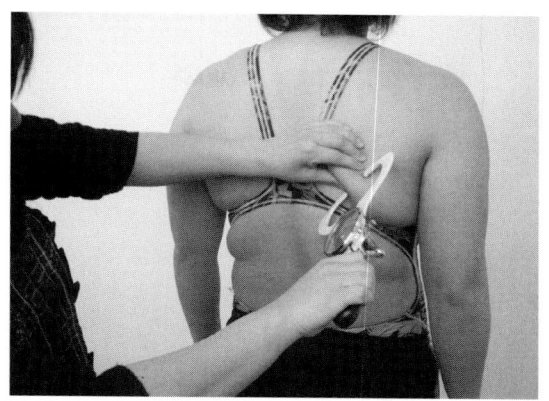

図1-5 キャリパーによる肩甲骨下部の測定．

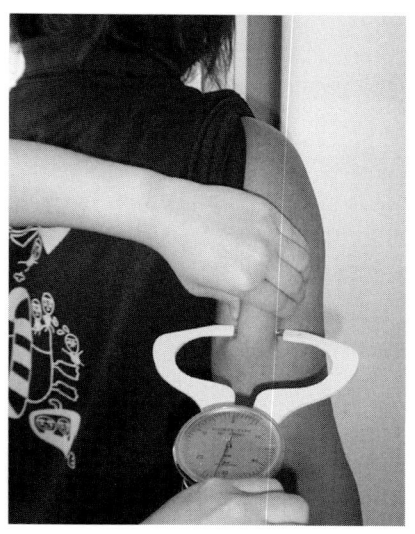

図1-6 キャリパーによる上腕背部の測定．

を求め，さらに前述したBrožekらの式に代入して計算する方法がとられている．

男性　9-11歳　　身体密度 = 1.0879 − 0.00151 ×
　　　　　　　　　　（上腕背部 + 肩甲骨下部）
　　　12-14歳　　身体密度 = 1.0868 − 0.00133 ×
　　　　　　　　　　（上腕背部 + 肩甲骨下部）
　　　15-18歳　　身体密度 = 1.0977 − 0.00146 ×
　　　　　　　　　　（上腕背部 + 肩甲骨下部）
　　　成人　　　　身体密度 = 1.0913 − 0.00116 ×
　　　　　　　　　　（上腕背部 + 肩甲骨下部）

女性　9-11歳　　身体密度 = 1.0794 − 0.00142 ×
　　　　　　　　　　（上腕背部 + 肩甲骨下部）
　　　12-14歳　　身体密度 = 1.0888 − 0.00153 ×
　　　　　　　　　　（上腕背部 + 肩甲骨下部）
　　　15-18歳　　身体密度 = 1.0931 − 0.00160 ×
　　　　　　　　　　（上腕背部 + 肩甲骨下部）
　　　成人　　　　身体密度 = 1.0897 − 0.00133 ×
　　　　　　　　　　（上腕背部 + 肩甲骨下部）

体脂肪率％ =（4.570／身体密度 − 4.142）×100

測定値を体脂肪率に換算しないで，そのまま用いることもある．たとえば前記のうち，①上腕三頭筋，②肩甲骨下部，③上腕二頭筋，⑥腸骨稜，⑦大腿前部，⑧下腿背部の6カ所の皮脂厚の合計（SUM6）を計算して，減量中などその変動を観察する[12]．また，大腿前部やふくらはぎの皮脂厚が厚いほど，400mや1500m，10,000m走のタイムが遅かったという報告もある[4]．

測定方法と留意点は以下のとおりである[18]．①上腕背部：右側上腕の背部（三頭筋上）で，肩峰突起と肘頭突起との中間点．上腕の力を抜き自然に垂らしてもらった状態で縦につまみ上げる（図1-5）．②肩甲骨下部：右側肩甲骨尖端角の直下．脊柱より肩甲骨下点に向かって斜め下方に走るように（約45度）つまむ（図1-6）．③つまみ上げる時には，広く深く指先が筋肉に触れそうように，

脂肪層を十分につまみ上げる．④キャリパーはつまみの軸に対して，常に直角になるように当てる．⑤キャリパーの一定圧がかかった後2秒以内に値を読み取る．⑥2〜3回測定して平均値を値とする．⑦皮脂厚計の圧力（$10g/mm^2$）を頻繁にチェックする．また，測定する人による測定値のバラツキは大きくなるため，何回も練習をする．

短所は自分自身で測定できない点である．また，NagamineとSuzukiの成人用の式は18〜27歳の男女を対象として，身体密度と相関の高い部位を決定して作られている．したがって，この方法で全身の体脂肪率を推定すると，皮下よりも内臓脂肪の蓄積が著しい中高年者では精度は低くなると考えられる．

(4) 二重X線吸収法（DXA法）

DXA法では，放射した2種類のエネルギーのX線が各組織を透過した際の，それぞれの減衰率を測定している．装置は骨密度や骨塩量を測定する機器として開発されたが，その原理を応用して体脂肪量の測定も行われている．動物実験やラードをからだに巻き付けて行った実験等で，DXA法による体脂肪率測定法の精度の高さは確かめられている．しかし，医療以外の目的で繰り返して測定できる方法ではない．また，脂肪層が厚くなると脂肪が過小に見積もられ，とくに体幹部分の脂肪は過小評価される傾向にある[11]．

(5) 超音波法

超音波法では生体の組織の境界で反射エコーが得られ，それによって皮下脂肪と筋肉を区別することができる（図1-7）．超音波法は精度が高く[1]，被測定者への負担も軽く，被曝することもなく繰り返し測定することが可能である．また，超音波Bモード法は皮下脂肪厚と筋肉組織厚が視覚的にわかるという点も優れている．

4．スポーツ選手の身体組成

マラソン競技のように，競技によっては体脂肪

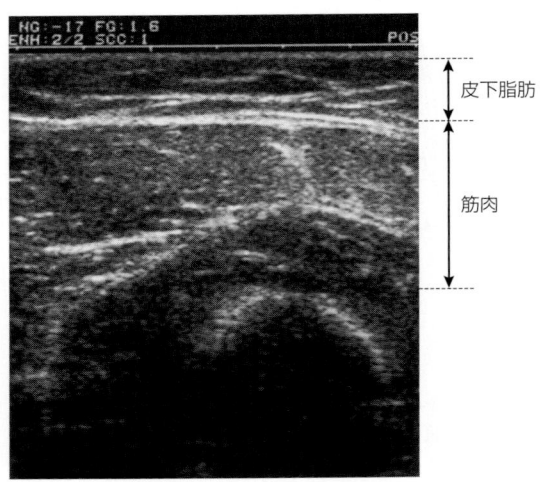

図1-7　超音波Bモードで測定した大腿部前面の皮下脂肪厚と筋肉組織厚．

は負荷となり不利に働く．マラソンは長時間にわたって自分の体重を移動させる競技特性を持つため，体脂肪量を少なくして体重を軽くした方がパフォーマンスは高くなるからである．反対に，相撲では体脂肪もたくさん付けて体重を重くした方が有利となる．また，ウエイトリフティングでは体重による階級が設けられているため，脂肪を極力減らし除脂肪量を増やしながらも，制限体重内におさめることが要求される．しかし，前述したとおり除脂肪量は無限に増加するわけではないので，脂肪も増加させて体重を増やすことになる．実際に重量級では除脂肪量と体脂肪量はともに多い．これはレスリング，柔道など体重階級別種目の重量級にも共通している．競技選手の望ましい体脂肪率は男性で5〜13％，女性で12〜22％であるが[14]，このように競技種目によって適正な身体組成には違いがみられる．長野およびシドニーオリンピック日本代表選手の身体組成を表1-2に示した[19]．

体脂肪率といっても，その人の体脂肪量を直接測定しているわけはなく推定しているに過ぎない．いずれの方法にも短所と長所があるため，それぞれの特徴を踏まえ，測定値を解釈して用いることが大切である．また，体脂肪率とは，体重に

表1-2 1998年長野および2000年シドニーオリンピック日本代表選手の形態計測結果．((財)日本オリンピック委員会：第18回オリンピック冬季競技大会（1998／長野）第27回オリンピック競技大会（2000／シドニー）日本代表選手体力測定報告書．)

男性

		人数 人	年齢 歳	身長 cm	体重 kg	皮下脂肪厚 上腕背部 mm	皮下脂肪厚 肩甲骨下 mm	体脂肪率 %	除脂肪量 kg
アルペンスキー		−	−	−	−	−	−	−	−
クロスカントリースキー		8	24.3	168.7	64.0	4.3	5.9	13.0	55.6
ジャンプ		12	25.4	171.0	60.1	3.6	4.4	10.3	53.9
ノルディック複合		11	24.7	171.5	64.1	4.2	5.9	12.7	55.9
フリースタイルスキー	エアリアル	3	28.7	170.5	63.3	3.7	6.3	12.4	55.4
	モーグル	5	23.0	168.7	66.7	4.8	7.0	13.5	57.7
スノーボード	ハーフパイプ	6	22.7	165.9	59.0	4.5	6.3	13.0	51.4
	アルペン	2	23.5	169.2	70.9	5.5	8.0	15.5	59.9
スピードスケート	短距離	10	23.9	174.4	78.0	5.7	7.5	14.9	66.4
	長距離	4	24.3	168.2	66.6	5.3	7.0	13.8	57.3
フィギュアスケート		5	20.0	170.9	64.2	4.6	5.8	13.7	55.4
ショートトラック		9	21.0	169.5	62.9	5.4	7.0	13.6	54.4
アイスホッケー		33	26.8	176.7	80.4	5.4	8.3	16.5	67.1
バイアスロン		6	27.5	171.1	63.2	4.0	5.7	12.4	55.4
ボブスレー		10	27.1	180.1	86.9	5.2	7.9	15.9	73.0
リュージュ		8	19.6	173.3	79.5	7.7	14.0	21.7	66.3
カーリング		5	29.8	171.6	68.8	6.2	8.8	15.2	58.3
陸上競技	短距離・ハードル	12	24.6	176.6	70.1	3.8	5.7	11.4	62.1
	長距離・競歩	6	28.7	177.2	62.8	4.3	6.0	11.6	55.5
	跳躍	5	26.4	180.7	72.7	3.7	6.3	11.8	65.6
	投てき	1	25.0	187.1	94.1	2.7	4.6	10.7	84.0
水泳	競泳	9	20.0	177.2	69.0	5.8	8.1	15.3	58.5
	飛込	1	19.0	168.0	64.0	4.8	7.4	12.1	56.3
	シンクロ	−	−	−	−	−	−	−	−
サッカー		57	22.7	178.1	72.6	5.0	6.4	13.0	63.1
テニス		2	24.5	175.9	75.6	5.9	5.9	13.0	65.7
ボート		12	25.4	182.1	73.5	6.1	6.8	13.7	63.4
ボクシング	バンタム級，フェザー級	2	23.5	166.4	60.8	5.9	8.9	14.4	52.0
バレーボール		12	28.2	190.6	83.8	5.7	7.7	13.9	72.2

女性

		人数 人	年齢 歳	身長 cm	体重 kg	皮下脂肪厚 上腕背部 mm	皮下脂肪厚 肩甲骨下 mm	体脂肪率 %	除脂肪量 kg
アルペンスキー		9	19.7	160.8	61.9	10.3	10.0	22.9	47.7
クロスカントリースキー		8	23.0	159.2	52.9	7.0	7.6	17.3	43.7
ジャンプ		−	−	−	−	−	−	−	−
ノルディック複合		−	−	−	−	−	−	−	−
フリースタイルスキー	エアリアル	4	20.5	159.0	52.7	11.3	10.5	20.4	41.9
	モーグル	3	22.0	162.9	55.8	7.3	8.7	17.4	46.1
スノーボード	ハーフパイプ	3	25.3	158.9	55.2	10.0	7.7	20.0	44.2
	アルペン	3	26.0	162.0	61.1	13.0	13.7	23.7	46.6
スピードスケート	短距離	6	23.8	162.0	59.1	9.8	8.2	18.7	48.1
	長距離	7	22.4	162.8	58.7	9.6	8.0	18.0	48.1
フィギュアスケート		5	17.4	158.0	49.1	9.2	8.0	18.3	40.1
ショートトラック		8	20.9	156.9	49.2	8.8	7.8	17.2	40.7
アイスホッケー		26	22.1	160.5	58.2	−	−	−	−
バイアスロン		7	23.3	157.2	55.2	8.7	7.9	18.8	44.7
ボブスレー		−	−	−	−	−	−	−	−
リュージュ		3	22.3	162.4	59.2	11.7	13.7	22.6	45.7
カーリング		5	25.8	158.3	53.6	11.0	10.2	20.9	42.4
陸上競技	短距離・ハードル	1	25.0	171.9	67.0	7.2	8.0	17.0	55.6
	長距離・競歩	6	26.0	158.9	45.1	7.8	5.4	13.7	38.9
	跳躍	2	25.0	173.2	55.0	8.8	7.5	15.9	46.2
	投てき	−	−	−	−	−	−	−	−
水泳	競泳	12	19.8	167.2	59.4	8.5	10.3	19.3	47.9
	飛込	−	−	−	−	−	−	−	−
	シンクロ	9	22.6	164.5	56.7	8.5	10.4	18.6	46.1
サッカー		−	−	−	−	−	−	−	−
テニス		4	25.5	163.3	57.5	12.0	10.5	20.4	45.7
ボート		4	22.3	166.8	58.2	10.5	8.6	19.5	46.8
ボクシング	バンタム級，フェザー級	−	−	−	−	−	−	−	−
バレーボール		11	24.5	172.9	65.3	11.1	8.2	18.7	53.0

1章 スポーツ選手の体格と身体組成

種目													
ビーチバレー		-	-	-	-	-	-	7	28.1	171.3	62.8	11.4	9.7	19.9	50.2
体操	体操競技	7	23.6	166.5	65.3	3.1	4.4	10.5	58.4	3	15.0	145.7	36.9	5.3	3.9	12.9	32.1
	トランポリン	1	26.0	161.8	63.5	5.9	6.3	13.7	54.8	1	26.0	158.5	49.8	7.4	8.5	17.2	43.3
	新体操	-	-	-	-	-	-	-	-	10	19.5	166.7	51.9	7.4	7.1	16.2	41.2
レスリング	54–58kg	3	26.7	160.8	62.6	4.1	5.0	11.9	55.1	-	-	-	-	-	-	-	-
	63–69kg	5	26.2	168.6	70.7	4.7	6.3	13.0	61.5	-	-	-	-	-	-	-	-
	76–85kg	2	27.5	174.5	85.1	4.7	6.5	13.5	73.7	-	-	-	-	-	-	-	-
セーリング		6	29.2	176.9	76.6	5.4	8.6	15.0	65.1	3	29.7	154.8	58.5	9.7	13.9	23.3	44.6
ウエイトリフティング	56–62kg	3	26.0	153.7	61.0	6.0	7.7	13.3	52.9	-	-	-	-	-	-	-	-
	69kg	1	26.0	165.5	74.1	7.0	10.3	14.7	63.2	3	24.0	153.7	56.8	11.2	8.5	17.8	46.7
	105kg–	1	27.0	167.0	110.8	9.6	23.2	25.4	82.6	-	-	-	-	-	-	-	-
自転車競技	トラック	5	26.8	178.5	76.7	5.6	8.0	13.7	66.1	1	32.0	162.5	51.8	8.0	5.5	15.4	43.8
	ロード	2	28.5	170.6	60.9	4.5	6.0	12.4	53.3	2	28.5	160.2	52.9	9.5	10.1	18.2	43.2
卓球		4	31.8	168.7	67.1	6.1	8.3	15.2	56.8	5	24.6	159.1	55.5	10.6	9.6	19.3	44.8
馬術		9	28.7	171.5	63.5	6.1	8.1	15.3	53.6	2	39.0	160.3	51.5	6.5	6.5	16.0	42.5
フェンシング		2	26.0	172.3	65.3	3.9	7.0	11.9	57.6	2	26.5	159.9	53.4	12.0	9.8	18.9	43.3
柔道	60–66kg	2	26.0	167.9	65.8	2.8	5.1	10.6	58.7	-	-	-	-	-	-	-	-
	73–81kg	2	25.5	175.1	82.0	4.5	7.9	14.0	70.4	-	-	-	-	-	-	-	-
	90kg–	3	26.3	183.6	112.6	7.9	14.1	21.7	87.3	-	-	-	-	-	-	-	-
	48–52kg	-	-	-	-	-	-	-	-	2	25.5	151.9	54.6	9.7	9.5	17.5	45.1
	57–63kg	-	-	-	-	-	-	-	-	2	20.5	160.8	66.8	9.9	7.4	19.5	53.7
	70kg–	-	-	-	-	-	-	-	-	3	23.0	163.4	83.2	18.1	14.9	27.8	59.3
ソフトボール		-	-	-	-	-	-	-	-	21	25.5	165.1	66.1	13.0	11.9	22.9	50.7
バドミントン		2	22.0	175.4	70.3	6.1	6.4	14.1	61.1	7	24.7	166.0	62.8	11.9	11.4	21.0	49.3
射撃	ライフル射撃	4	32.3	173.3	74.7	6.4	10.5	17.8	61.3	3	29.7	160.1	55.1	14.9	12.7	24.9	41.0
	クレー射撃	-	-	-	-	-	-	-	-	2	27.0	159.4	58.5	13.7	13.1	23.1	44.9
カヌー		1	22.0	178.0	78.0	4.4	10.8	16.4	65.2	1	24.0	161.1	61.2	11.7	9.5	18.2	50.1
アーチェリー		3	28.7	172.3	72.2	8.4	8.4	18.3	58.9	2	22.0	164.1	73.3	21.9	21.1	33.8	47.4
野球		36	23.7	176.7	77.7	7.0	9.3	16.2	64.9	-	-	-	-	-	-	-	-
テコンドー		1	19.0	173.8	61.7	4.0	4.4	10.6	55.2	1	28.0	169.3	66.0	8.7	8.9	16.5	55.1
トライアスロン		3	26.3	168.9	62.6	4.2	7.7	11.7	55.3	5	26.6	162.5	52.3	5.9	5.7	14.0	45.0
バスケットボール*	（アトランタオリンピック）									14	23.4	175.4	69.1	-	-	20.1	-

*表に記載されている人数と、実測した人数とが異なる種目がある。

*バスケットボール （アトランタオリンピック）

占める体脂肪の割合である．脂肪量が多い場合，当然体脂肪率は高くなる．しかし，脂肪量が多くない場合でも，除脂肪量が少ないと体脂肪率は高くなる．体脂肪率のみに注目するのでなく，体脂肪量および除脂肪量にまで注意を払うことが大切である．

[甲田　道子]

[文　献]

1) 安部　孝，福永哲夫：超音波が描いた皮下脂肪組織と筋組織．日本人の体脂肪と筋肉分布．91-93，杏林書院，1995．
2) 安部　孝，琉子友男：これからの健康とスポーツの科学．38-39，講談社サイエンティフィク，2000．
3) Adams J et al.: Total body fat content in a group of professional footballplayers. Can J Appl Spt Sci 7: 36-40, 1982.
4) Arrese AL, Ostariz ES: Skinfold thicknesses associated with distance running performance in highly trained runners. J Sports Sci 24 (1): 69-76, 2006.
5) Behnke AR, Wilmore JH: Evaluation and Regulation of body build and composition. Prentice-Hall, Englewood Cliffs, 1974. (引用：McArdle WDら編著 Sports and exercise nutrition Third Edition, 400, Lippincott Williams & Wilkins, 2008.)
6) Brožek J et al.: Densitometric analysis of body composition: Revision of some quantitative assumptions. Ann NY Acad Sci 110: 113-140, 1963.
7) 猪飼道夫，福永哲夫：身体組成の研究（III）．体育の科学 18：71-76，1968．
8) Kitagawa K et al.: Maximal oxygen uptake, body composition, and running performance in young Japanese adults of both sexes. 体育学研究 21：335-340，1977．
9) 北川　薫：スポーツにおける栄養と体づくり．臨床スポーツ医学 4：1331-1336，1987．
10) 北川　薫：身体組成とウエイトコントロール～子どもからアスリートまで～．5, 22, 杏林書院，1991．
11) Koda M et al.: Body composition by air displacement plethysmography in middle-aged and elderly Japanese. Ann NY Acad Sci 904: 484-488, 2000.
12) 小清水孝子：スポーツ選手のウエイトコントロール．ヴェスタ 55；16-21，2001
13) Lohman TG et al.: Bone mineral measurements and their relation to body density in children, youth and adults. Human Biol 50: 667-679, 1984.
14) Lohman TG: Body composition. A round table. The Physician and Sportsmedicine 14: 144-162, 1986.
15) McArdle WD et al.: Body composition, weight control, and disordered eating behaviors. Sports and exercise nutrition Third Edition, 391-448, Lippincott Williams & Wilkins, 2008.
16) 目崎　登：運動性無月経．34-38，ブックハウスHD，1992．
17) Nagamine S, Suzuki S: Anthropometry and body composition of Japanese young men and women. Hum Biol 36: 8-15, 1964.
18) 長嶺晋吉：皮下脂肪厚からの肥満の判定．日本医師会雑誌 68：919-924，1972．
19) （財）日本オリンピック委員会：第18回オリンピック冬季競技大会（1998／長野）第27回オリンピック競技大会（2000／シドニー）日本代表選手体力測定報告書．
20) Siri WE: Body composition from fluid spaces and density: analysis of method. Techniques for Measuring Body Composition (Brozek J and Henschel A), National Academy of Sciences National Research Council, 223-244, 1961.
21) 戸部秀之ら：思春期用の身体組成算出式（密度法）と皮脂厚による肥満判定基準値の提案．学校保健研究 39（2）：147-156，1997．

[I. スポーツ現場に生かす運動生理学]

2章 トレーニングとエネルギー消費量

キーワード：PAL, REE, EER

1. 1日のエネルギー消費量の構成
（図2-1）

(1) 基礎代謝量，安静時代謝量

覚醒時に生命活動を維持するために必要な最低限のエネルギー消費量を，基礎代謝量（Basal Metabolic Rate：BMR）と呼ぶ．BMRは，筋肉の緊張を最小限にした条件で測定され，食事や運動，測定環境の影響などをできるだけ受けないような条件の下で測定された値である．安静時代謝量（Resting Metabolic Rate：RMR）は，BMRより緩い条件で測定され，Compher（2006）は，測定前の空腹時間は最低5時間，10〜20分の安静，測定前2時間は中強度の運動を避け，14時間は高強度の運動を避けるなどを測定条件として示している．

表2-1には，安静時における各臓器別のエネルギー消費量を示した（Elia, 1992）．BMRの個人差には，体格，とくに除脂肪量（Fat Free Mass：FFM）が大きく影響する．性別や年齢によるBMRの違いも，大部分は体格の違いで説明できる．低栄養状態ではRMRが低下するが，これは

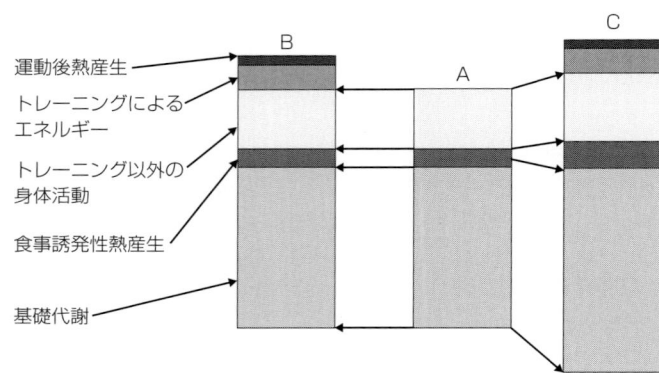

図2-1　1日のエネルギー消費量の内訳．
　1日のエネルギー消費量は大きく分けると基礎代謝，食事誘発性熱産生，身体活動によるエネルギー消費量の3つに分けられる（A）．日々，高度なトレーニングを積んでいる選手においては，少なくともトレーニングにより余分に消費されるエネルギーと，運動後に代謝が亢進している分のエネルギーが多くなるはずである（B）．その他の要素についても，多くなるのであれば，選手の総エネルギー消費量はかなり大きいことになる（C）．

表2-1 各臓器別のエネルギー消費量.

	重量 (kg)	重量比 (％体重)	代謝率 (kcal/kg/day)	代謝量の比率 (％)
肝臓	1.8	2.57	200	21
脳	1.4	2.00	240	20
心臓	0.33	0.47	440	9
腎臓	0.31	0.44	440	8
骨格筋	28.00	40.00	13	22
脂肪	15.00	21.43	4.5	4
その他	23.16	33.09	12	16
合計	70.00	100		100
				(1680kcal/day)

70 kgのreference manにおける
(Elia M.: Organ and tissue contribution to metabolic rate, In Kinney JM, Tucker HN. eds. Energy metabolism, Raven Press, USA. pp. 61-79. 1991.)

交感神経系や甲状腺のホルモンの活動の低下による (Scott Van Zant, 1992). 女性のBMRは生理周期に伴って変動し, 黄体期にもっとも高値を示し, 卵胞期に低値を示すが, これは血液中のエストロゲンとプロゲステロン濃度の影響とされている (Solmon, 1982). 一方で, 近年の研究では, 正常月経周期の女性の1生理周期に繰り返しBMR測定をした場合に, 2〜4％の小さい変動の者と5〜10％の変動の大きい者がいることが指摘されている (Henry, 2003). 人種差は, アジア人と欧米人の比較では, 1日あたりのBMRはアジア人で小さいが, FFMで調整すると差がないとされている (Mirjam, 2008).

スポーツ選手は, 非運動群に比べ1日あたりのBMRや体重当たりのBMRが有意に高い (田口, 2001). 選手ではFFM, 骨格筋量, 肝臓, 腎臓の重量が, トレーニングをしていない者に比べて大きく (Midorikawa et al, 2006), そのために選手における1日あたりあるいは体重当たりのBMRは高いことが推測される. トレーニングに伴うBMRの変化に関するレビュー (緑川, 安部, 2003) では, トレーニングによるBMRの上昇はFFM1kgあたり約40〜50kcalとしているが, この値は表2-1の骨格筋のエネルギー代謝率よりも大きく, 骨格筋量の変化だけでは説明がしきれていない. 一方で, 月経異常の選手では, FFMと体脂肪量で調整しても正常な月経の選手に比べてBMRが低いとされている (Marion et al, 1999).

(2) 食事誘発性熱産生

食事により増加するエネルギー消費量を, 食事誘発性熱産生 (diet-induce thermogenesis：DIT) と呼ぶ. DITは2つの部分からなり立っており, 1つは食物の消化, 吸収, 同化作用に必要なエネルギーであり, これがDITのほぼ50〜75％を占める. もう1つは, 交感神経系の活性化やその刺激に伴うエネルギー消費である. エネルギー消費量の増加は食後1時間程度の変化が大きいが, 食事の量と内容によっては長く継続することもある. 一定の食事を摂取した後, 6時間後まで測定を行った研究では, DITの個人内変動は11％であったが, 個人間変動が24％と大きくなっていた (Houde-Nadeau, 1993). 各栄養素のDITは, 糖で5〜10％, 脂質で3〜5％, たんぱく質で20〜30％とされている. たんぱく質はほかの栄養素に比べてDITが高いが, これは消化のプロセスでエネルギーが多く必要なこと, 肝臓での同化・たんぱく質の新生やアミノ酸の脱アミノ化, グルコースや中性脂肪への変換に伴うエネルギーを含んでいるなどの理由による. 通常の混合食では, DITは1日の総エネルギー消費量の約10％とされている (Scott Van Zant R, 1992).

(3) 身体活動によるエネルギー消費量

身体活動によるエネルギー消費量には, トレーニング以外の身体活動による部分 (nonexercise activity thermogenesis：NEAT) とトレーニン

グによるエネルギー消費量が含まれる．肥満予防の観点からは，エネルギー消費量の個人間の差において，NEATの重要性が指摘されている．Levine（2005b）は，肥満者では，NEATがやせの者に比べて小さく，とくに立位や移動によるNEATが小さいことを指摘している．トレーニングの介入前後で身体活動レベル（physical activity label：PAL＝総エネルギー消費量／BMR）を比較した研究では，介入後のPALが増えている報告（Blaak, 1992, Bingham, 1982, Van Etten, 1997, Westerterp, 1992）もあるが，高齢者を対象とした研究では，PALが低下した報告もある（Goran, 1992, Hunter, 2000）．同じ競技の選手でも，個人間の差は大きく，これにはトレーニング内容だけでなく，そのほかの時間の身体活動の個人間の差が影響していると考えられる（山本，2002）．運動のエネルギー消費量の個人内変動は，鍛練者で1.5％，中程度にトレーニングしている人で2％とされている（Pereira, 1997, 1994）．

（4）運動後の代謝亢進

運動を中止した後でも，しばらくの間は，エネルギー消費量が高い時間が続く．このエネルギー消費量の増加を運動後の代謝亢進（excess post-exercise oxygen consumption：EPOC）という．EPOCは無酸素性の代謝産物の除去，体温の上昇，中性脂肪利用の亢進，交感神経系の活性化などによる．EPOCは，運動後に速く現れる要素と長時間続く要素があり，速く現れる要素は運動後ほぼ1時間で消失するが，残りの部分は最大で48時間程度続く．1回の運動でのEPOCは，運動中のエネルギー消費量の3〜15％，あるいはRMRの5〜10％程度である（Speakman JR & Selman C, 2003）．EPOCの大きさは，運動の強度と時間に影響され，強度が高くなるほど，また時間が長くなるほど大きくなる．15分の低強度または高強度の運動の繰り返しによりPALが2になる条件でのEPOCは，運動によるエネルギー消費量が553kcalと556kcalに対して，6％と5％であった（Ohkawara, 2008）．これは，実際の値としては，35kcal，29kcalであり，ほとんど無視できるものである．しかし，高強度の運動を長時間行い1500kcal程度消費するような場合には，EPOCは合計で最大225kcal程度となり，無視できない．また，このような選手のBMRを測定する場合には，前日あるいは前々日のトレーニングによるEPOCが加わったBMRを測定している可能性がある．

2. エネルギー消費量の測定

（1）直接法

エネルギー消費量をヒトの熱産生量として物理的にとらえる方法である．Laboisierが1770年代に測定を始め，1890年代にAtwaterとRosaがヒトの測定用の機器を開発した．これは断熱した居室内でヒトが生活し，居室を囲んだ水の温度の上昇を測定し，さらに室内で発生した水蒸気量から呼気等の水蒸気の気化熱，体温の変化を考慮してエネルギー消費量を測定する機器である．精度は高く，理論的にも重要であるが，装置が大がかりで，活動内容が限られるために，最近はほとんど使用されていない．

（2）間接法

摂取した，あるいは蓄積されているエネルギー源となる栄養素を使って，エネルギーを産生する際には，酸素（O_2）を消費し，二酸化炭素（CO_2）を排出する．O_2消費量，CO_2産生量，尿中窒素量が正確に得られれば，多くの場合1％程度かそれ以下の誤差でエネルギー消費量が推定できる（Livesey & Elia, 1988）

1）オープン・サーキット（開放回路系）

オープン・サーキットは，外気を吸い，呼気を分析することでエネルギー消費量を測定する．

・ルーム・オープンサーキット ヒューマンカロリメータ法（図2-2）

ホテルのシングルルーム程度の広さを持つ居室に，外気を取り入れる給気口と室内の空気を外に

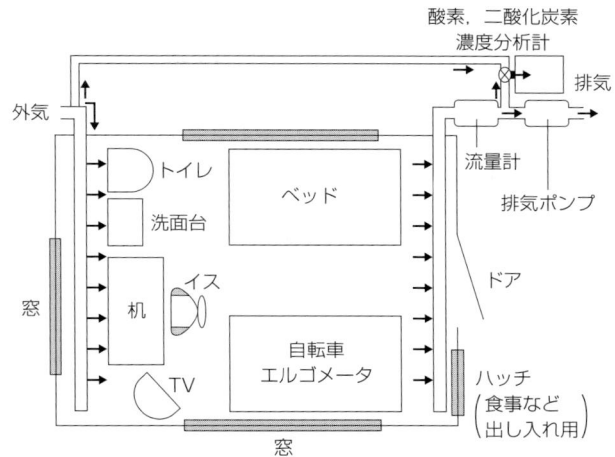

図2-2 ヒューマンカロリメータの概略図.
((独) 国立健康・栄養研究所の例)

出す排気口がつけられている．給気口から取り入れられた空気は，室内の空気（被験者の呼気を含んだもの）と十分に撹拌された後，排気される．給排気される空気の量を流量計で測定し，給気口と排気口におけるO_2とCO_2濃度を測定することで，被験者のO_2消費量とCO_2産生量を求める．被験者はマスクなどの機器を装着することなく生活ができる．室内でアルコールを燃焼することで，アルコールの燃焼量と理論値から機器の精度を確認できる．精度は2%以内と非常に高い（Levine, 2005a）．

・ダグラスバッグ法

Douglas（1911）により紹介された呼気ガス収集用の専用の袋（ダグラスバッグ）に，マスクまたはマウスピースを通じて呼気を収集し，呼気中のO_2，CO_2濃度と呼気ガス量を測定する．ゴム管やマスクのリークの確認や分析機器の精度管理などが適切にされていれば，誤差は3%以内とされている（Levine, 2005a）．

・フロースルー（フード・キャノピー・オープンサーキット法）

フード（キャノピー）内に被験者の頭部を入れ，その中の空気を一定流量で吸引し，呼気と吸気の混ざった気体のO_2とCO_2濃度を測定する．マスクやマウスピースの装着に比べ負担が少なく，仰臥位あるいはリクライニングした姿勢で測定するためBMRやRMRの測定に適している．分析する気体は，室内空気により希釈されているため，精度の高い分析機器が必要となる．測定精度はフード内の換気，フード内の気体の混和，フードの大きさ，顔の向き，サンプリングの位置などに影響される．呼吸モデルにより検討したフードの測定精度は0.02〜0.04%とされている（熊江他, 2007）．

・ミキシングチャンバー法

マスクまたはマウスピースを装着し，蛇管により分析機器に直接，呼気を流入する．機器内のミキシングチャンバーにおいて呼気を十分に撹拌した後，その一部をとってO_2消費量とCO_2産生量を測定する．ガスを混合することで比較的，安定した値が得やすいが，ミキシングチャンバーの大きさや構造によっては，換気量が多い時に誤差を生じることがある．換気量はミキシングチャンバーの手前に設置した流量計で測定する．流量計の精度によって，低流量や高流量の時に測定誤差を生じることがある．

・ブレス・バイ・ブレス法

ミキシングチャンバーと同様に，マスクまたは

マウスピースを装着し，蛇管により分析機器に直接，呼気を流入するが，呼気を撹拌することなく，フローセンサーにより呼気と吸気を判断し，1呼吸ごとに呼気と吸気のO_2消費量，CO_2産生量，換気量を測定する．呼吸数が増大した場合や，換気量が非常に小さい場合にセンサーが対応しきれない場合がある．

2）クローズド・サーキット（閉鎖回路系）

1980年代後半に発達した方法で，ベネディクト-ロス（Benedict-Roth）型スパイロメータが代表的である．被験者は100％の酸素または空気が充満した閉鎖回路中の気体を繰り返し，呼吸する．気体中のCO_2はソーダライムで吸収し，O_2の減少量を測定する方法である．

（3）非熱量測定

熱量を直接，間接的に測定する方法でなく，ほかの指標からO_2消費量を推定し，エネルギー消費量を求める方法である．

1）二重標識水（Doubly Labelled Water : DLW）法

水素（H）と酸素（O）の安定同位体を使用する方法である．市販の重水（^2H_2Oと$H_2{}^{18}O$）を混合し，体水分あたりで0.12g/kgの^2H_2Oと0.25g/kgの$H_2{}^{18}O$を投与する．DLWの投与前および投与後に，体の水分の一部（尿や唾液など）を採取し，安定同位体質量比分析計で^2Hと^1Hの存在比，および^{18}Oと^{16}Oの存在比を測定する．サンプル採取の回数と時期は，2-ポイント法とマルチポイント法の2種類がある．2-ポイント法では，DLW投与後，DLWが体水分と平衡に達した4～6時間，および翌日と1～2週間後の同時刻にサンプルを採取する．マルチポイントでは，DLW投与後，翌日から1～2週間の間に複数回，サンプルを採取する．体内からは，水素は水（呼気中の水分，尿，便中の水分）としてのみ排出され，酸素は水と二酸化炭素として排出される．そのため，水素と酸素の排出率の差がCO_2産生量となる（図2-3）．O_2消費量は，食事摂取量から推定した呼吸商（Black, 1986）により計算する．

DLW法は現時点では，自由に生活している条件下でのエネルギー消費量をもっとも正確に測定する方法とされている．ヒューマンカロリメータとの比較によると，確度（accuracy）は−3.1～＋7.0％，精度（precision）は2.0～16.8％である（田中, 2006）．DLW法では被験者は水（DLW）を飲むことと，尿または唾液のサンプルをとることだけであり，活動の制約は少ない．しかし，最終的な数字としては，1～2週間のエネルギー消費量の平均値としての1日あたりのエネルギー消費量しか測定することができず，短時間の測定はできない．また，1人当たりのDLWのコストが高く，分析機器あるいは外注時の分析費用も高価であるという難点がある．図2-4には，各種競技選手について，DLW法を用いて測定された値をPALで示した．

2）心拍数法

心拍数がO_2消費量と相関することを利用して，エネルギー消費量を推定する．市販の機器の中には，心拍数からエネルギー消費量を推定する式が組み込まれたものもあるが，正確な測定のためには個別に心拍数とO_2消費量の推定式を作成することが必要である．心拍数はとくに中強度の活動において，O_2消費量と正の相関がみられるが，低強度の活動やかなり高強度の活動においては，傾きが異なってくる（図2-5，Ruowei, 1993）．心拍数とO_2消費量の関係は，活動の種類や姿勢により異なるため，測定したい活動に対応した活動時の心拍数とO_2消費量の関係式を作成することが望ましい．心拍数によるエネルギー消費量の精度をヒューマンカロリメータと比較すると，グループ単位では差がみられないが，個別には−15～＋20％の誤差がみられている（Spurr, 1988）．

3）加速度計

加速度計は，圧抵抗または圧電力のセンサーを有し，1軸（垂直方向）または3軸（垂直，水平，左右）の加速度の変化をモニターする機器である．加速度からエネルギー消費量の推定式は，間接法により測定した各種活動のエネルギー消費量と加速度から作製できる．トレッドミルでの歩行や走

1. 希釈容積を求める
1) 2-ポイント法

$$N = \frac{dose_{tap\ water} \times DLW}{18.02 \times dose_{DLW}} \times \frac{(\delta_{DLW} - \delta_{TAP})}{(\delta_{POST} - \delta_{PRE})}$$

　　N：希釈容積（mol）
　　$dose_{tap\ water}$：分析のためにDLWを希釈した水の量（g）
　　$dose_{DLW}$：分析に使用したDLWの量（g）
　　DLW：DLWの投与量（g）
　　$\delta_{DLW}, \delta_{TAP}, \delta_{POST}, \delta_{PRE}$：DLW，水，DLW投与前の尿，平衡に達した時の尿のそれぞれの安定同位体比（δ‰vs smow）

2) マルチポイント法
各サンプルの採取時間とサンプル中の安定同位体比からln enrichment＝k×time＋aの直線回帰式を作成する．

$$N = \frac{1}{e^a}$$

2. 体水分量を求める

$$TBW = \left(\frac{N_o}{1.007} + \frac{N_d}{1.041}\right) \div 2$$

　　TBW：体水分量（mol）
　　N_o, N_d：酸素（O）と水素（d）の希釈容積（mol）

3. 同位体の排出率を求める
1) 2-ポイント法

$$K = \frac{\ln(enrichment\ D1) - \ln(enrichment\ D)}{time\ D1 - time\ D} = \frac{\ln\left(\frac{enrichment\ D1}{enrichment\ D}\right)}{time\ D1 - time\ D}$$

K：排出率
enrichment D1, enrichment D：初日と最終日の安定同位体比
time D1, time D：初日と最終日のサンプルの投与時刻からの経過時間

2) マルチポイント法
直線回帰式の傾き（k）

4. エネルギー消費量を求める

$$rCO_2 = \frac{N}{2}(k_o - k_d)$$

$$TEE = \frac{3.9 \times rCO_2}{RQ} + 1.1 \times rCO_2$$

　　rCO_2：二酸化炭素産生量（mol/day）
　　k_o, k_d：酸素（O）と水素（d）の排出率
　　RQ：呼吸商（food quotient：FQで代用）

図2-3　二重標識水法でのエネルギー消費量の算定．

行における加速度計から評価したエネルギー消費量と間接法による実測値との比較では，多くの加速度計が良い相関を示している（r＝0.74～0.95）（Westerterp & Plasqui, 2004）．しかし，1日あたりのエネルギー消費量では，加速度計の精度は低く，過小に評価している機器が多い（Plasqui & Westerterp, 2007）．加速度計では，短時間の活動の把握や，一定時間内の活動強度別の時間の把握などが可能である．

4）要因加算法
活動の内容を本人または観察者が記録し，それぞれの活動時のエネルギー消費量を既存の資料などに基づいて推定し，それらを加算することによって，エネルギー消費量を推定する．DLW法を妥当基準にした研究では，要因加算法では過小に評価する傾向にある（海老根，2002）．

MET（metabolic equivalent）は，その活動のエネルギー消費量が安静時代謝（RMR）の何倍であるかを示す値である．当初は，運動の強度を示す指標としてアメリカを中心に発展したが，その後，運動以外の日常の活動についても値が求められ，改訂が繰り返されている（Ainsworth, 2000）（表2-2）．METにより運動強度を区分する場合には，下記の区分がよく使用されている．

　　Light（低強度）：MET＜3.0
　　Moderate（中強度）：3.0≦MET＜6.0

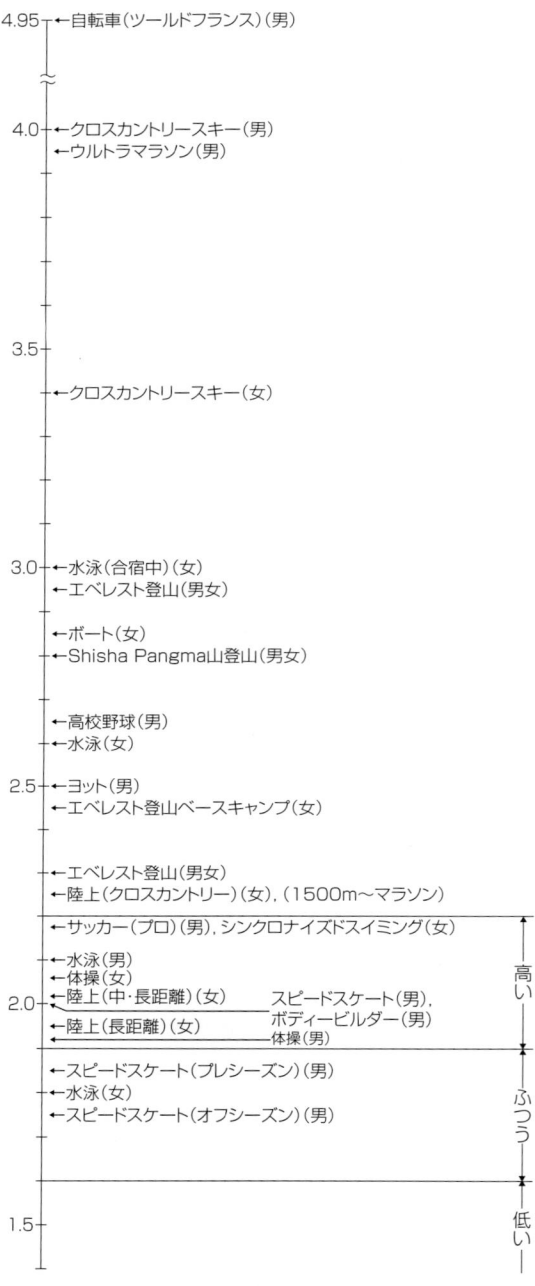

図2-4 スポーツ選手の身体活動レベル.
低い(PAL 1.40-1.60), ふつう(PAL：1.60-1.90), 高い(PAL：1.90-2.20)は日本人の食事摂取基準(2010年版)の成人(15～69歳)における身体活動の区分を示す.

表2-2 主な身体活動のMETの値.

種目		METS
自転車	レース時速22.5～25.6km	10.0
	レース時速25.7～30.6km	12.0
	レース時速32km以上	16.0
固定自転車	100ワット	5.5
	150ワット	7.0
コンディショニング	フロアでの軽い体操	3.5
	ウエイトトレーニング（強度）	8.0
	ウエイトトレーニング（軽度）	3.5
	ストレッチング・ヨガ	2.5
ダンス	バレエ	4.8
ランニング	時速8km	8.0
	時速9.7km	10.0
	時速11.3km	11.5
	時速12.9km	13.5
	トラックでの練習	10.0
アーチェリー		3.5
バドミントン	試合	7.0
バスケットボール	試合	8.0
ボクシング	スパーリング	9.0
	パンチング	6.0
フェンシング		6.0
フットボール	試合	9.0
体操		4.0
ハンドボール		8.0
フィールドホッケー		8.0
アイスホッケー		8.0
乗馬	通常	4.0
	トロット	6.5
柔道		10.0
ラクロス		8.0
ラグビー		10.0
サッカー	試合	10.0
	通常	7.0
ソフトボール, 野球	試合	4.0
	投球	6.0
スカッシュ		12.0
テニス	ダブルス	5～6
	シングルス	8.0
バレーボール	試合	8.0
レスリング	試合	6.0
陸上	投てき, ハンマー投げ	4.0
	高跳び, 幅跳び	6.0

(Ainsworth BE et al.: Compendium of physical activities：an update of activity codes and MET intensities. Med Sci Sports Exerc 32：S498-S516, 2000より作表)

Vigorous（高強度）：6.0≦MET

RMRを測定しない場合は, 1METは, O_2消費量が3.5mL/kg/minを用いることができる. また, METを使用してエネルギー消費量を求める場合には, O_2消費1Lあたりのエネルギー消費量が約5kcalであることを用いて, 下記の式で求めるこ

とができる.

エネルギー消費量(kcal/kg/min) = MET×3.5×5/1000

　METの資料中の数字は, 各種データベースを基に作成されているが, 平均的でない体重や体脂肪量の対象では誤差を生じる. 体重の重い人では, 荷重がかかる活動で運動強度が高くなり, METの代表値を用いると, エネルギー消費量を過小に評価する. 年齢, 持久性体力, 運動の効率, 地理的な環境等によって運動強度が変わるので, METの使用においては, おおよその推定値であることを理解して使用する必要がある.

(4) 呼吸商

　呼吸商(Respiratory Quotient：RQ)は, O_2消費量／CO_2産生量で求められる. エネルギー源となる糖質, 脂質, たんぱく質は, それぞれ1モルの分子が酸化され, 水と二酸化炭素を産生する過程において, 消費されるO_2と産生されるCO_2の量が異なっている. そこで, O_2消費量とCO_2産生量を知ることで, どのエネルギー基質が使用されたかを知ることができる.

1) 糖質のRQ

　1モルのグルコースが完全に酸化されるには, 6モルの酸素が消費され, 6モルの二酸化炭素と水を生成する.

$$C_6H_{12}O_6 + 6O_2 \rightarrow 6CO_2 + 6H_2O$$
$$RQ = 6CO_2/6O_2 = 1.00$$

グルコース酸化の時には, 消費された酸素と同量の二酸化炭素が産生されるので, RQは1になる. 1Lの酸素を消費した場合の糖質のエネルギー発生量は, 5.0kcalである.

2) 脂質のRQ

　1モルの脂質がもつ炭素, 水素, 酸素分子は, 糖質よりはるかに多いため, 糖質よりも多くの酸素を必要とする. 脂肪酸の種類によって, それぞれの数が異なる. 代表的な脂肪酸であるパルミチン酸では23モルの酸素が消費され, 16モルの二酸化炭素が産生する.

$$C_{16}H_{32}O_2 + 23O_2 \rightarrow 16CO_2 + 16H_2O$$
$$RQ = 16CO_2/23O_2 = 0.70$$

脂質のRQは脂肪酸の種類によって, 0.69から0.73になるので, 通常は, 脂質のRQとして0.70が使用されている. 脂肪の燃焼において, 1Lの酸素を消費した時のエネルギーの発生量は, 4.7kcalである.

3) たんぱく質のRQ

　たんぱく質は, 肝臓でアミノ酸になり, 不要な窒素と硫黄が尿や汗・糞便中に排泄される. 残ったケト酸の分子が酸化され, エネルギーを供給する.

$$C_{72}H_{112}N_2O_{22}S + 77O_2 \rightarrow 63CO_2 + 38H_2O + SO_3 + 9CO(NH_2)_2$$
$$RQ = 63CO_2/77O_2 = 0.818$$

通常は0.82がたんぱく質のRQとして使われている. たんぱく質のRQは, 安静時における混合食摂取時の代表値と考えられている0.82と同じであり, 糖質と脂質のRQの中間にある. また, たんぱく質の摂取量は比較的安定しているため, RQは主に糖質と脂質の燃焼比を反映していると考え, たんぱく質の燃焼量を考慮しない場合も多い.

4) 非たんぱく質呼吸商(Nonprotein RQ：NPRQ)

　間接法で測定されるO_2消費量とCO_2産生量は, 糖質, 脂質, たんぱく質が分解された結果が混ざったものであるので, たんぱく質の燃焼量を考慮したRQにより, 糖質と脂質の燃焼比率を評価する. 腎臓は, たんぱく質5.57gをエネルギーに燃焼する時に1gの窒素を排泄する(Jungas RL, 1992). 1gの窒素は, 4.754LのCO_2を産生し, 5.923LのO_2を消費する. そこで, 尿中の窒素排泄量が得られれば, NPRQは下記のように求められる.

$$NPRQ = (CO_2産生量 - 窒素排泄量(g) \times 4.754) / (O_2消費量 - 窒素排泄量(g) \times 5.923)$$

このRQは, 糖質と脂質の燃焼による部分を示しているので, 表2-3より各NPRQあたりの糖質と脂質の燃焼量を知ることができる(Elia & Livesey, 1988).

5) Weirの式

　1949年にWeirは, 呼気ガス分析の値からエネ

表2-3 非たんぱく質呼吸商ごとの糖質と脂質の燃焼比.

非たんぱく質呼吸商	糖質酸化からの燃焼比	脂質酸化からの燃焼比	熱等量 O_2 kJ/L (kcal/L)	熱等量 CO_2 kJ/L (kcal/L)	基質バランス 熱量あたりの糖質 g/MJ (g/Mcal)	基質バランス 熱量あたりの脂質 g/MJ (g/Mcal)
	%	%				
0.7097	0	100	19.502 (4.661)	27.480 (6.568)	0 (0)	−25.48 (−106.6)
0.71	0.12	99.88	19.504 (4.662)	27.470 (6.565)	−0.07 (−0.3)	−25.34 (−106.0)
0.72	3.84	96.16	19.559 (4.675)	27.166 (6.493)	−2.19 (−9.2)	−24.40 (−102.1)
0.73	7.54	92.46	19.615 (4.688)	26.870 (6.422)	−4.30 (−18.0)	−23.46 (−98.2)
0.74	11.21	88.79	19.671 (4.701)	26.582 (6.353)	−6.40 (−26.8)	−22.52 (−94.2)
0.75	14.87	85.13	19.727 (4.715)	26.302 (6.286)	−8.49 (−35.5)	−21.60 (−90.4)
0.76	18.51	81.49	19.782 (4.728)	26.029 (6.221)	−10.56 (−44.2)	−20.67 (−86.5)
0.77	22.12	77.88	19.838 (4.741)	25.764 (6.158)	−12.58 (−52.6)	−19.76 (−82.7)
0.78	25.71	74.29	19.895 (4.755)	25.507 (6.096)	−14.68 (−61.4)	−18.84 (−78.8)
0.79	29.29	70.71	19.950 (4.768)	25.253 (6.036)	−16.72 (−70.0)	−17.93 (−75.0)
0.80	32.84	67.16	20.005 (4.781)	25.004 (5.976)	−18.75 (−78.5)	−17.04 (−71.3)
0.81	36.38	63.62	20.061 (4.795)	24.767 (5.919)	−20.77 (−86.9)	−16.14 (−67.5)
0.82	39.90	60.10	20.117 (4.808)	24.533 (5.864)	−22.77 (−95.3)	−15.25 (−63.8)
0.83	43.39	56.61	20.172 (4.821)	24.304 (5.809)	−24.77 (−103.6)	−14.36 (−60.1)
0.84	46.87	53.13	20.228 (4.835)	24.081 (5.755)	−26.75 (−111.9)	−13.48 (−56.4)
0.85	50.33	49.67	20.284 (4.848)	23.864 (5.704)	−28.73 (−120.2)	−12.60 (−52.7)
0.86	53.76	46.23	20.340 (4.861)	23.651 (5.653)	−30.69 (−128.4)	−11.73 (−49.1)
0.87	57.18	42.82	20.395 (4.875)	23.443 (5.603)	−32.64 (−136.6)	−10.86 (−45.4)
0.88	60.59	39.41	20.451 (4.888)	23.240 (5.554)	−34.59 (−144.7)	−10.00 (−41.8)
0.89	63.97	36.03	20.507 (4.901)	23.042 (5.507)	−36.52 (−152.8)	−9.14 (−38.2)
0.90	67.33	32.67	20.563 (4.915)	22.874 (5.467)	−38.44 (−160.8)	−8.29 (−34.7)
0.91	70.68	29.32	20.618 (4.928)	22.658 (5.415)	−40.35 (−168.8)	−7.44 (−31.1)
0.92	74.01	25.99	20.674 (4.941)	22.472 (5.371)	−42.25 (−176.8)	−6.59 (−27.6)
0.93	77.32	22.68	20.730 (4.955)	22.290 (5.327)	−44.14 (−184.7)	−5.75 (−24.1)
0.94	80.61	19.39	20.786 (4.968)	22.112 (5.285)	−46.02 (−192.5)	−4.92 (−20.6)
0.95	83.88	16.12	20.841 (4.981)	21.938 (5.243)	−47.89 (−200.4)	−4.09 (−17.1)
0.96	87.14	12.86	20.897 (4.995)	21.768 (5.203)	−49.75 (−208.2)	−3.26 (−13.6)
0.97	90.38	9.62	20.953 (5.008)	21.601 (5.163)	−51.60 (−215.9)	−2.44 (−10.2)
0.98	93.61	6.39	21.009 (5.021)	21.437 (5.124)	−53.44 (−223.6)	−1.62 (−6.78)
0.99	96.81	3.19	21.064 (5.034)	21.277 (5.085)	−55.27 (−231.2)	−0.81 (−3.4)
1.00	100	0	21.120 (5.048)	21.120 (5.048)	−57.09 (−238.9)	0 (0)

＊糖質は多糖類（でんぷん，グリコーゲンなど，21.120kJ/L O_2）．ぶどう糖の場合は，エネルギー密度がでんぷんやグリコーゲンより小さいので，表の値が異なる．糖質バランスは，R=0.71で11.2％，R=1.0で12.7％高くなる．
＊脂肪は，2オレイル─パルミチルートリグリセライド（動物性脂肪を代表する，19.502kJ/L O_2）燃焼量は，グリセロール，パルミチン酸，オレイン酸から計算（Elia M, Livesey G: Theory and validity of indirect calorimetry during net lipid synthesis. Am J Clin Nutr 47: 591-607, 1988）

ルギー消費量を計算する式を発表した．この式を使うことで，RQからエネルギー消費量を求める方法と±1％以内の精度でエネルギー消費量を推定することができる．

　　エネルギー消費量（kcal）＝3.941×酸素消費量（L）＋1.106×二酸化炭素産生量（L）−2.17×尿素中窒素排泄量（g）

この式は，たんぱく質の燃焼比率を12.5％と仮定すると以下の式に簡略化できる．

　　エネルギー消費量（kcal）＝3.9×酸素消費量（L）＋1.1×二酸化炭素産生量（L）

（5）基礎代謝量（BMR）の推定

BMRは実測することが望ましいが，測定ができない場合，体格や身体組成から推定する（表2-4）．Harris-Benedict，やWHO/FAO/UNUの式が国際的にはよく使用されているが，これらの式は日本人については，BMRを過大に評価することが多い．

選手では推定式の多くは，BMRを過小に評価

2章 トレーニングとエネルギー消費量

表2-4 基礎代謝量の推定式.

Harris-Benedict (1918)
男性：66.4730＋13.7516BW＋5.0033HT－6.7550AGE
女性　655.0955＋9.5634BW＋1.8496HT－4.6756AGE

FAO/WHO/UNU(1985)
男性：18-30歳　(15.3×BW)＋679
　　　30-60歳　(11.6×BW)＋879
　　　60歳以上　(13.5×BW)＋487
女性　18-30歳　(14.7×BW)＋496
　　　30-60歳　(8.7×BW)＋829
　　　60歳以上　(10.5×BW)＋596

Cunningham (1980)
500＋22×FFM

BW：体重 (kg)，HT：身長 (cm)，AGE：年齢 (歳)，FFM：除脂肪量，fat free mass (kg)

(Harris JA, Benedict FG. A biometric study of human basal metabolism. Proc Natl Acad Sci U.S.A. 4: 370–373, 1918.)
(FAO/WHO/UNU. Energy and protein requirements: report of joint FAO/WHO/UNU expert consultation. Geneva. World Health Organization, 1985 (Technical Report Series no.724))
(Cunningham JJ. A reanalysis of the factors influencing basal metabolic rate in normal adults. Am. J. Clin. Nutr 33: 2372–2374, 1980.)

表2-5 基礎代謝基準値.

	男性		女性	
	基礎代謝基準値 (kcal/kgBW/day)	基準体重 (kg)	基礎代謝基準値 (kcal/kgBW/day)	基準体重 (kg)
1〜2歳	61.0	11.7	59.7	11.0
3〜5歳	54.8	16.2	52.2	16.2
6〜7歳	44.3	22.0	41.9	22.0
8〜9歳	40.8	27.5	38.3	27.2
10〜11歳	37.4	35.5	34.8	34.5
12〜14歳	31.0	48.0	29.6	46.0
15〜17歳	27.0	58.4	25.3	50.6
18〜29歳	24.0	63.0	22.1	50.6
30〜49歳	22.3	68.5	21.7	53.0
50〜69歳	21.5	65.0	20.7	53.6
70歳以上	21.5	59.7	20.7	49.0

(厚生労働省：日本人の食事摂取基準，2010年版)

する傾向にあるが，FFMを使用しているCunnhingamの式は過大に評価する傾向にある (De Lorenzo, 1999). BMRはFFMの影響を大きく受けているものの，推定式の切片は0とは有意に異なっており，FFM以外に代謝を行っている成分があることになる．そのため，FFMあたりのBMRは，FFMが大きい人で，FFMが小さい人より大きい．Usuiら (2008) は，DXA (Doual-energy X-ray Absorptiometry) で測定した骨量，脂肪量，骨格筋量を基にRMRの推定式を作成し，年齢や体力レベルに関係なく，RMRを精度高く推定できる可能性を示している．トレーニング内

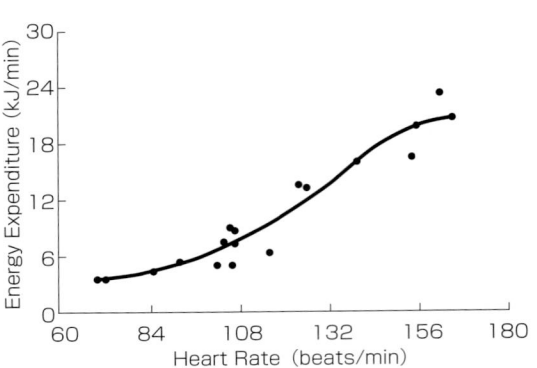

図2-5 心拍数とエネルギー消費量.
(Ruowei L et al.: A critical evaluation of heart rate monitoring to assess energy expenditure in individuals. Am J Clin Nutr 58: 602-607, 1993.)

[歩行]
酸素消費量（mL/kg/min）＝ [速度（m/min）×0.1（mL/kg/m）] ＋ [速度（m/min）×角度× 1.8（mL/min/m）] ＋3.5（mL/kg/min）

[走行]
酸素消費量（mL/kg/min）＝ [速度（m/min）×0.2（mL/kg/m）] ＋ [速度（m/min）×角度× 0.9（mL/min/m）] ＋3.5（mL/kg/min）

＊角度は％を小数点で表記する．（例：3％の昇り→0.03）

図2-6 歩行・走行における酸素消費量の計算方法.
(Glass S, Dwyer GB eds. ACSM's Metabolic Caluculations Handbook. pp.25-44, 2007, Lippincott Williams & Wilkins, USA.)

容や身体組成から判断して，かなり高度に鍛えられた選手や体格が平均的な日本人から大きく外れた選手以外は，食事摂取基準に示されている基礎代謝基準値（表2-5）が参照できる．国立スポーツ科学センター（2006）が示している基準値である28.5kcal/kgFFMも参考になる．

(6) 歩行・走行のエネルギー消費量の評価

歩行や走行は各種の身体活動の基本的なものである．1.80～2.50m/秒の速度で，歩行によるエネルギー消費量が走行によるエネルギー消費量より大きくなる（Sabene & Minetti, 2003）．歩行や走行時のエネルギー消費量は，実測する以外では，表2-2のMETの値の使用のほか，推定式から（図2-6）からの算定も可能である．歩行の式では，平衡状態でのエネルギー消費量であること，約3～6km/時の歩行速度で使用可能で，地面の種類の影響を受けず，トレッドミルと屋外のどちらでも使用できるとしている．走行の式も平衡状態で使用する．速度については通常は134m/分以上であるが，体格や体力によって100m/分以上での使用が可能とされている．

歩行・走行時のエネルギー消費量は，体格，地面，歩行の方法などにより異なる．GivoniとGoldman（1971）は，推定式により歩行や走行のエネルギー消費量を推定した場合，固い道路（1.2），整地された競技場（1.5），砂地（1.8），固い雪（1.6）の係数を乗じるとしている．ノルディックウォークでは2.2m/秒で歩いた場合，コンクリート道路で9.1METs，人工の競技場で9.6METs，草地で10.2METsである（Schiffer, 2009）．手にウエイトをつけた歩行では，高齢者では片手に1.36kg以上のウエイトでウエイト無しに比べて19％のO_2消費量の増加がみられている（Evans, 1994）．

［髙田　和子］

[文 献]

1) Ainsworth BE et al.: Compendium of physical activities: an update of activity codes and MET intensities. Med Sci Sports Exerc 32: S498-S516, 2000.
2) Bingham SA et al.: The effect of exercise and improved physical fitness on basal metabolic rate. Br J Nutr 61: 155-173, 1989.
3) Blaak EE et al.: Total energy expenditure and spontaneous activity in relation to training in obese boys. Am J Clin Nutr 55: 777-782, 1992.
4) Black, AE et al.: Use of food quotients to predict respiratory quotients for the doubly-labelled water method of measuring energy expenditure. Hum Nutr Clin Nutr 40: 381-391, 1986.
5) De Lorenzo et al.: A new predictive equation to calculate resting metabolic rate in athletes. J Sports Med Phys Fitness 39: 213-219, 1999.
6) Douglas CG: A method for determining the total respiratory exchange in man. J Physiol 42: xvii-xviii, 1911.
7) 海老根直之他：二重標識水法を用いた簡易エネルギー消費量推定法の評価―生活時間調査法，心拍数法，加速度計法について―. 体力科学 51: 151-164, 2002.
8) Elia M, Livesey G: Theory and validity of indirect calorimetry during net lipid synthesis. Am J Clin Nutr 47: 591-607, 1988.
9) Elia M: Organ and tissue contribution to metabolic rate. In: Kinney JM & Tucker HN eds. Energy metabolism tissue determinants and cellular corollaries, pp.61-77, Raven Press, 1992.
10) Evans B et al.: Metabolic and hemodynamic responses to walking with hand weights in older individuals. Med Sci Sports Exerc 26: 1047-1052, 1994.
11) Givoni B, Goldman RF: Predicting metabolic energy cost. J Appl Phyiol 30: 429-433, 1971.
12) Glass S, Dwyer GB eds.: ACSM's Metabolic Caluculations Handbook. pp.25-44, 2007, Lippincott Williams & Wilkins, USA.
13) Goran MI et al.: Endurance training dose not enhance total energy expenditure in healthy elderly persons. Am J Physiol 263: E950-E957, 1992.
14) Henry CJK et al.: Intra-individual variation in resting metabolic rate during the menstrual cycle. Br J Nutr 89: 811-817, 2003.
15) Houde-Nadeau M et al.: Thermogenic response to food: intra-individual variability and measurement reliability. J Am Coll Nutr 12: 511-516, 1993.
16) Hunter GR et al.: Resistance training increases total energy expenditure and free-living physical activity in older adults. J Appl Physiol 89: 977-984, 2000.
17) Jungas RL et al.: Quantitative analysis of amino acid oxidation and related gluconeogenesis in humans. Physiol Rev 72: 419-448, 1992.
18) 小清水孝子他：スポーツ選手の栄養調査・サポート基準値策定および評価に関するプロジェクト報告. 栄養学雑誌 64：205-208, 2006.
19) 熊江　隆他：呼吸器モデルによるフード法の測定精度の検討. 体力・栄養・免疫学雑誌 17: 140-143, 2007.
20) Levine JA: Measurement of energy expenditure. Pubic health Nutr 8: 1123-1132, 2005a.
21) Levine JA et al.: Interindividual variation in posture allocation: possible role in human obesity. Science 307: 584-586, 2005b.
22) Livesey G, Elia M: Estimation of energy expenditure, net carbohydrate utilization, and net fat oxidation and synthesis by indirect calorimetry: evaluation of errors with special reference to the detailed composition of fuels. Am J Clin Nutr 47: 608-628, 1988.
23) Marion L et al.: Reduced resting metabolic rate in athletes with menstrual disorders. Med Sci Sports Exerc 31: 1250-1256, 1999.
24) 緑川泰史, 安部　孝：中高年者のエネルギー・バランスと体重コントロール. 体育の科学 53: 179-184, 2003.
25) Midorikawa T et al.: A comparison of organ-tissue level body composition between college-

age male athletes and nonathletes. Int J Sports Med 27: 1-6, 2006.
26) Mirjam PE et al.: Low resting energy expenditure in Asians can be attributed to body composition. Obesity 16: 2212-2216, 2008.
27) Ohkawara K et al.: Twenty-four-hour analysis of elevated energy expenditure after physical activity in a metabolic chamber: models of daily total energy expenditure. Am J Clin Nutr 87: 1268-1276, 2008.
28) Pereira ME et al.: Intraindicidual variation during inclined steady-rate treadmill running. Res Q Exerc sport 65: 184-188, 1994.
29) Pereira ME, Freedson PS: Intraindicidual variation of running economy in highly trained and moderately trained males. Int J Sports Med 18: 118-124, 1997.
30) Plasqui G, Westerterp KR: Physical activity assessment with accelerometers: an evaluation against doubly labeled water. Obesity 15: 2371-2379, 2007.
31) Ruowei L et al.: A critical evaluation of heart rate monitoring to assess energy expenditure in individuals. Am J Clin Nutr 58: 602-607, 1993.
32) Sabene F, Minetti AE: Biochemical and physiological aspects of legged locomotion in human. Eur J Appl Physiol 88: 297-316, 2003.
33) Schiffer T et al.: Energy cost and pole forces during Nordic Walking under different surface conditions. Med Sci Sports Exerc 41: 663-668, 2009.
34) Scott Van Zant R: Influence of diet and exercise on energy expenditure-a review. Int J Sport Nutr 2: 1-19, 1992.
35) Solomon SJ et al.: Menstrual cycle and basal metabolic rate in women. Am J Clin Nutr 36: 611-616, 1982.
36) Speakman JR, Selman C: Physical activity and resting metabolic rate. Proc Nutr Soc 62: 621-634, 2003.
37) Spurr GB et al.: Energy expenditure from minute-by-minute heart-rate recording: comparison with indirect calorimetry. Am J Clin Nutr 48: 552-559, 1988.
38) 田口素子他：女性持久性競技者の基礎代謝量．栄養学雑誌 59：127-134, 2001.
39) 田中　茂他：間接熱量測定法による1日のエネルギー消費量の評価．体力科学 55：527-532, 2006.
40) Usui C et al.: Resting energy expenditure can be assessed by dual-energy X-ray absorptiometry in women regardless of age and fitness. Eur J Clin Nutr 63: 529-535, 2009.
41) Van Etten LM et al.: Effect of an 18-wk weight-training program on energy expenditure and physical activity. J Appl Physiol 82: 298-304, 1997.
42) Weir JB: New methods for caluculating metabolic rate with special reference to protein metabolism. J Physiol 109: 1-9, 1949.
43) Westertero JR, Plasqui G: Physical activity and human energy expenditure. Curr Opin Clin Nutr Metab Care 7: 607-613, 2004.
44) Westerterp KR et al.: Long-term effect of physical activity on energy balance and body composition. Br J Nutr 68: 21-30, 1992.
45) 山本祥子他：ボディービルダーの基礎代謝量と身体活動レベルの検討．栄養学雑誌 66：195-200, 2008.

[I. スポーツ現場に生かす運動生理学]

3章 スポーツ選手の体調管理と生理学的指標

キーワード：体重，体温，血圧，心拍数，心電図

1. スポーツ選手の体調管理の必要性

　傷害・障害を起こすことは，スポーツ選手といえども一般人と同様にありうることである．それゆえ，健康チェックあるいは体調チェックは，常に必要なことである．つまり定期的に"健康診断"を受け，練習および試合の際には"日常的な自覚的および客観的チェック"が必要であることは，いうまでもない．スポーツ選手の健康診断で重要な検査は，安静時心電図であり，時には運動負荷心電図も必要になる．日常的なチェック項目としては，体重，体温，血圧，心拍数といったバイタルサインである．これらのチェックが必要な訳は，スポーツ選手では"オーバートレーニング症候群"が多く，また，まれではあるが"スポーツに関連した突然死"が起こるからである．これらの予防あるいは早期発見のためには前述の項目を検討していくことがどうしても必要になってくる．さらにいうならば，このような体調管理を行っていき良好な体調を保つことが，競技能力を十分に引き出すことになり，結果として，競技成績を高めることに繋がるのである．

　体調を良好に保つためには，運動（スポーツ），栄養，休養の3要素が高いレベルで，バランスのとれていることが必要である．

表3-1　各年代でのスポーツに関連した突然死（種目別　1984～1988　日本）．（徳留省悟：最近5年間のスポーツ中の突然死の実態．運動と突然死―その予防と対策, 67-85, 文光堂, 1990より一部改変）

	～39歳	40～64歳	65歳～
1	ランニング113例 (34.8%)	ゴルフ56例 (27.9%)	ゲートボール35例 (36.1%)
2	水泳56例 (17.2%)	ランニング38例 (18.9%)	ゴルフ20例 (20.6%)
3	サッカー23例 (7.1%)	水泳15例 (7.5%)	ランニング10例 (10.3%)
4	野球21例 (6.4%)	登山14例 (7.0%)	登山8例 (8.2%)
5	体操16例 (4.9%)	スキー13例 (6.5%)	水泳・ダンス6例 (6.2%)
	その他97例	その他65例	その他12例

2. スポーツに関連した突然死

(1) 突然死の現状

　スポーツの実践は，楽しみだけではなく，競技力向上や疾病（とくに生活習慣病あるいはメタボリックシンドローム）の予防および治療に役立てることも可能である．しかしながら逆にスポーツ実践により，まれではあるが事故が起こることもある．もっとも悲惨な事故はスポーツに関連した突然死であり，地域におけるマラソン大会，学校・職域における運動会，国内あるいは国際競技会などで起こり，マスコミをにぎわせることになる．表3-1に，各年代でのスポーツに関連した突然死の報告例を呈示している[11]．ワースト3に入っている種目を実施する際にはとくに事故を起こさな

表3-2 スポーツに関連した突然死を起こした30歳以下のスポーツマン87例の剖検所見．(Waller, B.F.: Exercise-related sudden death in young (age≦30 years) and old (age＞30) conditioned subjects. Exercise and the Heart (Ed. 2), 9-73, FA Davis, 1985より一部改変)

剖検所見	Waller（自験）人数 (%)	他の研究者の報告 人数 (%)	合計 人数 (%)
Ⅰ．先天性冠動脈奇形	2 (13)	28 (39)	30 (35)
1．左冠動脈起始異常		22	22
2．右冠動脈起始異常	1	3	4
3．単冠動脈		2	2
4．冠動脈低形成	1	1	2
Ⅱ．冠動脈硬化性冠疾患		4 (6)	4 (5)
Ⅲ．肥大型心筋症	3 (21)	16 (22)＊	19 (22)
Ⅳ．解離性大動脈瘤破裂		3 (4)	3 (3)
Ⅴ．弁膜性心疾患	2 (13)	2 (3)	4 (5)
1．僧帽弁逸脱症候群	2	2	4
Ⅵ．特発性拡張型心筋症		1 (1)	1 (1)
Ⅶ．心筋炎		1 (1)	1 (1)
Ⅷ．外傷		1 (1)	1 (1)
Ⅸ．不明	8 (53)＠	16 (23)§	24 (27)
合　計	15 (100) (13〜29歳)	72 (100) (11〜30歳)	87 (100)

＊：分離性大動脈弁下狭窄の1例を含む　＠：8例のうち6例は特発性左室肥大
§：16例のうち4例は特発性左室肥大

いように注意が必要である．

(2) 突然死の誘因・原因

表3-2[12]，表3-3[8] にスポーツに関連した突然死の報告例を示している．その原因として，若年者では肥大型心筋症および冠動脈奇形（左冠動脈起始異常が多い）が全体の約2/3を占め，中高年者では圧倒的に心筋梗塞が多い．また心筋梗塞における突然死の機序を，図3-1に示してある[6]．

(3) 健康チェック，体調チェックの意義

スポーツに関連した突然死例を検討した結果をみると，突然死といえども，表3-4に示しているように胸部症状を主に何らかの前駆症状を示していることが非常に多いことが判る[8]．また心筋梗塞が突然死の原因と考えられた報告例の検討によると，生前に行われていた健康診断や医療施設に受診した時の検査結果から，冠危険因子を保有していた者が非常に多いことも判る（表3-5）．しかしながら突然死後の剖検において特別に異常を認めないことも，少なからず存在している．そのような突然死の原因としては，体調不良や気候が

表3-3 スカッシュプレー時に突然死を起こした60名の剖検所見あるいは死亡前確定診断．(Northcote, R.J. et al.: Sudden death and vigorous exercise-a study of 60 deaths associated with squash. Br Heart J, 55:198-203, 1986より一部改変)

剖検 or 確定診断所見	人数 (%)
冠動脈疾患	51 (85)
心臓弁膜疾患	4 (7)
肥大型心筋症	1 (2)
非心臓性原因	2 (3)
不整脈	2 (3)

誘因として考えられる場合もある（表3-6）．これらのことから，スポーツに関連した突然死といえども，厳格に体調チェックが行われていれば多くの突然死は予防できた可能性が高いと推測される．それゆえスポーツの開始時あるいはスポーツ継続の際には，定期的なメディカルチェック（スポーツのための）と日常的なスポーツ実施時の体調チェックが，どうしても必要になってくる．スポーツのためのメディカルチェックの1案を，表3-7に示してある．この項目の中でもっとも重要なものは運動負荷試験（運動負荷心電図）の実施

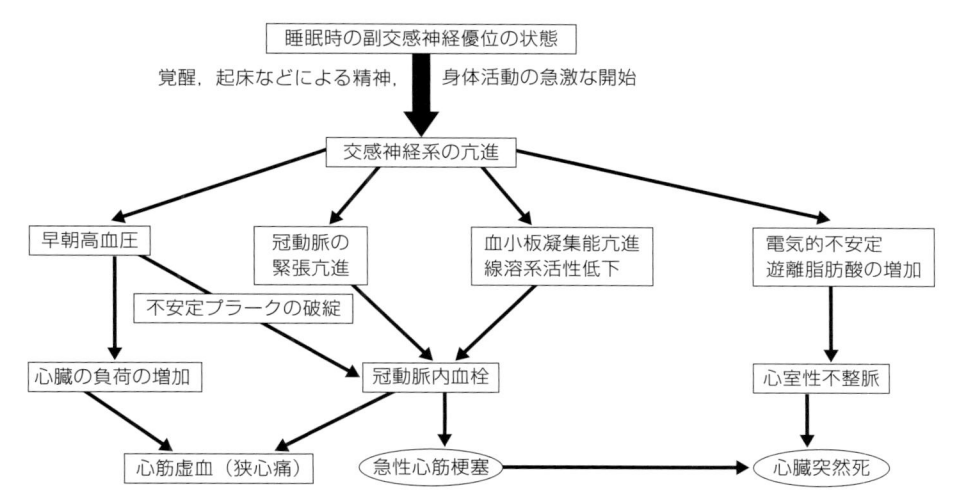

3章 スポーツ選手の体調管理と生理学的指標

```
          ┌──────────────────────┐
          │ 睡眠時の副交感神経優位の状態 │
          └──────────┬───────────┘
   覚醒，起床などによる精神，身体活動の急激な開始
                     ▼
          ┌──────────────────┐
          │   交感神経系の亢進   │
          └──────────────────┘
       ┌──────┬──────┬──────┐
       ▼      ▼      ▼      ▼
   早朝高血圧  冠動脈の   血小板凝集能亢進  電気的不安定
           緊張亢進   線溶系活性低下   遊離脂肪酸の増加
              │
          不安定プラークの破綻
       ▼      ▼      ▼              ▼
  心臓の負荷の増加   冠動脈内血栓      心室性不整脈
       ▼           ▼                ▼
   心筋虚血（狭心痛） 急性心筋梗塞 ───→ 心臓突然死
```

図3-1 急性心筋梗塞，心臓突然死の発症機序．(河村剛史：運動中の心臓突然死-危険因子と予防をめぐって．日本医事新報，4155：1-8, 2003より一部改変)

表3-4 スカッシュプレー時に突然死を起こした60名の前駆症状．(Northcote, R.J. et al.: Sudden death and vigorous exercise-a study of 60 deaths associated with squash. Br Heart J, 55：198-203, 1986より一部改変)

前駆症状	人数（名）
胸痛/狭心痛	15
増強する疲労感	12
消化不良/胸やけ/胃腸症状	10
強い息切れ	6
耳あるいは頚部の痛み	5
不快感	5
上気道感染	4
めまい/動悸	3
強い頭痛	2
なし	5

表3-5 スカッシュプレー時に心筋梗塞で突然死を起こした51名の冠危険因子保有状況．(Northcote, R.J. et al.: Sudden death and vigorous exercise-a study of 60 deaths associated with squash. Br Heart J, 55：198-203, 1986より一部改変)

冠危険因子	人数（名）
タバコ（10本/日以上）	25
55歳未満発症の心筋梗塞家族歴	18
高血圧症	14
狭心症 or 陳旧性心筋梗塞	8
高コレステロール血症	3
糖尿病	2

表3-6 スポーツに関連した突然死の原因・誘因．

- 潜在的心疾患がみつかることも多い
- 家族・友人・同僚・仲間などに問い合わせると生前に何らかの自覚症状を訴えていたことが多い
- 健康診断等で冠危険因子を認めていたことが多い
- 体調不良時に無理してスポーツを行う
- 睡眠不足，二日酔い，病みあがりなど
- 気候を無視してスポーツを実施する
   暑熱環境下でのスポーツ
   寒冷環境下でのスポーツ
- ウォーミングアップやクーリングダウンが不十分で行う
- 救急医療機器や薬品の未整備
- 心肺蘇生術を会得している人が少ない

であるが，安静時心電図のチェックを行うことは最低限必要である．詳細は他書にゆずるが，この運動負荷試験を実施して，心電図記録から運動中の心筋虚血の有無や重症不整脈の出現の有無を判定することになる．スポーツのためのメディカルチェックとして，運動負荷試験は可能な限り実施しておきたいものである．またスポーツ選手によく認められる心電図変化を表3-8に示してあるが，これらの変化は生理的変化として出現しているものもあれば病的変化として出現しているものもある．これらの鑑別診断を必要とする場合には，心

表3-7 スポーツのためのメディカルチェックの手順(特に循環器系を中心とした)

1. 問診
   - 家系に突然死があるかどうか確認する
   - 既往歴に失神発作あるいは感染症があるかどうか確認する
   - 最近の自覚症状の有無を確認する
2. 理学所見
   - 胸部聴診
       心雑音,不整脈の有無を確認する
   - 血圧測定
3. 一般的血液検査および尿検査 → 異常があればさらに精密検査
   - 血球数算定
   - 血液生化学検査(血清酵素,クレアチニン,血清脂質,血糖,蛋白,電解質など)
   - 尿定性(糖,蛋白,潜血)
4. 胸部X線写真
   - 心陰影拡大所見の有無
   - 肺野所見の有無
5. 安静時心電図
   - 心肥大所見の有無 → あれば心エコー図検査で確認する
   - 不整脈の有無 → あれば必要に応じて運動負荷試験や長時間心電図記録を行う
6. 運動負荷試験…トレッドミルや自転車エルゴメータなどを使用して実施することが重要
   - 運動負荷心電図
       心筋虚血性変化の有無 → あれば運動負荷心筋シンチグラフィー and/or 冠動脈造影検査を実施
       運動誘発性不整脈の有無 → あれば運動実施の可否の検討
   - 血圧測定
       血圧上昇反応パターンの検討…過大な血圧上昇反応あるいは過小な血圧上昇反応
7. 心エコー図検査
   - 心肥大所見あるいは心雑音があれば必須の検査とする
8. 長時間心電図記録
   - 安静時心電図や運動負荷心電図で不整脈を認める場合には,推奨される
9. 自律神経反射試験…特に水泳や潜水(ダイビング)を行う場合には必須
   - diving reflex 試験(潜水反射試験)
   - Valsalva試験
10. 運動負荷心筋シンチグラフィー検査…必要に応じて実施する
11. 冠動脈造影検査…必要に応じて実施する
    - 重症冠動脈疾患には施行することが望ましい

表3-8 スポーツ選手で認められる安静時心電図変化.

体育大学生における安静時心電図変化
(実施人数1383名)

	名
高電位差	
$Sv_1+Rv_5≧3.5mV$	425
$Sv_1+Rv_5≧5.0mV$	23
洞徐脈	72
洞頻脈	2
期外収縮	9
右脚ブロック	18
房室ブロック	7
第1度	4
第2度	3
WPW症候群	3
陰性T波	12
ST下降	1

競輪選手での不整脈の出現頻度(3168名)
(南谷の報告より一部抜粋)

	名(%)
右脚ブロック	
完全	20 (0.6)
不完全	424 (13.4)
洞性不整脈	429 (13.5)
心房期外収縮	14 (0.4)
心室期外収縮	20 (0.6)
房室ブロック	6 (0.2)
心房細動	2 (0.1)
WPW症候群	7 (0.2)
その他	15 (0.5)
2種類以上の合併	36 (1.1)

エコー図検査，長時間心電図記録，運動負荷試験などが実施され，まれには運動負荷心筋シンチグラフィー，冠動脈造影検査，心室造影検査なども必要になることがある．

　定期的なメディカルチェックで異常が認められない選手でも体調不良時には突然死を起こすことが推測されており，日常的な体調チェックは重要なことである．体調チェックには，問診（直接法，間接法），診察，バイタルサインチェック（心拍数，血圧，体重，体温など），POMS試験（Profile of Mood States）などがある．問診項目としては以下のものが挙げられる：疲労感；食欲；便通；動悸；発熱感；疼痛（部位，質，程度）；睡眠状況；立ちくらみ・めまい；運動意欲など．これらの有無や内容をスポーツ実施直前に，直接に本人から聴取するか，問診表などを使用し間接的にチェックする．何らかの項目が存在している時には，さらに詳細に尋ねることが必要になってくる場合も考えられる．診察は医師が実施するもので，通常は胸部聴診を主に，眼瞼結膜・眼球結膜の視診などが行われる．時には腹部触診を加えたり，聴診法により血圧測定も行う．バイタルサインの中でも心拍数測定，とくに早朝起床時心拍数の定期的な測定は，慢性疲労状態を早期に推測する上で，非常に役立つものである．早朝起床時心拍数が前日に比較して急激に増加（10拍／分以上）した時は，オーバートレーニング症候群（慢性疲労状態）に陥り始めたと考えられている．とくに高血圧症と診断されている方に対する血圧測定は，その日のスポーツ実施の可否を決定する上で，有益である．収縮期血圧が200mmHg以上である場合には，基本的にはその日のスポーツ実施は避けるべきである．スポーツを実施しようと考えている人が発熱感を覚えている時には，体温測定は有用である．37℃前後の微熱であっても，その日のスポーツ実施は控えるべきである．体重測定も定期的に行っていくことは，体調チェックに有用である．早朝起床時心拍数が急激に増加した日より2，3日遅れて，体重減少がはじまると考えられている．以上のように定期的にバイタルサインを測定していくことは体調チェックの基本であり，医療関係者以外でも実施可能なものが多くあり，スポーツ事故予防のために積極的に行っていくことが重要である．POMS試験は潜在的な慢性疲労状態を推測する上で，非常に有効な試験である．本来この試験はうつ病患者のコントロールのために考案されたものであるが，スポーツの現場では上記のような目的で使用されることが多い．たとえば1カ月毎に定期的にこの試験を実施したり，合宿前・中・後と実施して，コンディションチェックに利用される．

3．オーバートレーニング症候群

　現在持っている競技能力（体力）よりも高い負荷をかけることによって，さらに競技能力を向上させることができる（過負荷の原則）．トレーニング後の休養期間を必要かつ十分に取った場合には，運動トレーニングの継続によって適応し，トレーニング効果（競技力向上）を獲得できる．トレーニング後の休養期間が不十分の場合には，トレーニング継続によって逆に競技能力が低下する場合もある（図3-2）[10]．運動トレーニングを行っている際に，そのトレーニング内容のうちトレーニング量が過剰and/orトレーニング強度が過大であって，その後の休養が十分にとれなかった場合に起こってくる変化を，オーバートレーニング症候群と称している．

（1）オーバートレーニング症候群とは

　一般的には運動（スポーツ）トレーニングの実施により生じた生理的な疲労（一種の防衛反応）を，十分な回復の過程をとることなく，積み重ねた結果として起こってきた慢性疲労（いわゆる過労）の状態と考えられている（図3-3）[1]．一般的には慢性疲労症候群といわれ，強い疲労感を訴え，微熱や疼痛を伴い，通常の検査ではとくに異常を認めない症候群である．診断基準として，大基準・小基準が列挙されており，それらを規定以上に認め，ほかの疾患が除外された時に慢性疲労症候群

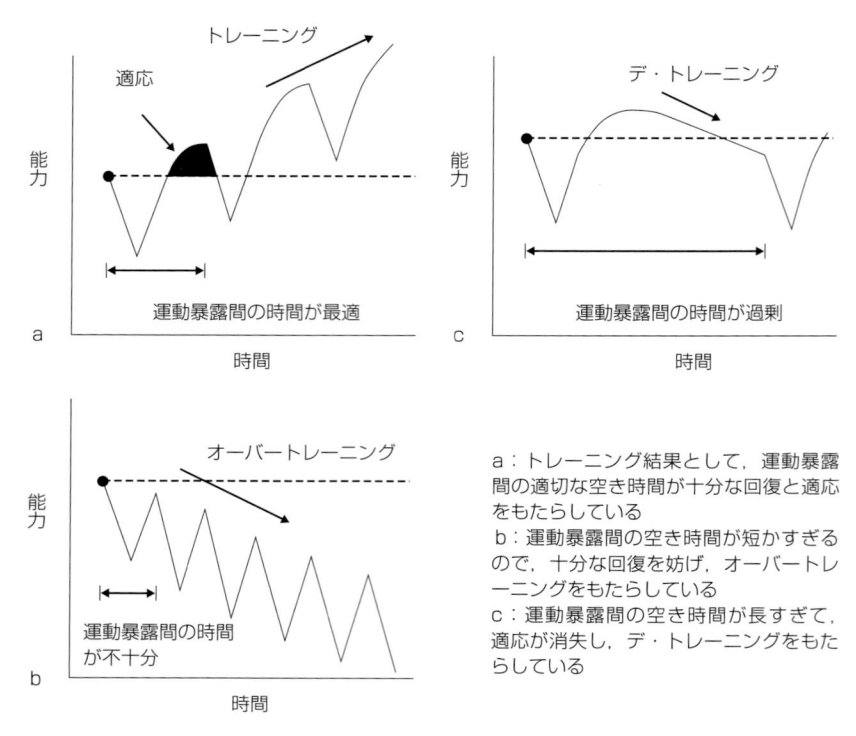

図3-2 トレーニングの適応反応の模式図．(Swain, D.P. and Leutholtz, B.C.：Exercise prescription (2nd Edition). Human Kinetics, 1-15, 2007より一部改変)

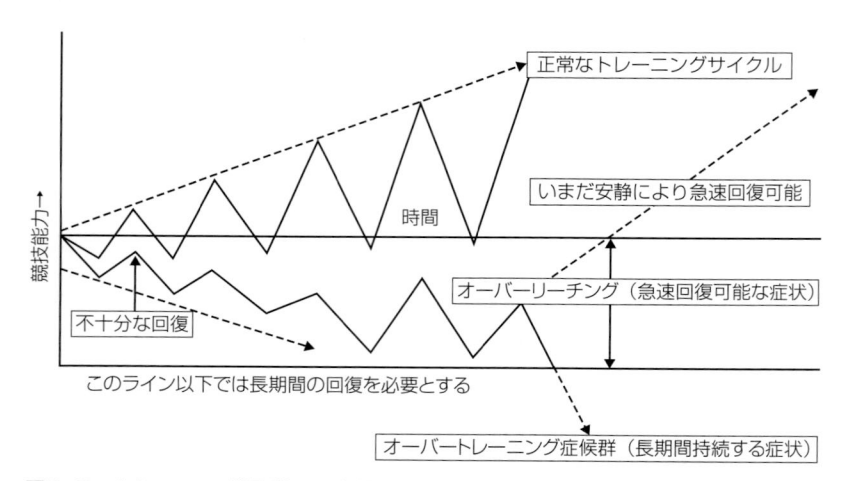

a：トレーニング結果として，運動暴露間の適切な空き時間が十分な回復と適応をもたらしている
b：運動暴露間の空き時間が短かすぎるので，十分な回復を妨げ，オーバートレーニングをもたらしている
c：運動暴露間の空き時間が長すぎて，適応が消失し，デ・トレーニングをもたらしている

図3-3 トレーニング過剰や不十分な回復がオーバートレーニング症候群を導く．(Fry, R.W. et al.：Overtraining in athletes - an update. Sports Medicine 12 (1)：32-65, 1991より一部改変)

と診断される．
　オーバートレーニングの原因あるいは誘因としては，表3-9のことが考えられている[5]．オーバートレーニング症候群の症候には軽症から重症まで

表3-9 オーバートレーニング症候群の原因.
(Johnson, M.B. and Thiese, S.M.: A review of overtraining syndrome-recognizing the signs and symptoms. Journal of Athletic Training 27 (4): 352-354, 1992より一部改変)

1. 競技シーズンの長さ
2. トレーニングの単調さ
3. 閉所恐怖感
4. ポジティブな考え方の欠如
5. 無力感
6. 権威の悪用
7. 厳格な規則
8. 高度の競技ストレス

表3-10 オーバートレーニング症候群の徴候.

1) 原因不明の競技成績の低下
2) 易疲労感
3) 全身倦怠感
4) 頭痛
5) 睡眠障害
6) 食欲不振
7) 体重減少
8) 集中力の欠如
9) うつ状態
10) その他

表3-11 オーバートレーニング症候群の生理学的および心理学的指標.
(Johnson, M.B. and Thiese, S.M.: A review of overtraining syndrome-recognizing the signs and symptoms. Journal of Athletic Training 27 (4): 352-354, 1992より一部改変)

生理学的
1. 安静時心拍数高値
2. 正常血圧内での変化
3. 正常心拍数への回復遅延
4. 基礎代謝率の上昇
5. 体温上昇
6. 体重減少/強い口渇感
7. 呼吸困難
8. 肋骨下部痛
9. 腸管障害

心理学的
1. 睡眠障害
2. 自信喪失
3. 傾眠と無関心
4. 興奮しやすい
5. 情緒不安定
6. 過剰な、長引く疲労感
7. 食欲不振
8. 倦怠感
9. 抑うつ感
10. 不安感
11. 怒り/敵意
12. 混乱

あり，初期には原因不明の競技成績低下を訴えることが多い．さらに進行した状態になると，易疲労感，全身倦怠感，睡眠障害，食欲不振，体重減少および集中力の欠如などを訴えるようになる．最悪の病態では，うつ状態や分裂病に類似した精神異常を示すようになる（表3-10）[3]．JohnsonとThiese[5]は表3-11のように，生理学的指標と共に心理学的指標を挙げている．Kuipersら[7]は，オーバートレーニング症候群をその臨床像の特徴から，交感神経緊張型と副交感神経緊張型とに分類している．交感神経緊張型は，典型的なオーバートレーニング症候群の特徴を示している．貧血，肝障害，腎障害，感染症などの疾病が除外され，安静時心拍数の増加，安静時血圧の上昇，運動後の安静時心拍数への回復の遅延，運動後の安静時血圧への回復の遅延などがあり，競技力の低下あるいは最大パワーの減少があれば，オーバートレーニング症候群と診断される．副交感神経緊張型は，非典型的パターンを示すが，競技力の低下あるいは最大パワーの減少があるので注意深く競技選手を診ていけば診断を誤ることはないように思われる．

(2) スポーツ選手における頻度と発症機序

スポーツ選手が長期間トレーニングを行っていく際に，オーバートレーニング症候群に陥ることはまれではない．平成11年度日本オリンピック委員会（JOC）強化指定選手検診の結果では，コンディション不良（疲労感）あるいはオーバートレーニング症候群の頻度は男性選手23.6%（オーバートレーニング症候群2.7%），女性選手31.8%（オーバートレーニング症候群3.5%）であった．またマヨルカ・ユニバーシアード大会参加選手健診結果では，コンディション不良（疲労感）あるいはオーバートレーニング症候群の頻度は男性選手33.0%（オーバートレーニング症候群2.7%），女性選手35.2%（同7.0%）であった．種目あるいは選手のレベルによっては，より高率に認められることもあるので注意を要する．

オーバートレーニング症候群の発症機序は，いまだ確立されていない現況である．Smith[9]は，この症候群の発症機序を列挙し，これらのうちで通常良く取り上げられる発症機序は，視床下部関与説である．オーバートレーニング症候群が多様な症候を示す原因として，Fryら[3]は視床下部—

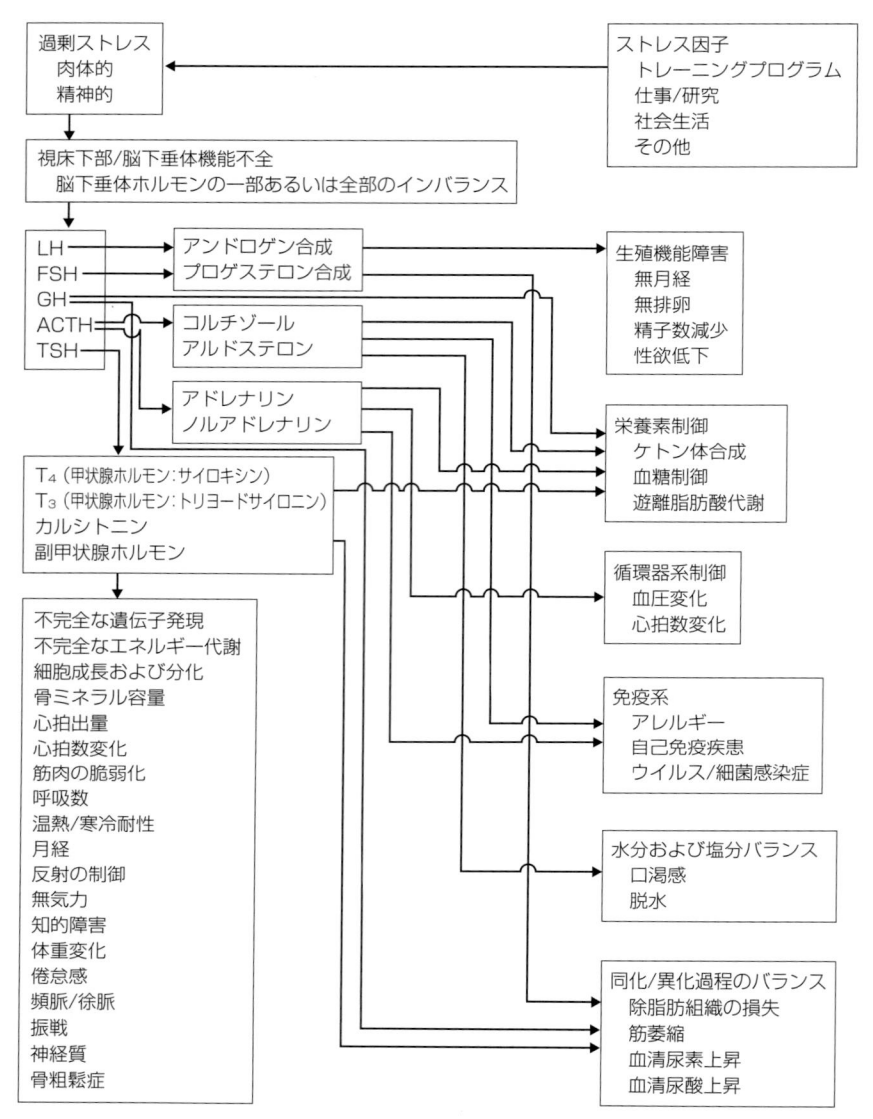

図3-4 視床下部―脳下垂体系とオーバートレーニング．（Fry, R.W. et al.: Overtraining in athletes - an update. Sports Medicine 12 (1): 32–65, 1991より一部改変）
　ストレスは，視床下部―脳下垂体系の反応によりオーバートレーニングの多くの症状を引き起こす．この図はホルモン制御の複雑さを示そうとしているのではなく，むしろ誤った制御がいくつもの器官で起こっている影響を示そうとしていることに注目しなさい．
LH：黄体化ホルモン，FSH：卵胞刺激ホルモン，GH：成長ホルモン，ACTH：副腎皮質刺激ホルモン，TSH：甲状腺刺激ホルモン．

脳下垂体系の関与を考え（図3-4），肉体的あるいは精神的に過剰ストレスがかかると視床下部―脳下垂体系の機能不全が導かれるとしている．脳下垂体から分泌されるホルモンの一部あるいはすべてがアンバランスになると推測され，これらのことが性ホルモン，コルチゾール，アルドステロン，カテコラミン，甲状腺ホルモン，副甲状腺ホルモンなどの分泌異常をもたらすことになる．こ

れらのことは生殖機能，エネルギー基質の制御，循環器系のコントロール，免疫系，水分および電解質バランス，同化/異化過程のバランスに悪影響を及ぼすことになる．そのようなことが原因となりオーバートレーニング症候群における複雑かつ多様な症候が起こると推測されている．重症度の高いオーバートレーニング症候群の場合には，競技復帰不可能，時には社会生活も不可能になる．オーバートレーニング症候群については予防および早期発見が重要なことである．

（3）オーバートレーニング症候群の予防対策（表3-12, 表3-13）

HooperとMackinnon[4]は，オーバートレーニング症候群の予防方法とチェック指標に関して報告している．予防方法としては以下の事項を挙げている．

- 突然にトレーニングを増大しない
- 必ずオフシーズンに休養を取る；適切な栄養摂取を行う
- 各個人に合わせてトレーニング処方を作成し必ず休養期（回復期）を取り入れる
- 陥りやすい選手を同定する

有用なチェック指標としては以下の事項を挙げている．

- 運動負荷試験時のパフォーマンス
- 安寧感（幸福感）の自己分析
- POMS試験
- 最大あるいは最大下負荷回復期の心拍数・酸素摂取量・血中乳酸値

など．

Dressendorferら[2]は，20日間にわたって500kmを走行した12名の男性長距離ランナーを対象に各種検査を実施し，その検査結果よりオーバートレーニング症候群の予防法を検討している．疲労症状をチェックするとともに，早朝起床時心拍数・血圧・体重・口腔内温度・発汗量・血糖値・血中乳酸値・血中インスリン値・血中コルチゾール値を測定した．疲労症状との関連性を強く認めたのは早朝起床時心拍数であり，疲労症状

表3-12 オーバートレーニング症候群の早期発見方法．
1) 選手自身のトレーニング日誌記録
 ・疲労感，食欲，睡眠，練習意欲などの自覚症状
 ・指導者が毎日チェック
2) バイタルサインのチェック
 ・早朝起床時心拍数：前日より突然に10拍/分以上増加
 ・体重減少：早朝起床時心拍数増加より2～3日遅延
 ・体温上昇（男性で役立つ）：同様に2～3日遅延
3) POMS試験の定期的実施
 ・潜在的疲労の早期発見
 ・緊張度，抑うつ度，怒り度，元気度，疲労度，混乱度の6要素のパターン認識にて判定

表3-13 オーバートレーニング症候群の予防あるいは治療法．
1) トレーニング内容の適性化
 ・個人に見合ったトレーニング量および強度
2) トレーニング処方作成上，期分けの考えを導入
 ・季節，月，週，日
3) 休養の重視
 ・リラクゼーション
 ・睡眠
 ・完全休養日（練習なし）

が高まると共に早朝起床時心拍数が急激に増加した（10拍/分以上の増加）．この早朝起床時心拍数の急激な増加は，"内因性心筋疲労"を反映しており，オーバートレーニング症候群の早期発見のために有用な指標であると結論付けている．

その時点での運動トレーニング強度が過大であったり，トレーニング量が過剰であると，以下のような症候が生じてくる．

- 運動後10分たっても心拍数が100拍/分以下にならない
- 運動後10分たっても息切れが持続している
- 運動後悪心があったり実際に嘔吐する
- 運動実施した当日の夜に寝付きが悪い
- 運動実施した翌日の寝覚めが悪い

また食欲低下，動悸，息切れ，めまいを訴え，体重の減少を示す場合にも，オーバートレーニング症候群が原因となっている場合があると考えられている．

オーバートレーニング症候群の予防のためには，トレーニングを含めた日常生活内での変化（早

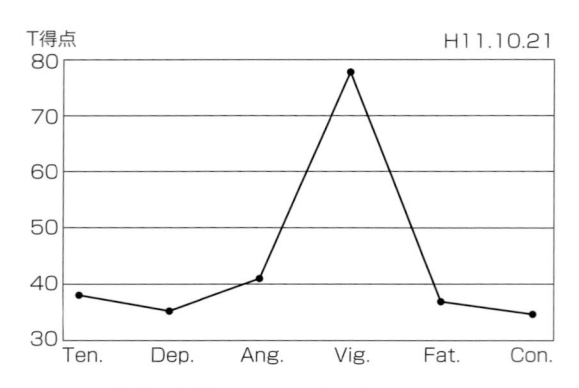

図3-5 体調良好時のPOMS試験パターン．（36歳，一般社会人女性ランナー）

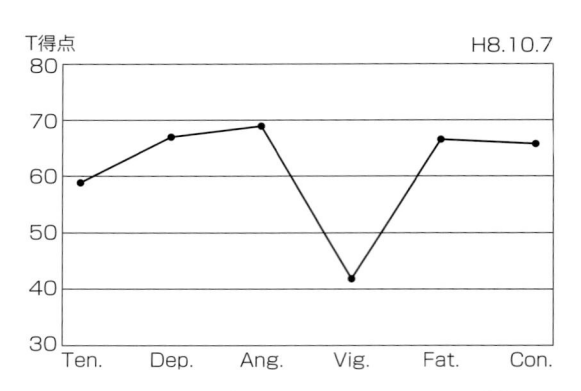

図3-6 トレーニング過剰と大腸炎のために典型的なオーバートレーニング症候群を呈した選手でのPOMS試験パターン．（21歳，大学生男性長距離走選手）

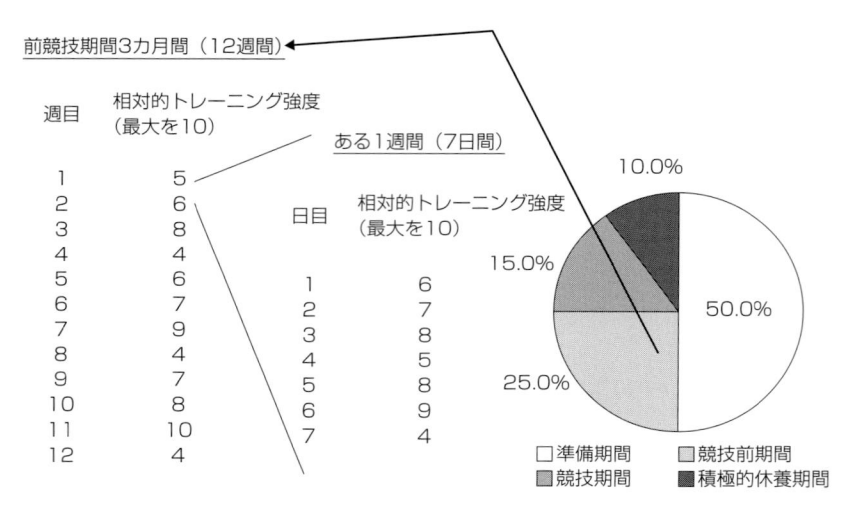

図3-7 年間トレーニング処方作成の基本的考え方（トレーニング負荷量に強弱，増減を）（Fry, R.W. et al.：Overtraining in athletes-an update. Sports Medicine 12（1）：32-65, 1991より一部改変）

朝起床時心拍数，運動トレーニングに対する心拍数反応，体重変動，食欲低下・疲労感・楽にこなせた練習がきついなどの自覚症状）に関して，注意深く観察していくことが重要である．

またオーバートレーニング症候群の予防の上でPOMS（Profile of Mood States）試験の実施・判定が非常に有意義な方法である，と考えられている．この試験は一種の心理テストの様なものであり，65問の質問に回答してもらい，解析後6要素の点数を求める．これらの要素のパターン認識により，オーバートレーニング症候群の有無を判定し，重症度を推測するものである．この6要素には，緊張度（Tension：Ten.），抑うつ度（Depression：Dep.），怒り度（Anger：Ang.）：，元気度（Vigor：Vig.），疲労度（Fatigue：Fat.），混乱度（Confusion：Con.）が含まれている．体調の良い時には元気度を頂点にして氷山型（図3-5）を呈しているが，典型的なオーバートレー

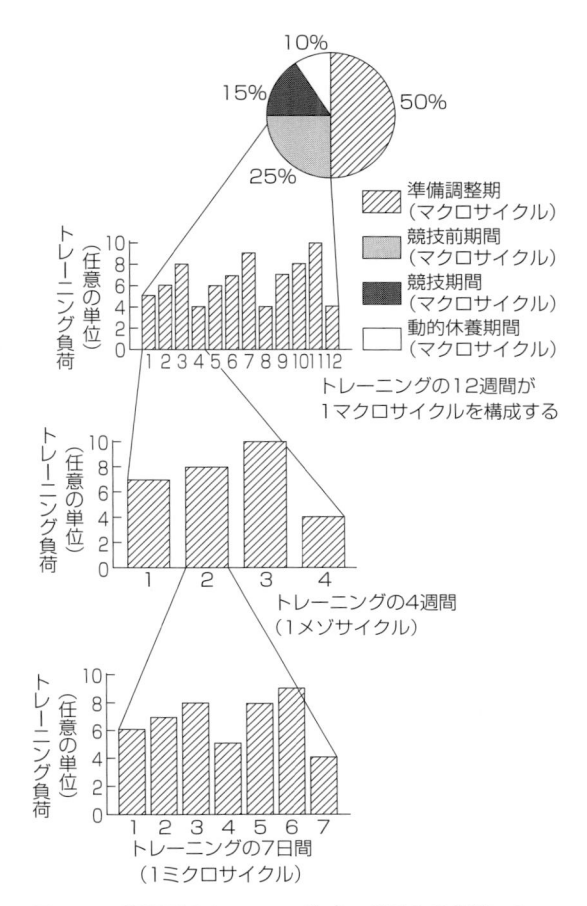

図3-8 期間別トレーニングプログラムの構造．(Fry, R.W. et al.: Overtraining in athletes - an update. Sports Medicine 12 (1): 32-65, 1991より一部改変)

ニング症候群の時にはTen.・Dep.・Fat.・Con.のスコアが高くなり，Vig.のスコアが非常に低くなり，谷型（図3-6）を呈してくる．また早期の，軽度のオーバートレーニング症候群の場合には，Vig.のスコアが低くなり，Fat.やCon.のスコアが高くなり，頂点が右方偏位した山型を呈してくる．このPOMS試験のパターン認識を利用して，早期にオーバートレーニング症候群を発見していくことも重要である．

オーバートレーニング症候群は，重症になればなるほどトレーニングを中止させる期間を長くしなければならず，競技復帰までに長期間を要する

ことになる．それゆえ多方面からのチェックを行い，オーバートレーニング症候群を予防あるいは早期発見をしていくことが重要である．早期に発見していくためには，日常的に選手の健康状態を自覚的および他覚的にチェックしていくことが必要になってくる．そして休養を含めてトレーニング内容に関して，監督・コーチなどの指導者やトレーナーなどとよく協議し，選手各個人にみあったものを作成していくことが必須のことになる．

(4) トレーニング処方作成上の注意点

トレーニング処方を作成する上で重要なことは，第1に各時点でのトレーニング強度およびトレーニング量が個人に適切なものであること，第2に休養が十分に取られていることである．Fryら[3]は，多くの研究者により報告されているものをまとめて，トレーニング処方作成方法を総説している（図3-7，図3-8）．トレーニング内容を考えていく上で，1年を準備期間（全体の50％），競技前期間（同25％），競技期間（同15％），動的休養期間（同10％）の4期間に区分していくことが，重要である．また各期間を月単位に区分し，各月単位を週単位に区分し，さらに各週単位を1日ごとに区分していく．そして単位ごとに各単位の中で，トレーニング強度に強弱を付け，休養を取り入れていくことが重要であると，述べている．トレーニング後の休養，その後のトレーニングによる超回復を考えることが，オーバートレーニング症候群に陥らせずに，競技能力を亢進させることにつながるという考え方である．

オーバートレーニング症候群を長期間続けることは，その後に生殖機能障害や免疫機能障害をもたらすこともあるといわれており，オーバートレーニング症候群に陥らせずに，早期に改善させることが重要である．

[坂本　静男]

[文　献]
1) Budget R: Benefits and Hazards of Exercise (Edited by MacAuley, D.). BMJ Publishing

Group, 172-183, 1999.
2) Dressendorfer RH et al.: Increased morning heart rate in runners; a valid sign of overtraining? Phys Sportsmed 13 (8): 77-86, 1985.
3) Fry RW et al.: Overtraining in athletes-an update. Sports Medicine 12 (1): 32-65, 1991.
4) Hooper SL, Mackinnon LT: Monitoring overtraining in athletes-recommendations. Sports Medicine 20 (5): 321-327, 1995.
5) Johnson MB, Thiese SM: A review of overtraining syndrome-recognizing the signs and symptoms. Journal of Athletic Training 27 (4): 352-354, 1992.
6) 河村剛史：運動中の心臓突然死―危険因子と予防をめぐって．日本医事新報，4155：1-8, 2003.
7) Kuipers H, Keizer HA: Overtraining in elite athletes-review and directions for the future. Sports Medicine 6 (2): 79-92, 1988.
8) Northcote RJ et al.: Sudden death and vigorous exercise-a study of 60 deaths associated with squash. Br Heart J 55: 198-203, 1986.
9) Smith LL: Cytokine hypothesis of overtraining: a physiological adaptation to excessive stress? Med Sci Sports Exerc 32 (2): 317-331, 2000.
10) Swain DP, Leutholtz BC: Exercise prescription (2nd Edition). Human Kinetics, 1-15, 2007.
11) 徳留省悟：最近5年間のスポーツ中の突然死の実態．運動と突然死―その予防と対策，67-85, 文光堂，1990.
12) Waller BF: Exercise-related sudden death in young (age ≤ 30 years) and old (age > 30) conditioned subjects. Exercise and the Heart (Ed. 2), 9-73, FA Davis, 1985.

[I. スポーツ現場に生かす運動生理学]

4章 スポーツ選手の呼吸循環器系機能

キーワード：最大酸素摂取量，心拍出量，動静脈酸素較差

有酸素性運動を持続するためには外界から取り込んだ酸素が細胞内のミトコンドリアまで運搬され，有酸素性エネルギー供給機構によりATPを再合成することが必要である．この一連の過程において呼吸循環機能は酸素運搬という重要な役割を果たす．本章では，有酸素性エネルギー供給機構の指標である最大酸素摂取量（Maximal oxygen uptake；$\dot{V}O_2max$）を縦糸として，スポーツの実践現場に必要な運動時の呼吸循環機能について述べる．

1. 有酸素性作業能力の指標 ─最大酸素摂取量─

（1）最大酸素摂取量とは

図4-1は漸増負荷方式によるトレッドミル走での酸素摂取量の応答を模式的に示したものである[10]．運動に必要な酸素摂取量（$\dot{V}O_2$）は運動強度に比例して高くなる．しかしある強度を超えるとそれ以上には増加しなくなる．このもっとも大

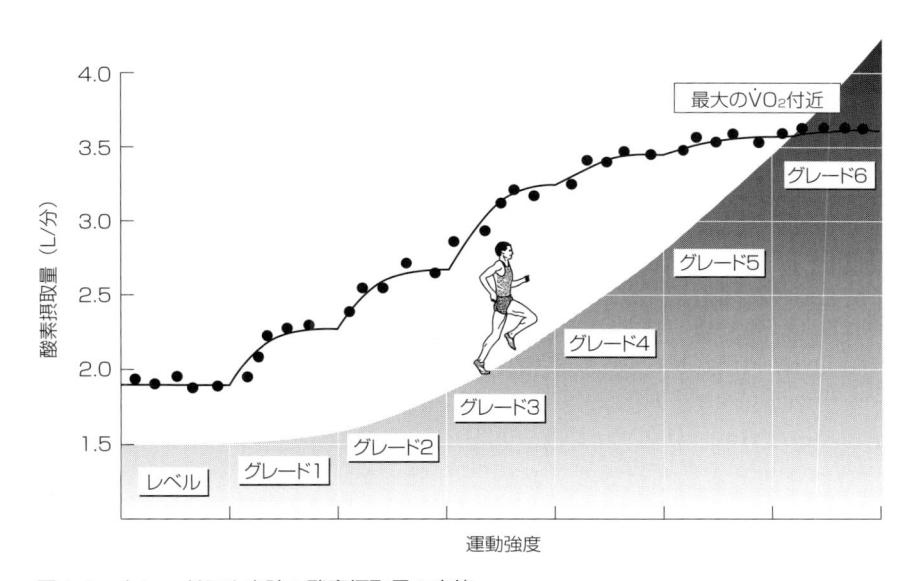

図4-1 トレッドミル走時の酸素摂取量の応答．
（McArdle WD, Katch FI, Katch VL.（田口貞善，矢部京之助，宮村実晴，福永哲夫監訳）：運動生理学─エネルギー・栄養・ヒューマンパフォーマンス─．pp.171-192，杏林書院，東京，1992.）

きな値を最大酸素摂取量（$\dot{V}O_2max$）と呼び，有酸素性作業能力を示す指標として測定されている．ただし，最大の酸素摂取量に到達したかどうかの判定が難しいため，次のような複数の指標から判断することになっている．①超最大の負荷を与えた時に酸素摂取量が頭打ちなる（レベリングオフという）こと，②年齢から推定される最大心拍数（推定最大心拍数＝220－年齢）に到達していること，③呼吸交換率（二酸化炭素排出量／酸素摂取量の比）が1.05を超えること，といった3基準が用いられることが多い．呼吸交換率の基準値は1.05以上とする場合や1.1以上にするという報告もある．この基準は，エネルギー代謝が有酸素性過程を超え無酸素性過程に依存する状態になっていることを示す指標である．運動のエネルギー源の主体は糖質と脂質であるが，有酸素性過程によりそれらを分解している場合は，理論的には呼吸交換率が1.0以下であり，脂質のみの動員ならば呼吸交換率は0.7，糖質のみの動員であれば1.0となる．したがって計測時に呼吸交換率が1.05（または1.1）を超えても遂行されている運動は，有酸素性機構を超えた無酸素性エネルギー供給機構により賄われていることを示している．

上記のような判定ができない場合は最大酸素摂取量ではなく，最高酸素摂取量（$\dot{V}O_2peak$）と呼んでいる．最大酸素摂取量は絶対値（L/分，mL/分）で示す表示と体格や身体組成に対する相対的表示がある．相対的表示は体格の違いがある人を比較したい場合に有効であり，体重当たりの表示（mL/kg/分），除脂肪体重（LMB）当たりの表示（mL/LBMkg/分）などがある．体重当たりの相対値の$\dot{V}O_2$は，青年期の男性で35～55（mL/kg/分），女性では30～50（mL/kg/分）程度である．一方競技選手の中でもマラソン選手では80（mL/kg/分）を超えることがある（表4-1）[17]．

（2）測定方法による相違

測定時の負荷および運動様式が最大酸素摂取量に与える影響をみた報告がある（表4-2）[10]．①

表4-1 非競技者と競技種目別のスポーツ選手における最大酸素摂取量（mL/kg/分）.

スポーツ種目	年齢	男性	女性
非競技者	10-19	47-56	38-46
	20-29	43-52	33-42
	30-39	39-48	30-38
	40-49	36-44	26-35
	50-59	34-41	24-33
	60-69	31-38	22-30
	70-79	28-35	20-27
野球/ソフト	18-32	48-56	52-57
バスケットボール	18-30	40-60	43-60
自転車	18-26	62-74	47-57
カヌー	22-28	55-67	48-52
アメフト	20-36	42-60	—
体操	18-22	52-58	36-50
アイスホッケー	10-30	50-63	—
馬術	20-40	50-60	—
オリエンテーリング	20-60	47-53	46-60
ラケットボール	20-35	55-62	50-60
ボート	20-35	60-72	58-65
スキー			
アルペン	18-30	57-68	50-55
クロスカントリー	20-28	65-94	60-75
スキージャンプ	18-24	58-63	—
サッカー	22-28	54-64	—
スピードスケート	18-24	56-73	44-55
水泳	10-25	50-70	40-60
陸上競技			
ランナー	18-39	60-85	50-75
	40-75	40-60	—
円盤投	22-30	42-55	—
砲丸投	22-30	40-46	—
バレーボール	18-22	—	40-56
ウェイトリフティング	20-30	38-52	—
レスリング	20-30	52-65	—

休息を入れないで負荷を漸増させる漸増負荷法（テスト時間は約15分間前後）と②固定負荷を用い，負荷と負荷の間に5～10分間の休息を入れる断続負荷法（テスト時間は約60分間前後）により，自転車駆動，トレッドミル歩行，トレッドミル走の3つの運動様式を用いた最大酸素摂取量の測定値を比較したものである．この表にみられるように，3つの運動様式における差は大きいが，漸増負荷法と断続負荷法による差は殆どない[10]．このため短時間の計測でよい漸増負荷法が一般的に用いられているといえる．一方，自転車駆動，トレッドミル歩行，トレッドミル走という運動様式による相違は大きく，トレッドミル走で測定された

表4-2 運動様式（自転車駆動とトレッドミル走行・歩行）と測定法（断続負荷法と漸増負荷法）の違いが最大酸素摂取量に与える影響. (McArdle WD, Katch FI, Katch VL. (田口貞善, 矢部京之助, 宮村実晴, 福永哲夫監訳)：運動生理学—エネルギー・栄養・ヒューマンパフォーマンス—. pp. 171-192, 杏林書院, 東京, 1992.)

	自転車駆動		トレッドミル走歩行			
	断続法	漸増法	断続法 歩行—走行	漸増法 歩行	断続法 走行	漸増法 走行
max $\dot{V}O_2$ (mL/分)	3691±453	3683±448	4145±401	3944±395	4157±445	4109±424
max $\dot{V}O_2$ (mL/kg/分)	50.0±6.9	49.9±7.0	56.6±7.3	53.7±7.5	56.6±7.6	55.5±6.8

平均値（±SD）

最大酸素摂取量は自転車駆動の場合よりも6〜11%も高くなる．また腕クランキング運動時の最大酸素摂取量も自転車駆動中の最大酸素摂取量の70〜80%程度といわれる[10]．このような運動様式による最大酸素摂取量の相違は動員される筋量の相違を反映している．トレッドミル走は脚だけではなく上体を含む全身運動であるが，自転車駆動では脚筋が主体でありその筋量は小さい．このように，最大酸素摂取量はテスト運動に動員される活動筋量が多いほど高い値を生むといえる．しかし，トレッドミル走よりも低い最大酸素摂取量となる自転車駆動の測定にも利点はある．運動の上手下手の影響が少なく（効率の変動が少ない），テスト時の体重移動がなく安全性が高い点である．

スポーツ選手では，専門の競技種目の運動を用いて計測される最大酸素摂取量がトレッドミル走による最大酸素摂取量よりも高値を出すという報告がある（図4-2）[15]．また，次のような研究成果があることに留意しておく必要がある．10週間の水泳トレーニングを行った被験者がトレッドミル走による最大酸素摂取量の測定ではトレーニング後の最大酸素摂取量の増加が1.5%に過ぎず有意な増加ではなかった．しかし水泳をテスト運動として用いた場合の最大酸素摂取量は11.2%も増加し，これは有意な増加であった[9]．つまり，トレッドミル走のみのテストであれば最大酸素摂取量にトレーニング効果がないことになるが，水泳による測定ではトレーニング効果があるという，異なる結論が導かれることになる．このよう

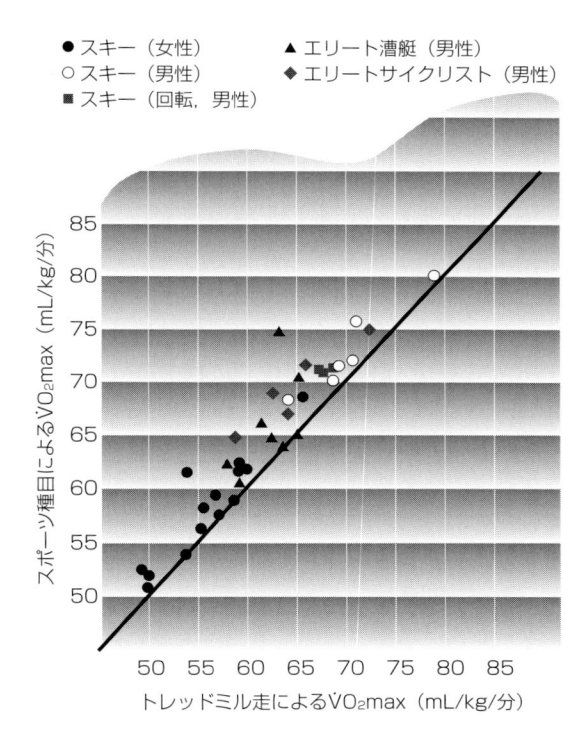

図4-2 トレッドミル走行時とスポーツ種目の運動時における最大酸素摂取量の相違.
(Strømme SB, Ingjer F, Meen HD: Assessment of maximal aerobic power in specifically trained athletes. J Appl Physiol, 42: 833-837, 1977.)

なことから，スポーツ選手の最大酸素摂取量はトレーニングに用いられる運動や専門の競技種目に近い運動様式を用いて測定すると実践的と思われる．

(3) 最大酸素摂取量に影響する諸要因
1) 競技種目
　表4-1に示すように競技選手は高い最大酸素摂取量を示すが，競技種目によってその値が異なる[17]．

2) 年齢
　最大酸素摂取量は加齢とともに減衰し，スポーツ選手であっても加齢による生物学的減衰を免れ得ない．図4-3[16]にみられるように，絶対値ではスポーツ選手の方が加齢に伴う低下が大きいが，20歳代の値を基準とした相対的減衰率にすると，一般人とスポーツ選手との間に相違はない．

3) 性差
　男女差についてみると，健康な一般成人の女性は一般人男性に比較すると，その最大酸素摂取量が20～25%低い．しかし高強度のトレーニングを積んだスポーツ選手の男女間の差は約10%程度となる．米国の研究によると[14]，最大酸素摂取量の絶対値で比較すると女性の値は男性の59%～78%であり，体重当たりで比較すると68%～86%，除脂肪体重当たりにすると84%～98%という報告もある．それでも残る最大酸素摂取量の男女差は，ヘモグロビン濃度の相違（男性の平均値は100mL血液中15g，女性は13.9g）によると考えられている．

4) 遺伝的要因
　最大酸素摂取量は遺伝的要因による影響が大きい．図4-4は一卵性双生児間と二卵性双生児間および通常の兄弟間における最大酸素摂取量の類似性についてみたものである[3]．遺伝子が同一である一卵性の双生児間（双子のAとB）での最大酸素摂取量の一致度は高いが，遺伝子が異なる二卵性の双生児間ではばらつきが大きく，通常の兄弟間のばらつきに近くなることが示されている．Bouchardらは遺伝的要因が最大酸素摂取量の25～50%を説明すると報告している[3,4]．また，持久性トレーニング後の最大酸素摂取量の増加率においても，個人間の差は0～43%という大きな範囲で変動するが[8]，一卵性双生児間では図4-5にみられるように増加率の一致度が高い[10]．これ

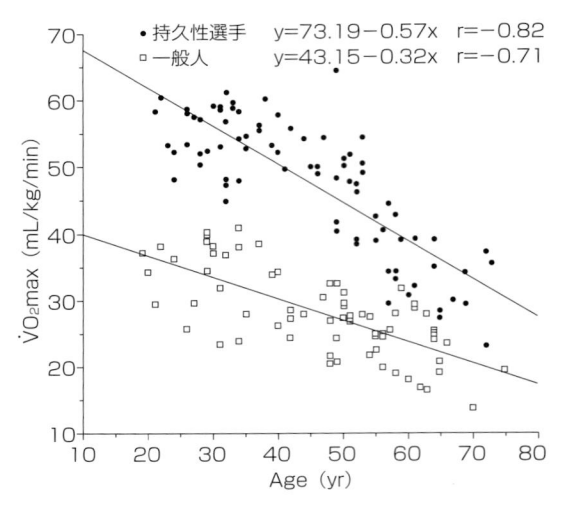

図4-3 持久性種目の鍛錬者と一般人女性における年齢と最大酸素摂取量との関係．
(Tanaka H, DeSouza CA, Jones PP et al.: Greater rate of decline in maximal aerobic capacity with age in physically active vs. sedentary healthy women. J Appl Physiol 83: 1947-1953, 1997.)

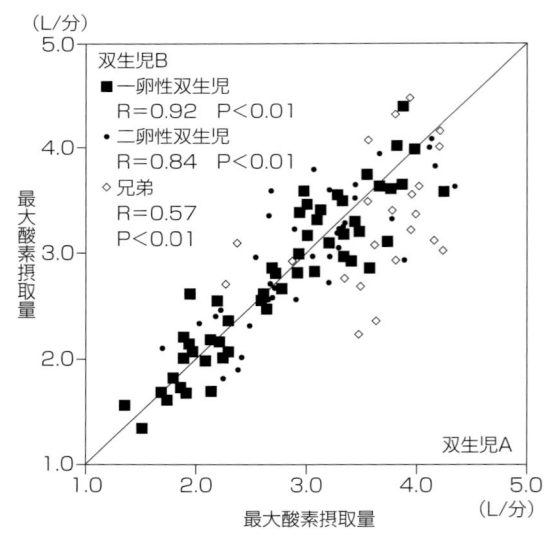

図4-4 一卵性と二卵性双生児の対間および兄弟間の最大酸素摂取量の関係．
(Bouchard C, Dionne FT, Simoneau JA, et al.: Aerobic performance in brothers, dizygotic and monozygotic twins. Med. Sci. Sports Exerc. 18: 639-646, 1986.)

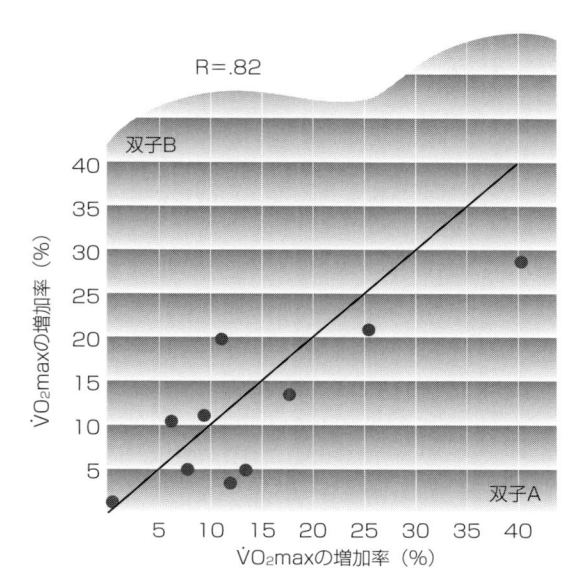

4章 スポーツ選手の呼吸循環器系機能 *41*

図4-5 一卵性双生児間における20週の有酸素性トレーニング後の効果.
(Bouchard C: Discussion: Heredity, fitness, and health. In Bouchard C, Shephard RJ, Atephan T et al. (Eds.), Exercise, fitness, and health. pp.147-153, Champaign, IL Human Kinetics, 1990.)

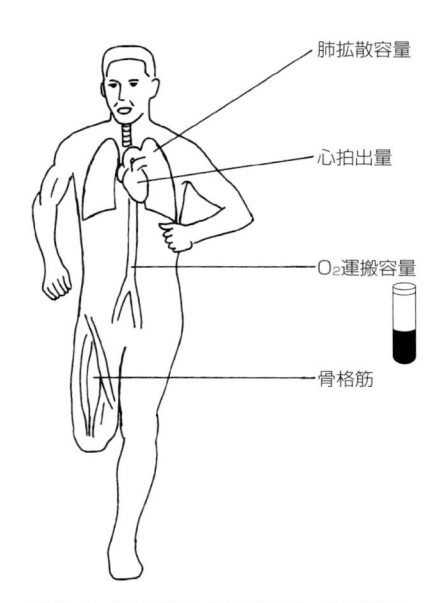

図4-6 最大酸素摂取量に関わる諸要因.
(Bassett DR and Howley ET: Limiting factors for maximum oxygen uptake and determinants of endurance performance. Med Sci Sports Exerc 32: 70-84, 2000.)

らを考え合わせると最大酸素摂取量に対するトレーニング効果も遺伝的影響があるといえる[4].

2. 呼吸機能と最大酸素摂取量
―毎分換気量,肺拡散容量―

最大酸素摂取量には,図4-6に示すような呼吸機能,循環機能,酸素運搬能(血液性状),活動筋の有酸素性代謝能といった種々の因子が関連するが[2],以下に述べる肺での呼吸機能は,特定の場合を除くと,最大酸素摂取量の制限因子にはならないとされている.呼吸機能が制限因子となるのは,喘息や慢性閉塞性呼吸器疾患(COPD)の人の運動,高地のような低酸素環境での運動,といった場合である[1,2,6].

1分間に肺によって換気される空気量を毎分換気量($\dot{V}_E$:minute ventilation 単位はL/分)と呼び,毎分換気量は1回換気量(単位はL,またはmL)と1分間の呼吸数(単位は回/分)との積である.1回換気量が0.5Lであり1分間に15回の呼吸をしたとすれば,毎分換気量は0.5×15で7.5L/分となる.これは安静時の標準値である.運動時には毎分換気量は増加し,持久性種目のスポーツ選手なら180L/分にまで達する.運動強度に対して酸素摂取量が直線増加を示すのに対して,毎分換気量は高強度から最大運動にかけて過剰な換気亢進をおこす(過換気は無酸素性代謝で生じたH^+を緩衝するための反応である)(図4-7)[6].このような最大運動時の過換気(hyperventilation)は,肺機能としては毎分換気量をさらに増大させる余力が十分残っていることを示し,肺機能以外の要因によって運動が終了させられることを示している.つまり毎分換気量が頭打ちとなるから最大酸素摂取量が出現するのではないということである.

肺胞に入った空気から血管内に酸素が入るまでの肺拡散能も最大酸素摂取量の制限因子にはなら

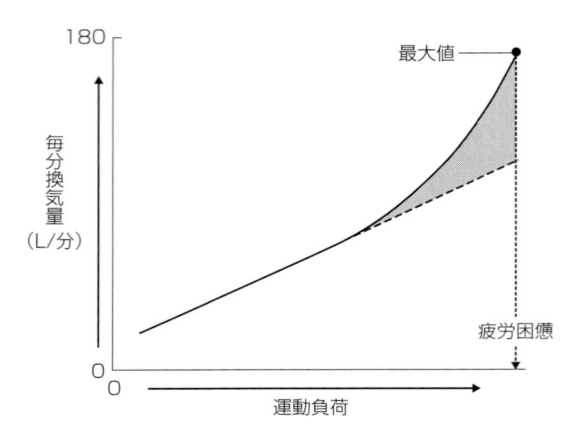

図4-7 運動負荷と毎分換気量の応答．(Fox E（朝比奈一男，渡部和彦訳）．選手とコーチのためのスポーツ生理学．pp160-189，大修館書店，東京，1982．)

ないとされている．肺胞と肺毛細血管との間で起こるガス交換は拡散によって行われる．酸素や二酸化炭素が高濃度（高い分圧）から低濃度（低い分圧）へと平衡状態にいたるまで移動する過程が拡散であり，肺拡散能は酸素運搬にとって重要な因子である．最大運動時の肺拡散能は男性競技者（特に持久性種目の選手）が一般人よりもかなり高いが[2,6)]，これは競技者の体格に比例した肺毛細血管表面積が大きいことに起因した結果であり，高い肺拡散能を示す人が必ずしも高い最大酸素摂取量を有するとは限らない．

3．酸素運搬能と最大酸素摂取量
　　—ヘモグロビン濃度—

　酸素摂取量を決定する要因は「心拍出量」と「動静脈酸素較差」の積であるため，最大酸素摂取量は次式のよう表わされる．したがって，赤血球やヘモグロビン濃度といった血液性状によって変動する血中酸素運搬能は，後述する最大動静脈酸素較差の相違を生み，その相違を介して最大酸素摂取量を規定することになると考えられる（5．動静脈酸素較差を参照）．

　　最大酸素摂取量($\dot{V}O_2max$)＝最大心拍出量(COmax)
　　　　　　×最大動静脈酸素較差(a-$\bar{v}O_{2diff}$)

　血液により運搬される酸素は，赤血球数やヘモグロビン濃度といった血液性状によって異なる．酸素の移動は，①血液中に物理的に溶解する，②赤血球内のヘモグロビンと化学的に結合する，という方法で行われる．①の物理的に溶解する酸素は血液100mL中0.3mL程度であり僅かである．一方，②のヘモグロビンと結合して運搬されるO_2量は多く，血液による酸素運搬の大部分を占めている．ヘモグロビン1gが完全に飽和した場合は，1.34mLの酸素と結合することができる．ヘモグロビン濃度が15g/100mLである一般成人男子では，15g×1.34mL＝20.1mLとなり，通常，①と合わせても動脈血100mL中に20.4mLの酸素運搬能をもつことになる．もしも貧血等により動脈血のO_2量が低下すると酸素摂取量は制限されることになる．逆に高地トレーニング等によってヘモグロビン濃度を上げて動脈O_2量を多くすれば，同じ100mLの血液であっても運搬できるO_2量が増加するため，最大酸素摂取量の増加に結びつく可能性は高い．

　高いO_2量を有する動脈血は，末梢組織を経由して酸素を放出して静脈血になると，そのO_2量が低下する．動脈血と静脈血のO_2量の差を動静脈酸素較差（arterio-venous oxygen difference：a-$\bar{v}O_{2diff}$）と呼び，体組織の酸素抽出力（取込能力）の指標となる．この較差が大きいほど，組織の代謝が活発でより多くの酸素を必要とすることを示す．

4．循環機能と最大酸素摂取量—心拍出量，一回拍出量，心拍数，心肥大—

（1）心拍出量の重要性
　最大酸素摂取量を決定する重要な因子は心拍出量および一回拍出量という循環機能である．酸素を豊富に含む動脈血は心臓を介して全身へと拍出される．心臓の右心室または左心室から1分間あたりに拍出される血液量を心拍出量（cardiac output：CO，$\dot{Q}$）と呼んでいる．心拍出量は1回の拍動で出される血液量を示す一回拍出量（stroke

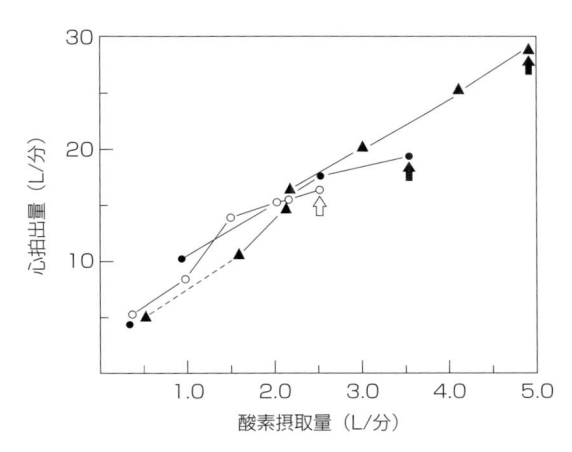

図4-8 長距離選手（▲）および一般大学学生の55日間のトレーニング前（○）と後（●）の運動時における酸素摂取量と心拍出量との関係．（⇧, ⬆＝最高値）
(Saltin, B: Physiological effects of physical conditioning. Med. Sci. Sports, 1: 50– 1969.)

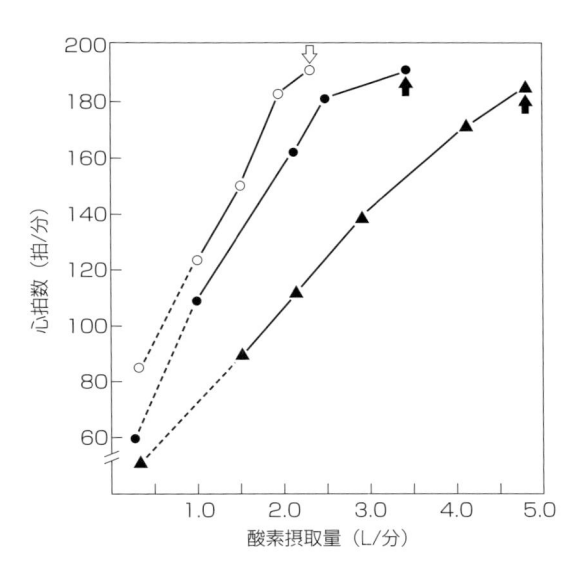

図4-9 長距離選手（▲）および一般大学学生の55日間のトレーニング前（○）と後（●）の運動時における酸素摂取量と心拍数との関係．（⇧, ⬆＝最高値）
(Saltin, B: Physiological effects of physical conditioning. Med. Sci. Sports, 1: 50–, 1969.)

volume：SV）と1分間の拍動数である心拍数（heart rate：HR）の積により算出される（次式）．

心拍出量(CO, Q) ＝ 一回拍出量(SV) × 心拍数(HR)

最大運動時の場合には次式のようになる．

最大心拍出量(COmax) ＝ 最大一回拍出量(SVmax) × 心拍数(HRmax)

一般成人男性では，安静時の一回拍出量が約70mL，心拍数は約70拍/分であるので，心拍出量は約5L/分となる．この安静時心拍出量はスポーツ選手であっても一般人と大差はない．ところが最大運動時には心拍出量は増加し，持久性選手では最大心拍出量が35L/分という高値にまで達する（図4-8）[13]．また図4-8にみられるように，最大酸素摂取量と最大心拍出量との間には直線関係がみられ，最大酸素摂取量を増加させるには心拍出量の増加が必須であることがわかる．最大酸素摂取量の約70～85％は最大心拍出量によって決定されるといわれる．さらに，図4-8にみられるように，トレーニングが心拍出量を増加させ，最大酸素摂取量（図中⇧の値）も増加させることが明らかである．一般学生の55日間のトレー

ニング前（○）とトレーニング後（●）における変化をみると，トレーニングは最大心拍出量と最大酸素摂取量を共に増加させている．さらに長期間のトレーニングを積んだ長距離選手（▲）は，より高い心拍出量と最大酸素摂取量を示すことがわかる．ところで，最大心拍出量の増大は持久性スポーツ選手の望むところであるが，不利な一面もある．心拍出量が増大し過ぎると（トップアスリートの場合），肺毛細血管における血流の通過時間（transit time）が短くなり，酸素がヘモグロビンに結合する時間が不足し，動脈血酸素飽和度（酸素含有量）が低下する．この点は「トップアスリート」における一種のジレンマである[2]．

(2) 一回拍出量と心拍数

心拍出量は心拍数と一回拍出量の積であるが，最大心拍出量を決めるのは最大一回拍出量の方である．図4-9にみられるように[13]，最大心拍数はトレーニングによって増加せず, むしろ低下する．55日間のトレーニングの前後間における最大心

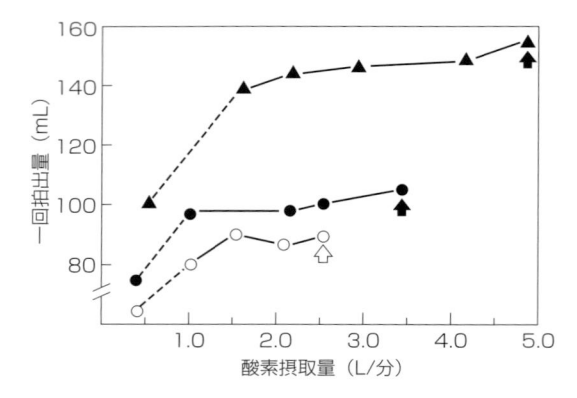

図4-10 長距離選手（▲）および一般大学学生の55日間のトレーニング前（○）と後（●）の運動時における酸素摂取量と一回拍出量との関係．（⇧，▲＝最高値）
(Saltin, B: Physiological effects of physical conditioning. Med. Sci. Sports, 1: 50-, 1969.)

拍数（図中⇧▲の値）には有意差がなく，数年間のトレーニングを積んだ長距離選手（▲）では最大心拍数がむしろ低下している．心拍数と対照的に，一回拍出量はトレーニングにより増大し（図4-10），長距離選手では，さらに大きな一回拍出量を示すことがわかる[13]．このように最大酸素摂取量と平行して増大するのは最大心拍出量であり，そして最大心拍出量を増加させる要因が最大一回拍出量ということがわかる．

また図4-10から，運動に対する一回拍出量の応答パターンがわかる．一回拍出量が大きく増加するのは中等度の運動までであり，高強度になるとその増加率が低くなるか，変化を示さない．一般成人が立位運動をした場合，最大酸素摂取量の40％〜50％強度（心拍数が110〜120拍/分程度）で最大一回拍出量が出現するといわれている[1]．トップアスリートに関する研究によると，一般人とは異なり，一回拍出量が高強度運動時まで漸増するという報告がみられている[7]．この点は更なる検討が必要である．

（3）スポーツ心臓

最大酸素摂取量の増大には最大一回拍出量の増大が必要であるが，それは最終的には心容量を大きくすることに帰結している．そのためスポーツ心臓といわれるスポーツ選手の心肥大が注目されるのである．心肥大は運動による負荷（ストレス）に抗するために心筋細胞のたんぱく合成が進み心筋線維が肥大・拡張することによって起こる．スポーツ心臓には，持久性タイプとレジスタンスタイプがある（図4-11）[11]．持久性トレーニングを積んだ選手は，心室壁の厚さは一般人と変わらないが，左心室腔の大きさ（容積）が大きくなる．持久性選手では，大きな血液量（心拍出量）が常に心臓に戻ることが刺激となり，心容量を拡大させると考えられている．一方レジスタンス系の選手では，左心室腔は一般人と変わらないが，心室中隔や心室壁の心筋の厚さが増大する．レジスタンス運動時には動脈血圧が急激に高くなり，そのような血圧負荷が心筋壁への刺激となり筋肥大をもたらせると考えられている．最近の研究によると，スポーツ心臓は3種類あるという報告もある（表4-3）[7]．今後の研究の成果が待たれる所である．

5. 酸素取込能力と最大酸素摂取量
―動静脈酸素較差―

最大運動時の酸素摂取量は安静時の20倍になるが，心拍出量の増加だけでその対応策をとるとしたら，心拍出量は安静時（5L/分）の20倍の100L/分が必要となる．これはヒトの心機能の限界を超えている．そのため生体は血流から酸素をより多く抜きとる「酸素取込能力を上げる」という対応策をとる．つまり動静脈酸素較差を拡大するのである．図4-12にみられるように[1]，安静時では，動脈血100mL中のO_2量が約18mL，混合静脈血O_2量が約12mLであるので，動静脈酸素較差は約6mLになる．運動強度とともに動静脈酸素較差は増大するが，その増大は静脈血O_2量の低下，つまり末梢組織（運動時は主に活動筋）によるO_2の取込能力の増大に起因している．最大運動時には，活動筋の静脈血O_2量はほぼ"0"まで低下するが，非活動組織での静脈O_2量が高

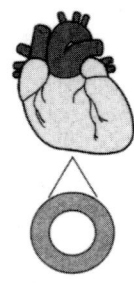

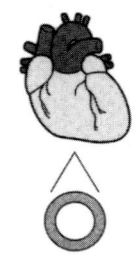

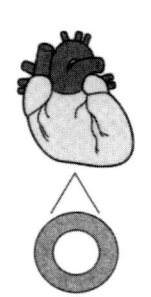

図4-11　スポーツ種目と心肥大の特徴．
(Pluim BM, Zwinderman AH, Laarse A, et al.: The athlete's heart: A meta-analysis of cardiac structure and function. Circulation 100: 336-344, 1999.)

持久性選手　　健康な一般人　　レジスタンス選手

表4-3　3タイプのスポーツ心臓．(Pluim BM, Zwinderman AH, Laarse A, et al.: The athlete's heart : A meta-analysis of cardiac structure and function. Circulation 100 : 336-344, 1999.)

	一般人	アスリート 持久系	アスリート 混合型	アスリート レジスタンス系	有意確率
左心室重量（g）	174	249	288	267	p<0.001
左心室拡張終期内径（mm）	49.6	53.7	56.2	52.1	p<0.001
左心室拡張終期後壁厚（mm）	8.8	10.3	11	11	p<0.001
拡張期心室中隔厚（mm）	8.8	10.5	11.3	11.8	p<0.001
左室駆出率（%）	67.2	68.8	66.1	66.3	NS
左室内径短縮率	34.4	34.4	34.7	35.7	NS

持久系：長距離ランナー，マラソン選手，混合型：自転車競技選手，ボート選手，レジスタンス系：ウエイトリフター，パワーリフター，ボディビルダー，レスラー，投てき選手，一般人：特別な運動経験がない同年齢の健康な男性，有意確率：一般人とアスリート3群をまとめたデータの比較における有意水準．

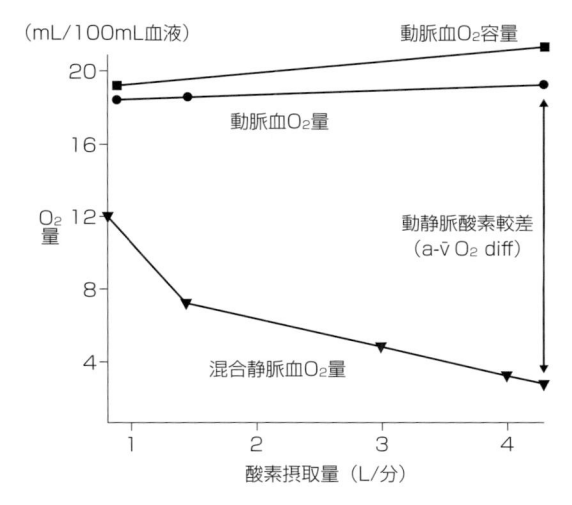

図4-12　酸素摂取量と動静脈酸素較差（a-v̄ O₂diff）との関係．
(Åstrand, PO and Rodahl, K, (朝比奈一男，浅野勝己訳)：オストランド運動生理学，大修館書店，東京，pp.83-136, 1982.)

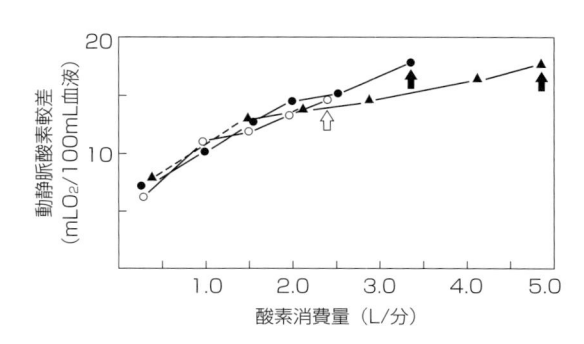

図4-13　長距離選手（▲）および一般大学学生の55日間のトレーニング前（○）と後（●）の運動時における酸素摂取量と動静脈酸素較差との関係．(Saltin, B: Physiological effects of physical conditioning. Med. Sci. Sports, 1: 50, 1969.)

いので，混合静脈血のO₂量は平均化されて，最大運動時であっても2〜4mLとなる．

このような動静脈酸素較差は，体組織における毛細血管密度や筋細胞内の有酸素性代謝能力（ミトコンドリア数やサイズおよび酸化系酵素活性の増大等）といった形態変化を含む呼吸循環機能の要因によって決められる[13]．最大動静脈酸素較差は持久性トレーニングによって増大するが，その増大量に限りがあり，最大酸素摂取量の増加に対する貢献率は最大心拍出量に比べると低い．このことは図4-13のデータからもみられる[13]．一般大学生が55日間のトレーニングをすると，最大

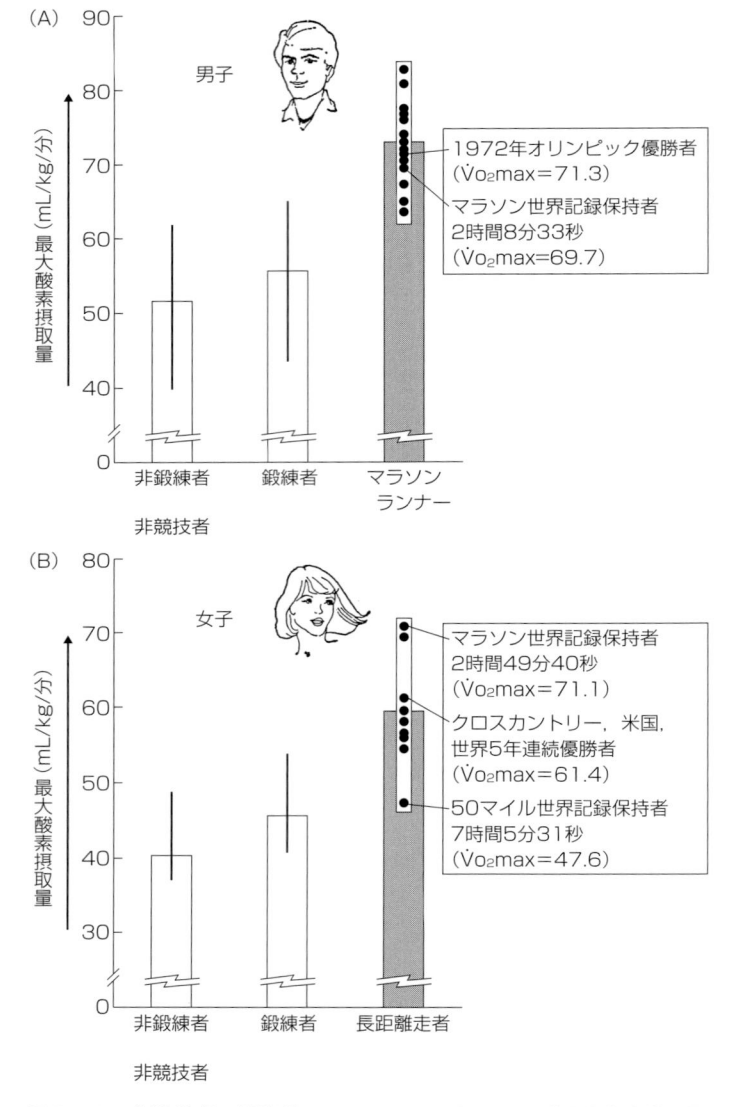

図4-14 非鍛錬者，鍛錬者，マラソンランナーおよび長距離走者の最大酸素摂取量．
(Fox E（朝比奈一男，渡部和彦訳）．選手とコーチのためのスポーツ生理学．pp160-189, 大修館書店，東京，1982．)

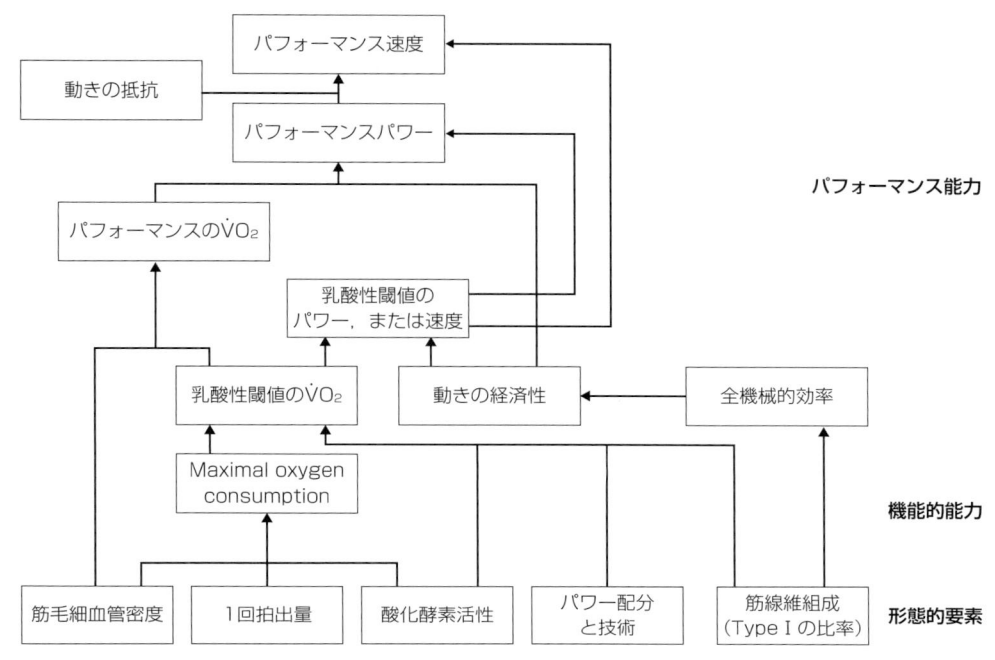

図4-15 持久性パフォーマンスに関わる諸要因のモデル.
(Coyle EF: Integration of the physiological factors determining endurance performance ability. Exercise and Sport Science Reviews, 23: 25-63, 1995.)

動静脈酸素較差はトレーニング前の約15mLから約17mLへと約11%の増加を示す［動静脈酸素較差が17mLということは，動脈血20mLの酸素の約85％が体組織（主に活動筋）に取込まれたことを示している］．しかし，長年トレーニングを積んだ長距離選手であっても最大動静脈酸素較差は約17mLであり，55日間のトレーニング後の学生と差がない．このことは，一般大学生と長距離選手との間にみられる著しい最大酸素摂取量の差は，最大動静脈酸素較差ではなく，最大心拍出量における相違に大きく起因することを示している．

6. 呼吸循環機能とパフォーマンス

最大酸素摂取量が持久性能力の指標であり，それを決定する呼吸循環機能についてみてきた．しかし，実際の競技記録やパフォーマンスという観点からみると図4-14のようなデータもある[6]．持久性競技選手（長距離ランナー）と非競技者の最大酸素摂取量を比較すると，競技選手の方が高い最大酸素摂取量を示すが，長距離ランナーの中には，5人のチャンピオン中4人までもがグループの平均値あるいはそれ以下であることが示されている．実際の持久性パフォーマンスは，筋線維組成，乳酸性閾値，運動効率，動作の経済性などさまざまな要因が絡み合っていると考えられている[17]．このような要因を統合的にみる視点として，たとえばCoyleは図4-15のようなモデルを提案している[5]．これらのモデルを議論することは本章の域を超えるが，実際のパフォーマンスに結びつくように，呼吸循環機能を含む形態や身体組成，筋代謝機能，スキルといった種々の要因を統合的に理解することがスポーツの実践場面では重要と思われる．

［定本　朋子］

[参考文献]

1) Åstrand PO, Rodahl K（朝比奈一男，浅野勝己訳）：オストランド運動生理学，大修館書店，東京，83-136，1982.
2) Bassett DR, Howley ET: Limiting factors for maximum oxygen uptake and determinants of endurance performance. Med Sci Sports Exerc 32: 70-84, 2000.
3) Bouchard C, Dionne FT, Simoneau JA et al.: Aerobic performance in brothers, dizygotic and monozygotic twins. Med Sci Sports Exerc 18: 639-646, 1986.
4) Bouchard C: Discussion: Heredity, fitness, and health. In Bouchard C, Shephard RJ, Atephan T et al. (Eds.), Exercise, fitness, and health. 147-153, Champaign, IL Human Kinetics, 1990.
5) Coyle EF: Integration of the physiological factors determining endurance performance ability. Exercise and Sport Science Reviews, 23: 25-63, 1995.
6) Fox E（朝比奈一男，渡部和彦訳）．選手とコーチのためのスポーツ生理学．160-189，大修館書店，東京，1982.
7) Glendhill N. Cox D, Jamnik R: Endurance athletes' stroke volume does not plateau: Major advantage is diastolic function. Med Sci Sports Exerc 26: 1116-1121, 1994.
8) Kohrt WM, Malley, WT, Coggan AR et al. Effects of gender, age and fitness level on response of $\dot{V}O_2$max to training in 60-71 yr olds. J Appl Physiol 71: 2004-2011, 1991.
9) Magel JR, Foglia GF, McArdle WD et al.: Specificity of swim training on maximum oxygen uptake. J Appl Phyiol 38: 151-155, 1975.
10) McArdle WD, Katch FI, Katch VL（田口貞善，矢部京之助，宮村実晴，福永哲夫監訳）：運動生理学—エネルギー・栄養・ヒューマンパフォーマンス—．171-192，杏林書院，東京，1992.
11) Morrison DA, Boyden TW, Pamenter RW, et al.: Effects of aerobic training on exercise tolerance and echocardiographic dimensions in untrained postmenopausal women. Am Heart J 112: 561-567, 1986.
12) Pluim BM, Zwinderman AH, Laarse A, et al.: The athlete's heart: A meta-analysis of cardiac structure and function. Circulation 100: 336-344, 1999.
13) Saltin B: Physiological effects of physical conditioning. Med Sci Sports 1: 50, 1969.
14) Sparling PB: A meta-analysis of studies comparing maximal oxygen uptake in men and women. Res Quart Exerc Sports 51: 542-552, 1980.
15) Strømme SB, Ingjer F, Meen HD: Assessment of maximal aerobic power in specificically trained athletes. J Appl Physiol 42: 833-837, 1977.
16) Tanaka H, DeSouza CA, Jones PP et al.: Greater rate of decline in maximal aerobic capacity with age in physically active vs. sedentary healthy women. J Appl Physiol 83: 1947-1953, 1997.
17) Wilmore JH, Costill DL: Physiology of sport and exercise. Second edition, Human Kinetics, Champaign, 207-241, 1999.

[I. スポーツ現場に生かす運動生理学]

5章 スポーツ選手の骨格筋機能

キーワード：筋肥大，筋線維特性

さまざまなスポーツ種目において，選手の競技パフォーマンスを規定する大きな要因として骨格筋の性質や大きさが挙げられる．いい換えれば，『速く』『強く』『高く』などの多くのパフォーマンスは，骨格筋の性質や大きさによって規定されるといっても過言ではない．そのためにスポーツ現場では，パフォーマンスの向上や体力の維持・増進のために，骨格筋を対象にしたさまざまなトレーニングが行われている．本稿では，実際にスポーツ現場で指導する場面で必要とされる骨格筋の構造と機能について，主に『筋線維特性』と『筋肥大』の2つのキーワードを中心に記述する．

1. 筋線維タイプ

(1) 骨格筋の構造

私たちのカラダには，骨格筋，心筋および平滑筋の3種類の筋肉が存在する．そのうち，自らの意志で動かすことのできる筋肉（随意筋）は，骨格筋だけである．心筋と平滑筋は意図的に筋収縮ができないため不随意筋と呼ばれている．私たちのカラダの動きは，400個以上の骨格筋の働きによって産み出されている．体重の約50％を占め，大きな固まりに思える骨格筋は，実は毛髪と同じような細く長い細胞がたくさん集まってできている．この細胞の形態的特徴から，骨格筋細胞は筋線維と呼ばれる．また，顕微鏡で筋線維を観察すると規則的な横紋模様が見られることから，横紋筋とも呼ばれる．筋線維には多くの筋原線維が含まれている（図5-1）．筋原線維は，主に収縮たんぱく質であるミオシンとアクチンの2つのフィラメントから構成され，その他にミトコンドリア，筋小胞体，リボゾームなどの小器官，さらにグリコーゲン顆粒や脂肪滴なども含んでいる．また，筋原線維はZ膜（Z線）と呼ばれる薄い膜状の構造たんぱく質によって筋節（サルコメア）と呼ばれる最小単位に分かれる（図5-1）．筋節内には，ミオシンとアクチンの重なりによって生じる暗くA帯と呼ばれる部分と，明るくI帯と呼ばれる部分が存在し，骨格筋の横紋模様を生み出している．筋線維が収縮する際には，ミオシン頭部とアクチンが結合（連結）し，弛緩する際にはミオシン頭部とアクチンが離れる（解離）．骨格筋の構造をまとめると，ミオシンとアクチンから横紋構造をもつ筋原線維が形成され，筋原線維が集合して筋線維（筋細胞）となり，さらに筋線維が束となって筋束を形成する．そして 筋束が集合体となって骨格筋が形成される（図5-1）．

(2) 筋線維タイプの分類

立つ，歩く，そして走る，これらの動作の主動筋である太ももの筋肉（大腿四頭筋）には，何本の筋線維が含まれているのであろうか？ヒトの骨格筋では，個人差はあるものの20歳代で約60万本の筋線維が外側広筋に含まれていると報告されている（Lexell et al, 1988）．しかし，ひとつの骨格筋（例えば外側広筋）が全て同じ種類の筋線維から構成されている訳ではない．筋線維は，見

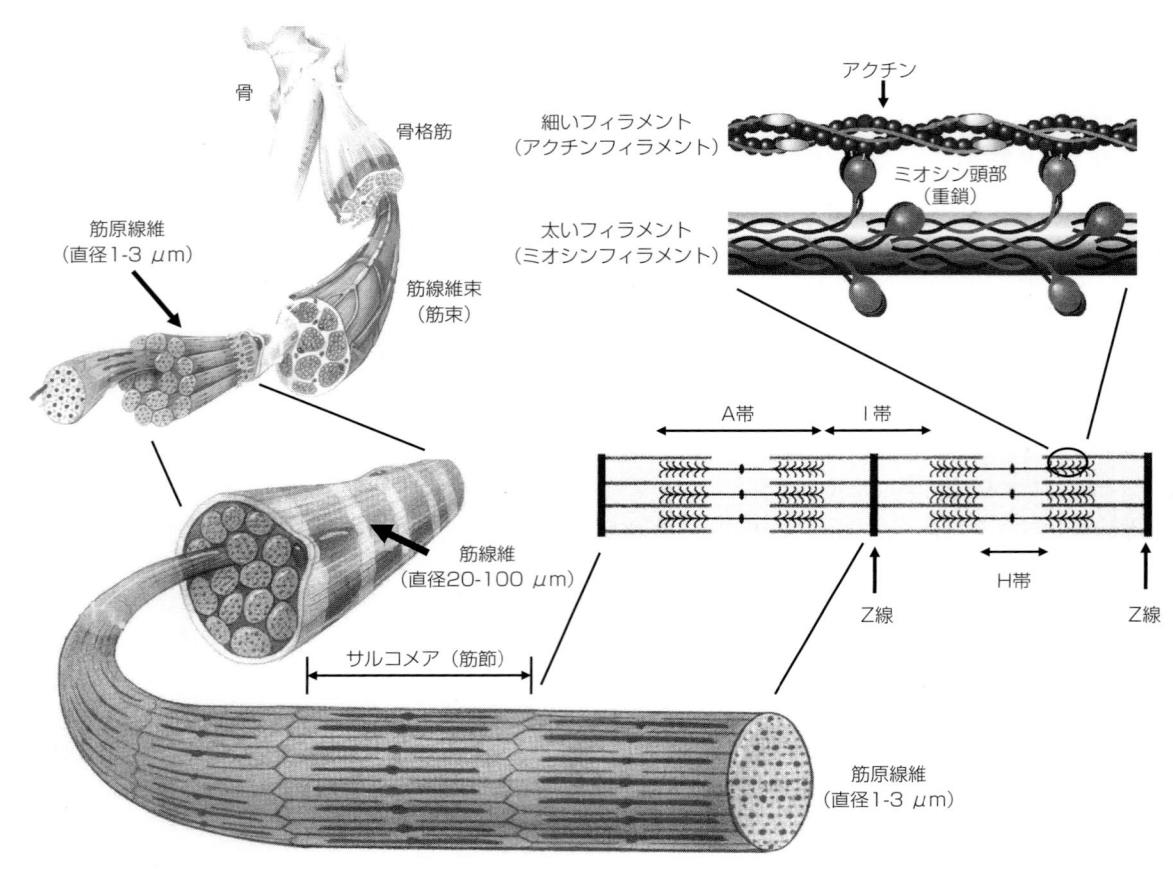

図5-1 骨格筋の構造.
(町田修一.筋線維タイプの発現をタンパク質・遺伝子レベルで探る,運動とタンパク質・遺伝子(柳原 大,内藤久士 編),80-100,2004.ナップの資料に加筆訂正)

た目(色),収縮特性および代謝特性の違いから2もしくは3種類の筋線維タイプに分類される(表5-1).筋線維を見た目(色)で分類すると,赤い赤筋線維と白い白筋線維に分類することができる.これは,筋線維内の酸素運搬に関わるミオグロビンやミトコンドリア内でのチトクロームC等の赤色の色素たんぱく質量の違いによるものである.後述するタイプIIa線維に相当する線維がピンク色を帯びていることから中間筋線維として分類することもある.また,収縮特性という機能面で分類すると,収縮速度が遅い遅筋(タイプIまたはST:slow-twitch)線維と収縮速度が速い速筋(タイプIIまたはFT:fast-twitch)線維に大別することができる.筋線維の最大収縮速度がミオシンのATPase活性に依存することから,筋線維タイプの分類にはミオシンATPaseの酵素活性の差を利用した染色方法(mATPase染色)が用いられてきた(Brooke and Kaiser, 1970).この染色法により遅筋線維をタイプI線維,速筋線維をタイプII線維と大別することができ,さらに速筋線維はATPaseのpHへの安定性の違いによってタイプIIa線維とタイプIId線維(備考:ここでいうタイプIId線維は,1990年頃まではmATPase染色法ではタイプIIb線維に分類されていたものも含める.ヒトの外側広筋や腓腹筋では,タイプIIb線維の存在は確認されていない.

表5-1 筋線維タイプの分類.

赤筋線維	中間筋線維	白筋線維	肉眼的分類
			収縮特性による分類
遅筋	速筋		分類方法1
ST線維	FT線維		分類方法2
タイプI線維	タイプII線維		分類方法3
タイプII線維	タイプIIa線維	タイプIId線維	分類方法4
SO線維	FOG線維	FG線維	収縮特性とエネルギー代謝特性による分類
			生理的特性
遅い	速い	最も速い	収縮速度
最も疲れにくい	疲れにくい	疲れやすい	疲労耐性

従来のmATPase染色法では，タイプIId線維はタイプIIb線維として分類されていた．しかし，ヒトの外側広筋や腓腹筋では，タイプIIb線維は存在しないことが確認され，現在ではタイプIId線維に分類される．また，タイプIId線維はタイプIIx線維と同一の筋線維である．そのため，タイプIId/xと表記されることもある．

またタイプIId線維はタイプIIx線維とも呼ばれているが，本書ではタイプIId線維と表記する）の2つに分類することができる．さらに，筋線維を収縮特性（ATPase活性）と代謝特性（酸化系酵素活性）の2つの特徴を組み合わせて分類する方法もある（Peter et al, 1972）．この分類方法では，収縮する速度が遅く酸化系（有酸素系）のエネルギー供給能力が高くて疲労しにくいSO (slow-twitch oxidative) 線維と，収縮する速度が速く，酸化系と解糖系の両方のエネルギー供給能力が比較的高くて疲労しにくいFOG (fast-twitch oxidaitive glycolytic) 線維，そして収縮する速度が速いが，すぐに疲労してしまうFG (fast-twitch glycolytic) 線維の3種類に分類することができる（表5-1）．表5-1からも分かるように，筋線維は分類方法によって異なる名称で呼ばれているが，基本的には2もしくは3種類の筋線維タイプに分類される．まとめると，収縮速度は遅いが疲労しにくい筋線維タイプは「遅筋線維」「タイプI線維」「赤筋線維」「SO線維」と呼ばれ，収縮速度は速いが疲労しやすい筋線維は「速筋線維」「タイプIId線維」「白筋線維」「FG線維」と呼ばれている．そして，収縮速度が速く，疲労しにくい筋線維は「タイプIIa線維」「中間筋線維」「FOG線維」と分類することができる．

最近では，上記3種類の筋線維タイプの分類方法に加えて，ミオシン頭部（重鎖）の種類（分子種：アイソフォーム）によってATPaseの活性（働き）が規定されているため，ミオシン重鎖の種類によって筋線維を分類することがある（町田, 2004）．しかし，タイプI，タイプIIa，そしてタイプIId筋線維の分類は，筋線維とスポーツ競技との特性をうまく説明することができるため，現在も広く受け入れられている分類である．なお，ヒトの筋線維タイプの分類では，タイプIとタイプIIを基本とする記号的な名称が好んで用いられている．タイプI線維は，ミトコンドリアが発達し，酸化系の酵素活性が高く，他のタイプの線維よりも多くの毛細血管に取り囲まれ，ミオグロビン含量も多い（表5-2）．そのため，高い有酸素的代謝能力と疲労耐性を備えている．一方，タイプIId線維は，タイプI線維と比べると有酸素的な代謝能力は低く，疲労しやすいが，解糖系酵素の活性が高く，高い無酸素的代謝能力を備えている（表5-2）．さらに，タイプIId線維のATPase活性は他の2つの線維タイプよりも高く，収縮速度は3つの線維タイプの中で最も速い．タイプIIa線維は，概念的にはタイプI線維とタイプIId線維の長所を合わせ持つものと考えられる．

(3) 筋線維組成

骨格筋を構成する筋線維のタイプごとの比率は

表5-2 筋線維タイプの特徴. (大石, 1993[16])や竹倉, 2006[24])の資料に加筆・変更)

	タイプI線維	タイプIIa線維	タイプIId線維
酸化能力	高い	中間	低い
ミトコンドリア密度	高い	中間	低い
酸化系酵素活性	高い	中間	低い
ミオグロビン量	多い	中間	少ない
毛細血管密度	高い	中間	低い
解糖能力	低い	高い	最も高い
グリコーゲン量	多い	多い	多い
解糖系酵素活性	低い	高い	高い
クレアチンリン酸量	少ない	多い	多い
収縮速度	遅い	速い	最も速い
ミオシンATPase活性	低い	中間	高い
疲労耐性	高い	中間	低い

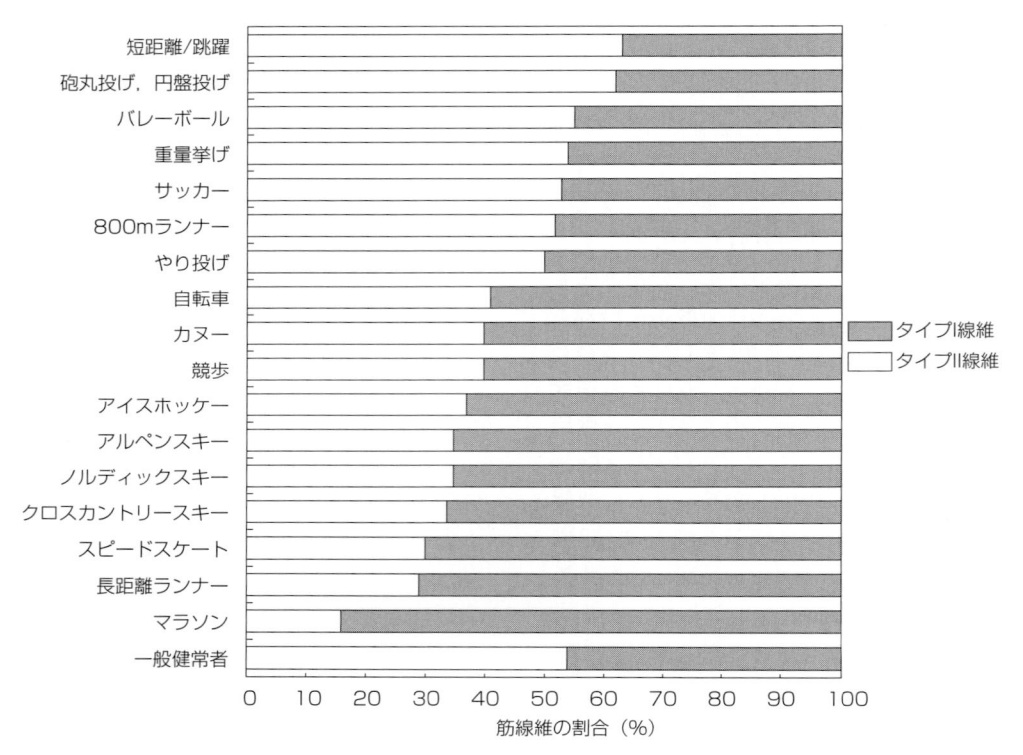

図5-2 スポーツ選手の筋線維組成. (大石　康:骨格筋の構造と機能. 運動生理学20講(勝田　茂編集) pp1-7, 朝倉書店, 1993に加筆)

筋線維組成と呼ばれる．筋線維組成は筋肉全体の収縮特性や持久力に大きな影響を及ぼすので，パフォーマンスと密接に関係している．ヒトの外側広筋や腓腹筋などは，一般健常者ではタイプI線維とタイプII線維の割合がほぼ同程度である．図5-2には各スポーツ選手の筋線維組成を示している（大石，1993）．持久系の競技者においてはタイプI線維が70-80％以上を占めていることが伺

える．また，球技系の選手では，短距離走のような瞬発力が求められる種目から，マラソンのような持久力が必要とされる種目まで，各スポーツ種目，もしくはポジション等に適した筋線維組成を備えていることが理想的である．では，トレーニングによって，筋線維組成は変化するのであろうか？筋線維組成は一卵性双生児が同一の筋線維組成をもつことから，先天的に遺伝要因で決まると考えられていた（Komi and Karlsson, 1979）．しかし，最近の研究から，運動やトレーニングが後天的に筋線維組成を変えうる可能性が示されている（Spangenburg and Booth, 2003）．一般的には，持久的トレーニングに対する骨格筋の適応は，主にタイプIIa線維の増加，そしてタイプIId線維の減少とタイプII線維内の変化が主であり，タイプI線維の構成比が変化することは少ないと報告されている（Spangenburg and Booth, 2003）．しかし，トレーニング量を増加させることでタイプI線維の構成比が増加することが報告されている（Demirel et al., 1999）．すなわち，持久的トレーニングでは筋線維タイプが，タイプIId→タイプIIa→タイプIのように組成が変化すると一般的には考えられている．そして，トレーニングなどの環境的な要因によって筋線維組成が約40％変化する可能性が報告されている（Simoneau and Pette, 1988）．持久的トレーニングに対する骨格筋での適応は，ミトコンドリアや毛細血管の増加など，エネルギー供給系の適応が主で，筋線維組成での適応は比較的小さいとする意見もある（町田，2003）．また，レジスタンストレーニングやインターバルトレーニングなど，トレーニング強度が高いトレーニングであっても，持久的トレーニングと同様な筋線維組成の適応（タイプIId→タイプIIa→タイプI）が報告されている（Spangenburg and Booth, 2003）．一方，怪我や運動不足になって筋肉が萎縮した際，形態的変化だけでなく筋線維組成にも変化が認められる．例えばギプス固定やベッドレスト，そして無重力等は筋線維組成を速筋化（タイプI→タイプII）させ，タイプIId線維を発現させる（Haddad et al., 1993；Takahashi H et al., 1991）．不活動による筋萎縮の程度はタイプII線維よりもタイプI線維で顕著に認められる．以上のことから，筋線維組成の変化には，主に運動量が関係していて，運動量が増大すれば遅筋化へ，運動量が減少すれば速筋化の方向に変化するのであって，運動強度は関係ないと考えられる．

ところで，瞬発性が求められる短距離走等の選手にとっては，トレーニングによって骨格筋にタイプIId線維を増加させることを期待したいところである．しかしこれまで述べてきた内容では，トレーニングするよりはむしろ何もしないで不活動状態を保っていたほうが，目的とするタイプIId線維を増加させることが可能であると解釈できる．しかし，不活動では確かにタイプIId線維の構成比は増加するものの，筋萎縮が同時に起こるため全体的な筋出力は低下してしまうので競技パフォーマンスにはマイナスになる．では一体どのようにすれば筋力を維持した状態でタイプIId線維の構成比を増やすことができるのだろうか．Andersen（2000）によれば，高強度のレジスタンストレーニングを3カ月行うと，先行研究同様，タイプIIa線維の構成比の増加，そしてタイプIId線維相対的な減少が認められるものの，その後3カ月間トレーニングを休止することで，トレーニング前の筋力レベルは維持された状態でタイプIId線維の構成が増加したことを報告している．したがって，高強度のトレーニングを継続的に行うことよりも，トレーニング期間中に適切な完全休息期間を設けることによっては，タイプIId線維の構成比を増加できる可能性があるのかも知れない．

(4) 運動単位と筋線維の動員様式

3つの筋線維タイプが混在している骨格筋では，筋収縮する毎に，全ての筋線維タイプが使われる（動員される）訳ではない．例えば，立つ，歩く，そして走るという動作をする際，その主動筋である大腿四頭筋では，酸素摂取量や筋力で表された運動強度によって，動員される筋線維タイプが異

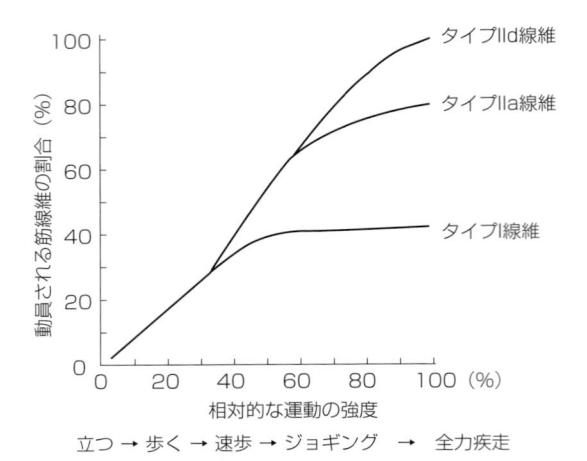

図5-3 運動強度と動員される筋線維タイプ.
運動強度が増すにつれて,タイプI線維からタイプIIa線維,そしてタイプIId線維と動員される.具体的には,立つ,歩く,ジョギング,全力疾走の一連の動作を実施した際に,外側広筋中に存在する筋線維タイプが順次性を持って動員されていく様子.

なるとされている(Sale, 1987).例えば,歩く場合にはほとんどタイプI線維のみが動員されるが(だから疲れない),スピードが高まり運動強度が増加するにつれてタイプIIa線維が動員され,さらに全力走のような場合にはタイプIId線維を含めた全ての筋線維が動員されることになる(図5-3).

筋線維の活動は,脊髄の運動神経細胞(α運動ニューロン)からの指令によって起こる(図5-4).α運動ニューロンは脊髄前角に細胞体を持ち,長い突起状の軸索を筋に向けて伸ばしている.1本のα運動ニューロンは細かい動きをする筋では数本から数十本,大きな力を出す筋では数千本の筋線維を支配している.あるα運動ニューロンが興奮すると,それに接続する筋線維は全て収縮する.そのため,ひとつのα運動ニューロンとそれに支配されている筋線維群はひとつの単位として活動

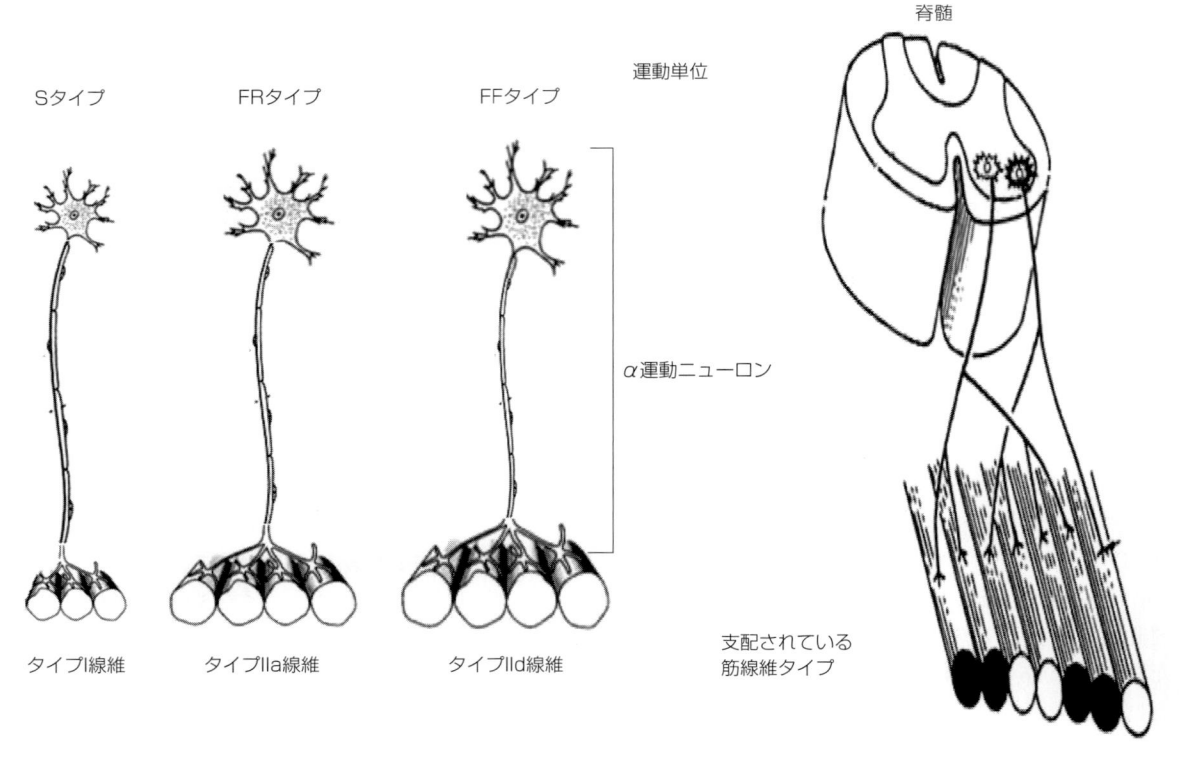

図5-4 運動単位のタイプと模式図.(石原昭彦.運動と神経.運動生理学20講(勝田 茂編集)pp61-66.朝倉書店.1993に加筆)

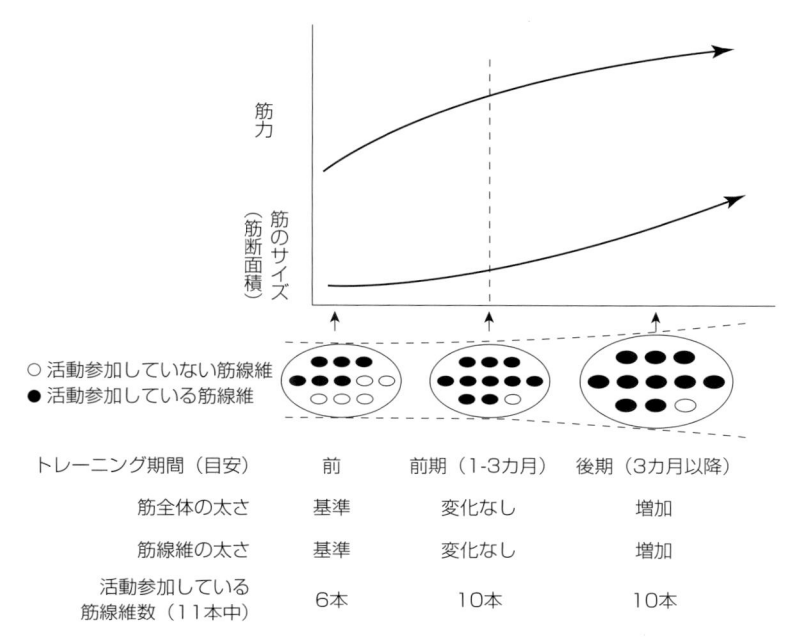

図5-5 レジスタンストレーニングの効果の現れ方.

トレーニング期間（目安）	前	前期（1-3カ月）	後期（3カ月以降）
筋全体の太さ	基準	変化なし	増加
筋線維の太さ	基準	変化なし	増加
活動参加している筋線維数（11本中）	6本	10本	10本

○ 活動参加していない筋線維
● 活動参加している筋線維

することから，運動単位と呼ばれる（図5-4）. 一般的に，タイプⅠ線維を支配するα運動ニューロンは，Sタイプの運動単位と呼ばれている．すなわち，細胞体が小さく，興奮の閾値（動員閾値）が低く，神経支配比が小さい（運動単位のサイズが小さい）という特徴をもつ（図5-4）. 反対に，タイプⅡd線維を支配するα運動ニューロンはFFタイプ，タイプⅡa線維を支配するα運動ニューロンはFRタイプの運動単位と呼ばれ，細胞体が大きく，興奮の閾値が高く，神経支配比は大きい（運動単位のサイズが大きい）（図5-4）. そのため，徐々に力を発揮した場合，まず細胞体のサイズが小さく，興奮の閾値（動員閾値）の低いSタイプの運動単位から優先的に動員されるため，結果的にタイプⅠ線維が動員される．さらに，力発揮レベルの増大とともに，細胞体サイズの大きなFRおよびFFタイプの運動単位が動員され，タイプⅡaおよびタイプⅡd線維が大きな力発揮に貢献する．これを「サイズの原理」と呼ぶ．トレーニングにおける筋線維の動員様式も，基本的には負荷強度の大小に応じ，サイズの原理に従って変動する．

2. 骨格筋の肥大

（1）レジスタンストレーニングと筋肥大

　長期間のトレーニングによって骨格筋に肥大が生じることはよく知られている．一般的に，レジスタンストレーニングによる筋肥大では，筋全体の筋横断面積と筋線維横断面積は比例することから，レジスタンストレーニングによる筋肥大の主要因は筋線維の肥大であると考えられている．では，骨格筋もしくは筋線維はトレーニング開始後，いつ頃から肥大するのだろうか．図5-5は，レジスタンストレーニングに伴う筋力の増加と筋肥大の時間経過を示したものである（福永，1978）. 筋力はトレーニング開始後，速やかに増強するが，筋肥大はこれよりも遅れて起こる．筋肥大が起こる前に筋力が増強する原因は，トレーニングによってまず筋線維を支配しているα運動ニューロンの発火頻度や動員される運動単位（筋線維数）が増加するためである．つまりα運動ニューロンの機能が変化して，短時間に多くの刺激を筋線維に

表5-3 レジスタンストレーニングにおける負荷強度，最大反復回数，期待される効果．

最大筋力に対する割合（％）	最大反復回数（回）	期待される効果
90〜100	1〜3	筋力増加
70〜90	4〜12	筋肥大
70未満	13〜	筋持久力

伝えられるようになる．そして，神経の適応が落ち着くと，次に筋線維を構成する筋原線維の主成分である収縮たんぱく質や構造たんぱく質が増加し，筋肥大が起こる．つまり，トレーニングによる筋力増強は，まず神経機能の適応から始まり，次に筋肥大による形態的変化が起こると考えられる．筋肥大が認められる期間はトレーニング開始後，1-3カ月ぐらいであると思われる．次に，トレーニングに対する適応として全ての筋線維で同様に肥大が認められるのであろうか．先行研究の多くは，トレーニングによって顕著に肥大するのはおもにタイプⅡ線維であると報告している（Thorstensson, 1976）．しかし，全てのレジスタンストレーニングによって筋肥大が認められるわけでなく，トレーニング時の負荷強度が重要である．表5-3にはレジスタンストレーニングにおける強度および最大反復回数，そして主な効果についてまとめている．スポーツ現場で筋肥大を目的にトレーニングを行う場合，最大挙上重量（1RM）の70-90％もしくは最大反復回数が4-12回になる負荷強度が必要である．このことは，トレーニングによって肥大するのが主にタイプⅡ線維であることと，タイプⅡ線維を動員させるには大きな筋力発揮が必要であること（サイズの原理）から説明できる（図5-6）．また，筋肥大が認められた場合でも，それが直ぐに競技力に関わる瞬発力や筋パワーに反映される訳でもない．瞬発力や筋パワーを向上させるためには，肥大した筋線維をいかに筋力発揮時に動員させることができるかが重要になる．最大挙上重量（1RM）の約90％以上になる負荷強度でのトレーニングは，筋力発揮時に動員される筋線維数の向上，つまり神経系の適応に効果的である．つまり，筋肥大を目的とし

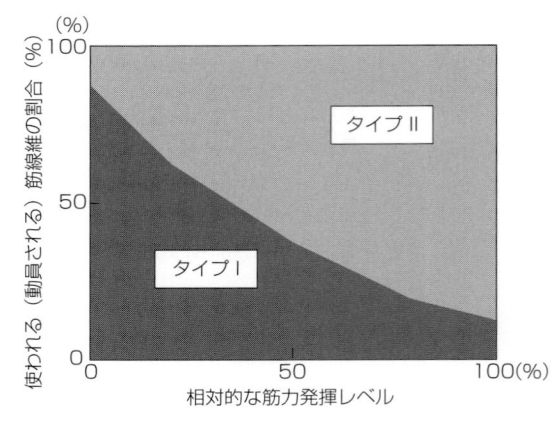

図5-6 筋力発揮レベルと筋線維の動員様式．

たトレーニングで筋力発揮の土台をつくり，筋力増加を目的としたトレーニングによって神経系を適応させ，動員される筋線維を増加させることによって，瞬発力やパワーが向上するのである．

運動中の筋肉の活動様式（筋収縮）には筋肉の長さ（筋長）が変化しない等尺性（アイソメトリック）収縮，筋肉が短縮しながら力を発揮する短縮性（コンセントリック）収縮，力を発揮している筋肉が外力により短縮方向とは反対に伸張される伸張性（エキセントリック）収縮の3つがある．発揮される筋力は伸張性収縮時に最大となり，等尺性収縮，短縮性収縮の順で筋力は小さくなる．

筋肥大に及ぼす3つの活動様式でレジスタンストレーニングを行った研究では，トレーニング中の活動様式の違いが筋肥大に及ぼす影響に差はないとする報告がある（Jones and Rutherford, 1987）．その一方で，伸張性収縮を取り入れたトレーニングは短縮性収縮を取り入れたトレーニングと比較して，タイプⅡ線維面積の増加が10倍

であったと報告されている（Hortobágyi et al., 1996）．また，レジスタンストレーニングによる筋肥大の典型と考えられるボディービルダーの場合，伸張性収縮を含むトレーニングを多く行っていることが経験的に知られている．先述したように，伸張性収縮は他の収縮様式と比べて大きな力を発揮できるため大きな負荷を用いたトレーニングが可能であり，そのことにより筋肉の微細構造の損傷を引き起こし，損傷の回復過程において後述する新しい筋線維の出現も含む筋肥大を促進している可能性が考えられる．そのために，筋肥大を目的としたトレーニングでは，伸張性収縮を含むレジスタンストレーニングが有効であると思われる．

最近では，効率的にトレーニング効果を得るための方法として，加圧トレーニング（Takarada et al, 2000）やスロートレーニング（Tanimoto et al., 2006）が注目を集めている．例えば，加圧トレーニングは，外的な加圧により，筋の静脈血流を適度に制限して行うトレーニングである．また，スロートレーニングは，トレーニング中の動作を極めてゆっくり行うトレーニングである．これら2つのトレーニングは，従来，筋肥大のために必要とされるトレーニング強度よりもより低い負荷強度を使用し，筋肥大および筋力を増強できるのが特徴である．そのため，スポーツ選手だけでなく，高齢者やリハビリの現場等で広く利用される可能性がある．これらのトレーニング内容や効果については，他の成書を参考していただきたい（石井，2007）．

(2) 筋線維の肥大メカニズム

筋線維を構成するミオシンやアクチン等の筋たんぱく質は，常に新しいものがつくり出され（合成），古いものが破壊（分解）されている．つまり，両者の動的バランスがどちらかに傾けば，筋たんぱく質の増加あるいは減少が生じることになる．したがって，レジスタンストレーニングなどの力学的ストレスによって筋線維が肥大する場合，たんぱく質の合成系の促進と相対的な分解系抑制が生じ，その結果として筋たんぱく質が増加する．

そこで，筋たんぱく質の合成を促進させるためには，筋たんぱく質の設計図が書かれた筋核内のDNA（遺伝子）に，トレーニングの刺激を伝える必要がある．たんぱく質は，DNA（遺伝子）の情報（設計図）に基づいて作られたアミノ酸の集合体である．トレーニングはDNA自体の情報（設計図）を変えることはないものの，情報（設計図）の読み取り（転写）やアミノ酸の合成（翻訳）を促進すると考えられている．図5-7に示すように，トレーニングによって筋線維内で起こる力学的ストレス，内分泌因子（ホルモンや成長因子など），細胞内環境変化（エネルギー代謝，pH変化や酸素状態など），筋線維損傷にともなう免疫反応などの情報が細胞内を情報として伝達され（細胞内情報伝達系），最終的にはDNA（遺伝子，設計図）に伝えられる．そして，転写（遺伝子発現）が活性化されて筋たんぱく質の合成が増加すると考えられる．近年，トレーニングによる筋肥大の機序のひとつとして，力学的ストレスによって骨格筋から分泌される成長因子［例えばインスリン様成長因子（IGF-1）］とその細胞内情報伝達系（IGF-1/PI3K/Akt/mTOR）が筋肥大に重要であることが分かってきた（町田，2006）．

骨格筋の肥大の特徴として，筋線維の肥大，筋線維内の細胞核（筋核）の増加，そして新しい筋線維の出現が挙げられる（町田，2006）．力学的ストレスによって生じる筋肥大では，上述したように筋たんぱく質合成優位なバランス状態によって個々の筋線維の肥大が認められる．筋線維は長さ数mm-数cmに及ぶ円柱状の細長い細胞であり，長軸に沿って多数の細胞核（筋核）を有する多核細胞である．そのため，ひとつの核がたんぱく質合成や遺伝子発現などの機能を維持・支配できる細胞の体積（nuclear domain；核の支配領域）には上限があると考えられている（Pavlath et al., 1989；図5-8A）．したがって，筋線維がさらに肥大するためには筋線維に含まれる核数の増加および筋新生（筋線維数の増加）が必要となる．しかし，既存の筋線維の核（筋核）は最終分化し

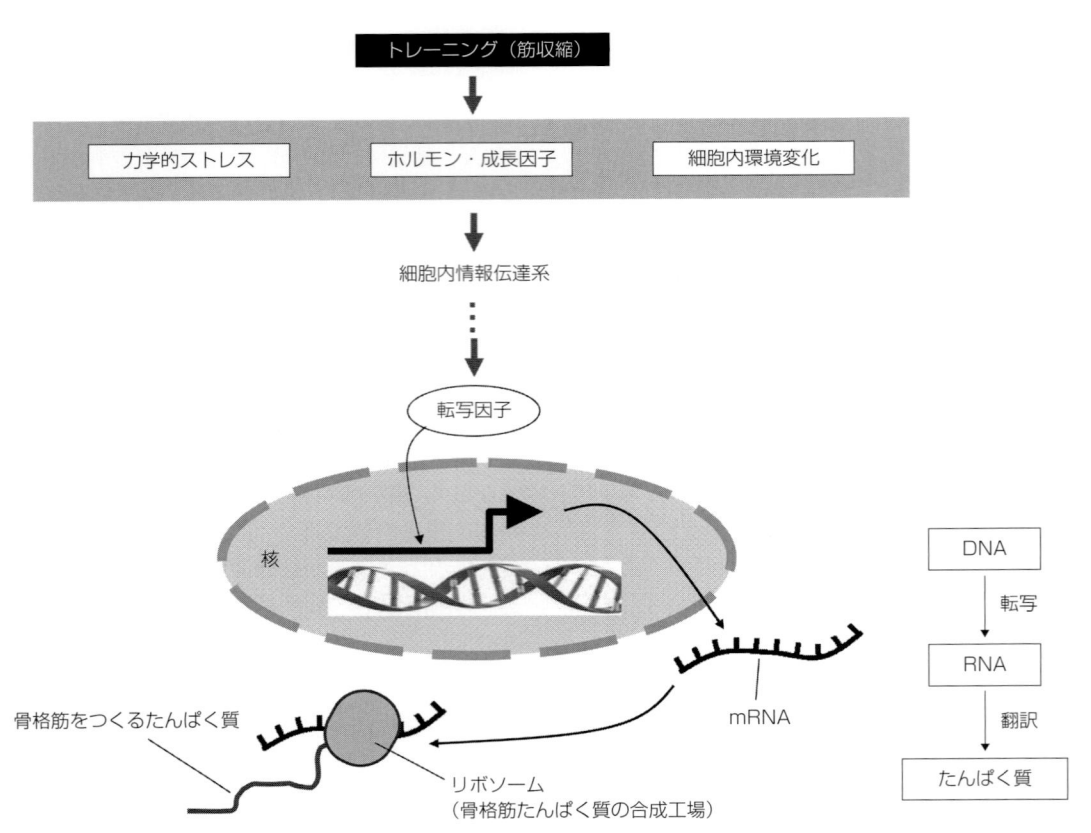

図5-7　トレーニングによる筋肥大　細胞内情報伝達と遺伝子発現，そしてたんぱく質合成の概要．
(町田修一，骨格筋を分子レベルで紐解く，体育の科学，60：575-579, 2010. の資料に加筆訂正)

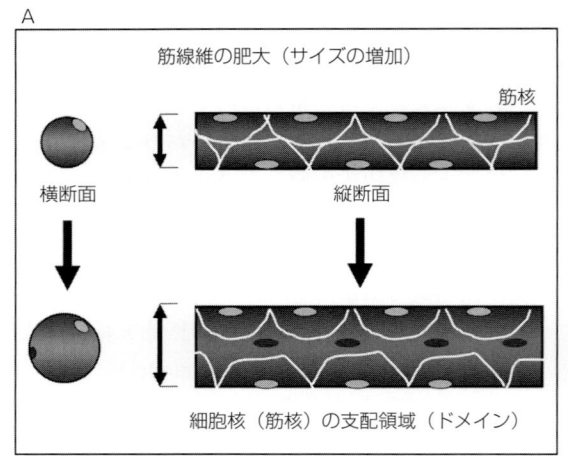

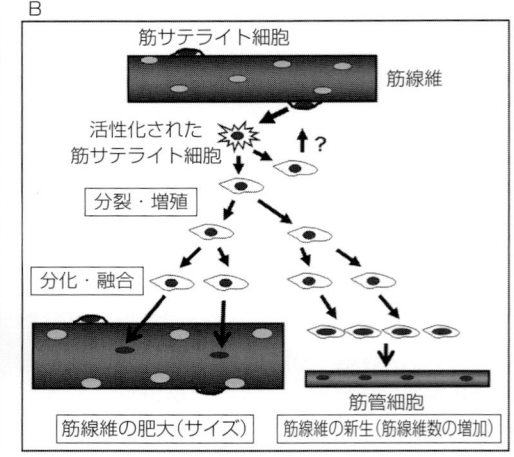

図5-8A　筋肥大と筋核の支配領域．(町田修一)
図5-8B　筋肥大における筋サテライト細胞の役割．(町田修一，岡本武志．分子レベルからみた力学的ストレスに対する筋・骨格系の細胞応答，体育の科学，57：357-364, 2007.の資料に加筆訂正)

ているため，核分裂・増殖することはできない．そのため，筋線維を肥大させるためには，他の細胞群の核が動員される必要がある．この核の供給源となっている細胞群が筋サテライト細胞（筋衛星細胞）と呼ばれる骨格筋の組織幹細胞である（Hawke and Garry, 2001）．筋サテライト細胞は，筋線維の筋形質膜と基底膜の間に細胞周期的には静止期の状態で局在する．骨格筋が過度な力学的ストレスを受けると，筋サテライト細胞は増殖因子やサイトカイン等によって活性化されて増殖を開始し，筋前駆細胞（筋芽細胞）となる．増殖した筋サテライト細胞は，やがて増殖を止めて分化し，既存の筋線維と融合することによって筋組織を再構築し肥大を促す（図5-8B）．

（3）筋線維の増殖と筋サテライト細胞の役割

トレーニングによって筋線維数が増加するかどうかについてはさまざまな議論があり，明確な結論にはいたっていない．その要因のひとつは，トレーニング前後で筋に含まれる筋線維数を正確に計測することが不可能なことにある．

個々の筋線維のまわりには，基底膜と筋線維の間隙に筋サテライト細胞が存在していることは既に述べた．筋サテライト細胞は，筋線維の発生過程で，分化せずに残った筋芽細胞段階の細胞で，筋線維の幹細胞の役割をもつものと考えられている．筋線維が損傷したときなどは，この筋サテライト細胞が分裂・増殖し，増殖した筋サテライト細胞は，互いに細胞融合して新しい筋線維をつくる能力も備えている（図5-8B）．同様の現象がトレーニングによっても起これば，新たな筋線維が形成されることになる．トレーニングによって肥大した筋では，筋線維の分岐が生じているという報告がいくつかあるが，こうした分岐は，筋線維がメカニカルストレスによって断裂してできたか，筋線維上の微小な損傷部位を起点として新たな筋線維が形成されてできたかのいずれかによるものと考えられる（Tamaki et al., 1997）．また，筋線維が分岐した形状を保つことは，エネルギー的に不安定なため，分岐状の細い筋線維はいずれ太い筋線維に融合する可能性もある．また，分裂・増殖した筋サテライト細胞がこうして新たな核を筋線維に補給することが，筋線維の肥大自体にとって重要であるとする考えもある（図5-8Aと8B）．過度の伸張性収縮によって筋線維上に微小な損傷が生じることはよく知られており，こうしたトレーニングは，新しい筋線維を出現させる可能性が高い．

おわりに

骨格筋は可塑性に富んだ組織である．『速く』『強く』『高く』などを目的に実施されるさまざまなトレーニング活動，あるいは脱トレーニング（トレーニングの休止）に応じて筋肉の太さや筋線維の組成，そして代謝能力を変えて適応する高度な能力を持っている．骨格筋が本来備えている環境（トレーニング）に適応する能力を効率的に引き出すためにも，実証的，もしくは科学的なトレーニングの実施が必要であると思われる．

［町田　修一］

［参考文献］

1) Abe T et al.: Muscle size and strength are increased following walk training with restricted venous blood flow from the leg muscle, Kaatsu walk training. J Appl Physiol 100: 1460-1466, 2006.

2) Andersen JL, Aagaard P: Myosin heavy chain IIX overshoot in human skeletal muscle. Muscle Nerve 23: 1095-1104, 2000.

3) Brooke MH, Kaiser KK: Muscle fiber types: how many and what kind? Arch Neurol 23: 369-379, 1970.

4) Demirel HA et al.: Exercise-induced alterations in skeletal muscle myosin heavy chain phenotype: dose-response relationship. J Appl Physiol 86: 1002-1008, 1999.

5) Haddad F et al.: Myosin heavy chain expression in rodent skeletal muscle: effects of exposure to zero gravity. J Appl Physiol 75: 2471-2477, 1993.

6) Hawke TJ, Garry DJ: Myogenic satellite cells:

7) Hortobagyi T et al.: Adaptive responses to muscle lengthening and shortening in humans. J Appl Physiol 80: 765-72, 1996.
8) 石原昭彦：運動と神経．運動生理学20講（勝田茂編集），61-66，朝倉書店，1993.
9) 石井直方：骨格筋に対する効果とそのメカニズ．加圧トレーニングの理論と実践（佐藤義昭ほか編集），33-47，講談社サイエンティフィック，2007.
10) Jones DA, Rutherford OM: Human muscle strength training: the effects of three different regimens and the nature of the resultant changes. J Physiol 391: 1-11, 1987.
11) Komi PV, Karlsson J: Physical performance, skeletal muscle enzyme activities, and fibre types in monozygous and dizygous twins of both sexes. Acta Physiol Scand Suppl 462: 1-28, 1979.
12) Lexell J et al.: What is the cause of the ageing atrophy? Total number, size and proportion of different fiber types studied in whole vastus lateralis muscle from 15- to 83-year-old men. J Neurol Sci 84: 275-294, 1988.
13) 町田修一：エネルギー産生機構の疲労とトレーニング効果．分子の目でみた骨格筋の疲労（吉岡利忠監修，山田　茂，後藤勝正編集），296-315，ナップ，2003.
14) 町田修一：筋線維タイプの発現をタンパク質・遺伝子レベルで探る．運動とタンパク質・遺伝子（柳原　大，内藤久士編集），80-100，ナップ，2004.
15) 町田修一：筋肥大とIGF-1．ホルモンと臨床 54：899-905, 2006.
16) 大石　康：骨格筋の構造と機能．運動生理学20講（勝田　茂編集）1-7, 朝倉書店，1993.
17) Pavlath GK et al.: Localization of muscle gene products in nuclear domains. Nature 337: 570-573, 1989.
18) Peter JB et al.: Metabolic profiles of three fiber types of skeletal muscle in guinea pigs and rabbits. Biochemistry 11: 2627-2633, 1972.
19) Sale DG: Influence of exercise and training on motor unit activation. Exerc Sport Sci Rev 15: 95-151, 1987.
20) Simoneau JA, Pette D: Species-specific effects of chronic nerve stimulation upon tibialis anterior muscle in mouse, rat, guinea pig, and rabbit. Pflugers Arch 412: 86-92, 1988.
21) Spangenburg EE, Booth FW: Molecular regulation of individual skeletal muscle fibre types. Acta Physiol Scand 178: 413-424, 2003.
22) Takahashi H et al.: Expressions of myosin heavy chain IId isoform in rat soleus muscle during hindlimb suspension. Acta Physiol Scand 143: 131-132, 1991.
23) Takarada Y et al.: Effects of low-intensity resistance exercise combined with vascular occlusion on muscular function in human. J Appl Physiol 88: 2097-2106, 2000.
24) 竹倉宏明：運動と筋肉．運動生理学の基礎と発展（春日規克，竹倉宏明編集），55-82，フリースペース，2006.
25) Tamaki T et al.: Morphological and biochemical evidence of muscle hyperplasia following weight-lifting exercise in rats. Am J Physiol 273: C246-256, 1997.
26) Tanimoto M et al.: Effects of low-intensity resistance exercise with slow movement and tonic force generation on muscular function in young men. J Appl Physiol 100: 1150-1157, 2006.
27) Thorstensson A: Muscle strength, fibre types and enzyme activities in man. Acta Physiol Scand Suppl 443: 1-45, 1976.

[I. スポーツ現場に生かす運動生理学]

6章 運動時の水分補給と体温調節機能

キーワード：暑熱，環境，発汗，スポーツドリンク

およそ250万年ほど前に，人類の祖先は樹上生活から熱帯サバンナへ生活圏を移していったといわれる．そこでは，暑熱環境下で身体活動を遂行することが大きな課題であっただろう．進化の過程で，ヒトはとりわけ優れた体温調節機能を獲得していった．ひとつは，直立二足歩行の形態的特性から受ける体温調節上の利点である．二足で直立する姿勢は，日照を頭頂に限定する．背面全体に日照を受ける四足歩行動物にくらべ，日照量が少なく体温調節上有利であったと思われる．

さらに，ヒトの放熱を有利にしている特徴として，汗腺の発達がある．水分を多く分泌するエクリン腺が皮膚全体に分布し，多量の発汗を可能にした．ウマなど一部の哺乳類も汗をかくが，ヒトの汗の蒸発による放熱機能は，他の動物に比べ際立っている．

発汗のように生理的機能による体温調節を自律性体温調節という．これに対し，暑さを避け日陰に移動するなど自ら行動を起こして調節する方法を行動性体温調節という．多くの動物は，もっぱら後者の行動性体温調節を優先する．暑熱環境のサバンナにおいて，ライオンなどの捕食性動物は，日中日陰に隠れ狩猟活動をしない．これに対してヒトは，発汗機能を利して暑熱環境下でも活発に活動でき，他の捕食性動物が活動しない日中の暑熱下でも狩猟活動ができたものと想像される．

現代人の生活では，さまざまな人工装置によって快適な環境を享受するようになり，ヒトももっぱら人工装置に頼った行動性体温調節を優先するようになった．しかし，身体運動，スポーツ活動になれば，本来ヒトに備わる優れた体温調節機能，とりわけ発汗機能を十分に発揮することになる．反面，暑熱環境下での身体活動が可能になることは，時に身体に無理を強いることになる．それが，思わぬ熱中症事故につながることもある．本章では，このような暑熱環境におけるスポーツ活動の体温調節の特性を背景に，発汗機能，脱水の影響，水分補給の意義，熱中症事故の予防について解説する．

1. 運動中の体温調節

(1) 身体活動と発汗

身体活動は，体内の化学的エネルギーを運動エネルギーに変換して営まれる．そのエネルギー効率は約20％であり，残り80％は熱になる．したがって，身体活動は必然的に熱を発生する．熱の一部は体温維持に向けられるが，残りは体外へ放出しなければならない．

放熱には，伝導，対流，輻射，蒸発の経路がある．これらの経路による放熱量の割合は，環境条件によって変化する．伝導，対流，輻射による放熱量は外気温が高くなるほど減少し，外気温が皮膚温以上になると，逆に外界の熱が流入することになる．この状態では，放熱は蒸発に限定される．したがって，暑熱下の身体活動やスポーツ活動では，発汗が重要な役割を演ずる．先に述べた通り，ヒトでは特に発汗機能が発達しており，暑熱環境

表6-1 各種スポーツ活動時の発汗量，飲水量，脱水率．

種目	性別	季節	条件	発汗量 (L/h) 平均	飲水量 (L/h) 平均	脱水率 (%) 平均
水球	男		トレーニング	0.29	0.14	0.3
	男		試合	0.79	0.38	0.4
ボート	男	夏	トレーニング	1.98	0.96	1.7
バスケットボール	男	夏	トレーニング	1.37	0.80	1.0
	男	夏	試合	1.60	1.08	0.9
サッカー	男	夏	トレーニング	1.46	0.65	1.6
	男	冬	トレーニング	1.13	0.28	1.6
アメリカンフットボール	男	夏	トレーニング	2.14	1.42	1.5
テニス	男	夏	試合	1.60	~1.10	1.3
スカッシュ	男		試合	2.37	0.98	1.28 kg
ハーフマラソン	男	冬	試合	1.49	0.15	2.4
クロスカントリー走	男	夏	トレーニング	1.77	0.57	~1.8
ネットボール	女	夏	トレーニング	0.72	0.44	0.7
	女	夏	試合	0.98	0.52	0.9
ボート	女	夏	試合	1.39	0.78	1.2
テニス	女	夏	試合		~0.90	0.7
水泳	男女		トレーニング	0.37	0.38	0
トライアスロン	男女		試合（バイク）	0.81	0.89	+0.5 kg
			（ラン）	1.02	0.63	2.0 kg

注）+は体重増を表わす．（Sawka MN et al.: American College of Sports Medicine Position stand. Exercise and fluid replacement. Med Sci Sports Exerc 39: 377-90, 2007.）

下においても他の動物が避ける活発な身体活動を可能にしている．

(2) 有効発汗と無効発汗

分泌された汗は皮膚表面で蒸発する．蒸発する時の気化熱が皮膚表面の熱を奪い，放熱にあずかる．しかし，汗のすべてが放熱に有効に働くわけではない．汗の一部は，蒸発する前に体表からしたたり落ちる．体表面で蒸発し放熱に有効に働いた汗を有効発汗といい，それ以外の汗を無効発汗という．

また，汗の蒸発の程度は，外気の湿度に影響され，湿度が高いほど放熱が制限され，その結果，無効発汗すなわち無駄な汗も多くなりやすい．

(3) スポーツ活動中の発汗量

ヒトの発汗量は，環境条件，代謝量，あるいは暑熱馴化の程度などさまざまな因子の影響を受ける．したがってスポーツ活動の発汗量も，環境条件はもとより，スポーツの種類や時間，対象者によって大きく異なる．涼しい環境下での軽い運動では汗の量も少ないが（数100mL/hr），マラソンのような激しいスポーツになると，発汗量は2L/hrに達することもある．

表6-1は，さまざまなスポーツ種目について報告されている発汗量をまとめたものである[28]．

(4) 体液分布

水は，生命維持にとってもっとも重要な物質のひとつである．成人男子の場合，体内の水分量は体重の約60％に相当する．体の半分以上は水で構成されることになる．ただし，その分布は均等ではない．細胞膜を隔てて，細胞内と細胞外に分かれ，細胞外はさらに血管内（血液）と血管外（間質液）に分かれる．この区分から，水は細胞内に体重の40％，間質液に15％，血液に5％が分布する．体水分量およびその分布は，年齢，性によっても多少異なる．小児の場合，水分量の比率は70％と高く，細胞外液の比率も高いので，下痢や嘔吐で容易に脱水になりやすい．高齢者は，水分

量の比率が低下し，特に細胞内水分量が少なくなり，細胞内脱水に陥りやすい．女性は，男性に比べ，脂肪量が多く体重に占める水分量は50％と少ない．

(5) 自発的脱水

からだから失われた水は，飲食物の摂取によって補われる．日常我々が飲む水の量は，社会的な習慣を別にすれば，口渇感（のどの渇き）によって調整されている．しかしスポーツ活動中，口渇感は一般に遅れて表れる．体内の水分が不足しても，すぐにのどが渇くわけではない．したがって，自由飲水の条件では，汗で失った水の回復が遅れがちになり，脱水になりやすい．この現象を自発的脱水と呼ぶ．

自発的脱水の生理的機序は，必ずしも明らかではない．この現象はヒトに限らずラットなどの実験でも確認でき，生理的な調節が想起される．温熱性脱水ラットに蒸留水と食塩水を与えると，食塩水が与えられたラットでは脱水と同量の水を飲んだ．蒸留水が与えられたラットでは十分に脱水が回復されず，自発的脱水が生じた[26]．

この結果は，スポーツ活動中には脱水になりやすく，意図的に水分補給の必要性を説く根拠になっている．同時に，塩分を含む飲料が推奨される理由でもある．他方，食塩水で自発的脱水が起こらないことから，自発的脱水は真水だけによる水分の過剰摂取から生体を保護する作用という解釈もできる．すなわち，後述する低ナトリウム血症を回避するための，合目的な生体反応という見方もできよう．

(6) 脱水のパフォーマンスへの影響
1) 心理的要素

脱水が運動パフォーマンスを低下させることは，多くの研究によって証明されてきた．身体パフォーマンスだけでなく，心理的パフォーマンスへの影響も検討されている．脱水は，短期記憶，ワーキングメモリー（行動するための一時的な記憶），計算能力などを損なうという報告が見られる[5,20,28]．また，実際のスポーツスキルについても，サッカー，バスケットボール，テニスをはじめ種々のスポーツ種目において，脱水がそのパフォーマンスを低下させることが報告されている．

2) 筋力・パワー系

筋力，パワーあるいは2分以内の無酸素性パワーに対する脱水の影響では，実験条件，被験者特性などによって結果は必ずしも一定ではないが，パフォーマンスを低下させる報告が多い[5,15,20,28]．平均的な傾向として，筋力，パワーは2〜3％，高強度持久性では10％パフォーマンスが低下するといわれる．短時間の運動では，発汗量自体はそれほど多くならず，体液損失の生理的影響も小さいと思われるが，実験的に脱水を起こした条件でこれらの運動パフォーマンスにも影響が見られることから，体液変化が筋神経系など力の発揮に関与する生体機能に何らかの関わりを持つことが推測される．

3) 全身持久性

全身持久性については，脱水によりパフォーマンスが低下するという見解はほぼ定着しているといえよう．事前にランナーに利尿剤を用いて体重を減少させ，1,500m，5,000m，10,000mのパフォーマンスへの影響を見た実験がある[5]．この結果では，脱水ランナーはコントロールに比べ3〜7％記録が低下した．この研究は脱水が実際の競技パフォーマンスを低下させることを証明した古典的研究として知られているが，実際に利尿剤を使用してレースに臨むことはドーピング行為以外にはあり得ず，この結果は実践的知見にはならないとの反論もある[29]．

また，長時間運動時の発汗による脱水進行がパフォーマンスを低下させているという見解も，ごく一般的に受け入れられている．脱水は，血液量を減少させ，心拍出量および皮膚血流量の低下など心臓循環器系の失調を招き，それが体温調節機能を損ない高体温を招く．こうした一連の制御系の破綻によってパフォーマンスが低下すると説明される[5,20,28]．しかし，こうした機序が最終的にパフォーマンス低下につながるか否かについて

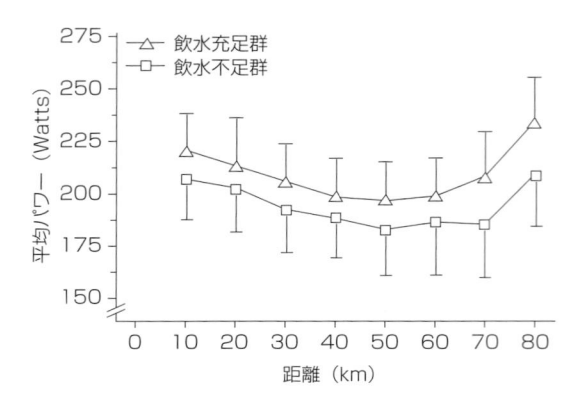

図6-1 80km自転車タイムトライアル時の平均パワーの推移．飲水充足群と不足群を10kmごとに比較．
(Dugas JP et al.: Rates of fluid ingestion alter pacing but not thermoregulatory responses during prolonged exercise in hot and humid conditions with appropriate convective cooling. Eur J Appl Physiol 18853180: ,2008.)

は，議論は分かれるところである．

　上記の結論が導かれた実験条件では，オープンループによる固定負荷テストが通常よく用いられる．すなわち，ゴールを定めず一定負荷でオールアウトになるまで追い込ませるものである．しかし，実際のレースは事前に距離（あるいは時間）が固定されたクローズドループであり，負荷は自己選択で可変となる．

　近年クローズドループによる，実験設定で脱水の影響を検討した実験で成績がいくつか報告されている[11,18]．この結果では，心拍数や直腸温について，脱水条件とコントロールで差が見られない．オープンループで観察された生体調節系の破綻が，ここでは生じていない．自転車運動（80km）のタイムトライアルでペース配分を見ると（図6-1），かなり早い段階からパワー出力が抑制されたペース配分になっている[18]．すなわち，脱水によって生体調節系が破綻する前に，運動出力を抑え生体を防御していると解釈することができる．暑く喉の渇く環境下において，体はあたかも無理をしないように適応しているかのようである．

　さらに，これら最近の研究で興味深いのは，喉の渇きに応じて任意に水分補給した条件（結果的に2％以内の脱水が生じる）と発汗相当量の水分補給とでは，パフォーマンスに差がないことである．この2％程度の脱水をどのように評価するかが，次に述べる水分補給を検討するうえで重要な視点になる．

2．スポーツ活動中の水分補給

(1) 水分補給ガイドラインの経緯

　スポーツ活動中に水分を補給するという考えは，比較的最近のものである．1970年代以前，スポーツの現場では飲水に対して否定的な考えが多く，研究者も積極的に水分補給を推奨していたわけではない．むしろ飲み過ぎの弊害に関心が高く，こうした事情は諸外国でも同様であった．しかし，1970年代になると，水分補給に関する研究が盛んに行われ，その効果がしだいに明らかにされた．脱水の回避がパフォーマンスを向上させるという見解が定着し，脱水を未然に防ぐ予防法として運動中の水分補給が注目された．このような動向に呼応して，さまざまなスポーツドリンクも開発された．

　水分補給の方法については，運動時には自発的脱水から容易に体液不足をきたしやすいと解釈され，飲み過ぎを危惧するより脱水予防が重視されるように変わっていった．また給水量については，失った量と等量の発汗相当を補う考えが主流であった．アメリカスポーツ医学会（ACSM）は，1975年から2007年まで4回の勧告を出した．このうち，1996年の勧告[7]まで終始この発汗相当量（具体的に0.6～1.2L/hr）の飲水量を推奨してきた．一部の反論を除けば，この見解は当時の学術的な共通認識でもあった．

(2) 脱水2％を許容するガイドライン

　しかし，ACSMは2007年の勧告[28]でその飲水量の見解を一部改めた．マラソンやトライアスロンのような長時間のスポーツにおいて，水の飲み過ぎが原因と思われる低ナトリウム血症の事故が顕在化したことが原因と思われる．そして，至適

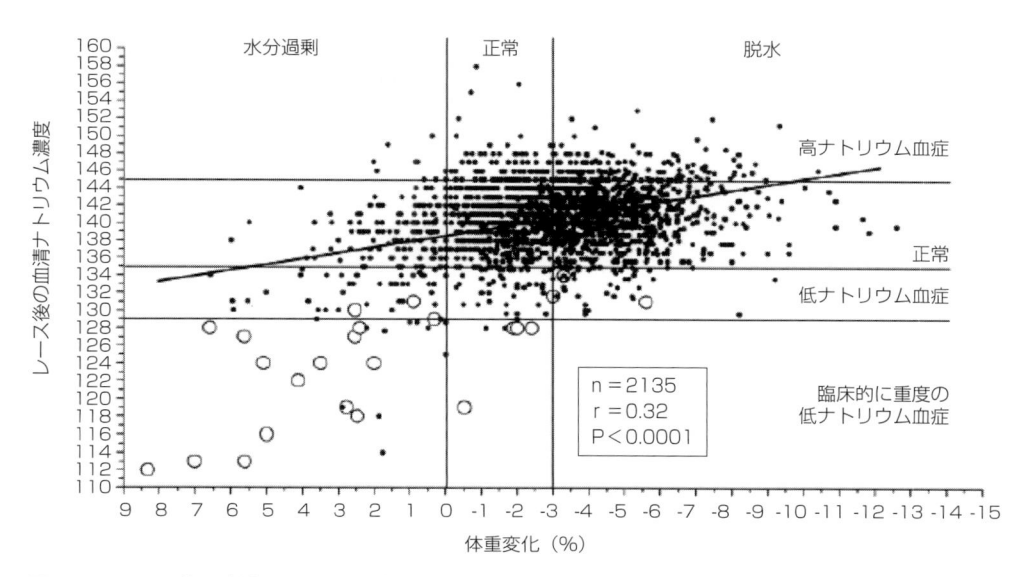

図6-2 レース後の血清ナトリウム濃度と体重変化との関係（2,135人，○低ナトリウム血症所見あり，●所見なし）(Noakes TD et al.: Three independent biological mechanisms cause exercise-associated hyponatremia: Evidence from 2,135 weighed competitive athletic performances. Proc Natl Acad Sci USA 18550-5, 2005.)

な飲水量をこれまでの発汗相当量から体重2％以内の脱水を許容する内容に改め，さらに低ナトリウム血症の予防を喚起した．

なお我が国では，日本体育協会が1994年に「熱中症予防ガイドブック」を発行し，運動時の飲水に関しては，発行以来終始，体重減少が2％を越えない飲水を勧めている[16]．

今日，推奨される飲水量の目安は「体重減少が2％を越えない程度の水分摂取量」が標準になったといえる．ただし，その具体的な量は，個人の体重や発汗量をもとに決めなければならない．ACSMの最新のガイドラインでも，これまでのような具体的な数値を提示していない．日頃のトレーニングにおいて体重管理を行い，レースでの発汗量（体重減少量）のおおよその目安をつかんでおくことが必要になる．

より簡便な利用法として，Noakes[23]はこれまでのACSMの提唱した飲水量よりかなり少ない400〜800mL/hrを目安にあげた．そして，速いランナーや体重の重い人は多めに，遅いランナーや体重の軽い人は少なめの量を摂ることを推奨している．また，喉の渇きに応じて水分を補給することが至適な飲水量になるという見解もあり（結果的に体重減少が2％以内に収まる）[23,25]，「喉の渇き」に気を配り適宜水分を補給するという方法も勧められている．

(3) 低ナトリウム血症

マラソンなど長時間スポーツでは，極度に疲弊した状態になることがある．まず疑われるのが，熱中症（高体温）や脱水である．しかし外見上の症状は同じでも，脱水とは正反対に，水の飲み過ぎで血液中のナトリウム濃度が低下する低ナトリウム血症の場合もある[14]．水中毒ともいわれ，細胞の水が過剰になり重篤な場合には肺水腫，脳浮腫を起こし，死に至ることもある．

マラソン，トライアスロン，自転車ロードレースなどの調査結果によれば，血清ナトリウム濃度が低下する事例は参加者の5〜10％に見込まれ，さらに重篤な低ナトリウム血症は0.5〜1％に見ら

れるという（図6-2）[2,24]．今日の数万人が参加するマラソン大会を考えれば，無視できない発症率といわなければならない．また低ナトリウム血症重篤例を見ると，ほとんどが発汗量以上に水を飲みレース後に体重が増えていた．レース後の血清ナトリウム濃度と体重減少量とは負の相関関係にあることから，過剰飲水が低ナトリウム血症の一因であると考えられる．

レース時の低ナトリウム血症を起こすリスクとしては，1）低い走速度（運動強度）でレース時間が4時間以上におよぶ，2）低体重（女性），3）過剰飲水（1.5L/h以上），4）極端な高温，あるいは低温環境，があげられる．このようなリスクから判断すれば，市民ランナーにこそ低ナトリウム血症の注意が必要になる．長時間のスポーツ活動では，水分を飲まないことに対する熱中症のリスクとともに，飲み過ぎによる低ナトリウム血症のリスクも認識し，適切な水分補給を心がける必要がある．

（4）塩分の補給
1）低ナトリウム血症の予防

低ナトリウム血症を予防する目的からは，飲み過ぎを注意するとともに，飲料の内容としては真水よりも塩分を含んだ飲料が好ましい．しかしながら，塩分を含むスポーツ飲料が摂取されていても，飲み過ぎたことで低ナトリウム血症となり脳水腫で死亡した事故例が報告されている[25]．低ナトリウム血症の発症には，飲料の内容よりは飲水量そのものが影響する．まずは，飲み過ぎを防ぐことが重要であり，そのうえで飲料の内容を吟味するなら，塩分を含んだスポーツドリンクのような飲料が好ましいといえる．

2）熱痙攣の予防

一般に，筋痙攣の原因が脱水およびナトリウムの不足と考えられ，その予防にも塩分を含んだ飲料の補給が勧められる．しかし，運動時に起こる筋痙攣の発症機序については不明な点も多い．長時間レース後に痙攣を起こしたグループと正常グループで電解質および体液性状に差はみられず，運動性筋痙攣の原因として筋疲労に由来する筋神経系異常の関与が考えられている[30]．他方，運動性筋痙攣のなかでも暑熱下で起こる熱痙攣の発生機序は分けて考えるべきで，熱痙攣の処置としては依然，塩分の補給が重要であるという主張もある[12]．

運動性筋痙攣にとって，水分や塩分の補給が根本的な予防策にならないのかも知れない．しかし，スポーツドリンクなど塩分を含む飲料を適宜補給することは，飲み過ぎにならない限り，無駄なことではないだろう．

（5）糖質の補給
1）エネルギー補給

長時間運動を継続すると，糖の利用率（酸化率）は次第に低下するが，糖質を補給することでこれを高く維持できることが明らかにされている．近年注目されているのは，複数の糖を組み合わせた摂取方法である．単一の糖を摂取したとき，糖の酸化率の上限は摂取量を多くしても1g/minと変わらないが，複数（例えばグルコースとフルクトース）の糖を組み合わせて摂取すると，おそらく吸収のタイミングがずれる効果によって酸化率が向上し，パフォーマンスも向上する（図6-3）[9]．

また，糖摂取の生理的効果として，外因性の糖摂取による内因性貯蔵グリコーゲンの節約効果があげられる[10,31]．63% $\dot{V}O_2max$の強度で3時間自転車運動を行ったとき，糖質補給効果はかなり早い段階から，速筋，遅筋の両方で筋グリコーゲンを節約できた．この結果から，糖質補給は早い段階から定期的に摂ることが推奨される[31]．

2）低血糖の予防

長時間にわたり運動を継続すると，エネルギー源である肝や筋の貯蔵グリコーゲンが消耗するので，作業筋は血中の糖の取り込みを増やし，エネルギー供給を確保しようとする．しかし，肝臓から血液への糖の供給が間に合わなければ，血糖値は漸次低下する．これが長時間運動時にみられる低血糖である[4]．低血糖は，市民ランナーなどの初心者に起こることもあれば，トップアスリート

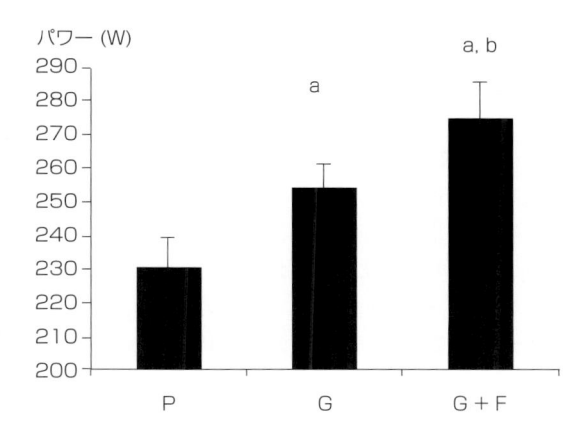

図6-3 異なる糖質補給が自転車タイムトライアル時（75%Wmax負荷で約60分間）のパワー出力に及ぼす影響．P；プラセボ，G；グルコース，G+F；グルコース＋フルクトース，a；PとGの有意差，b；GとG+Fとの有意差
(Currell K, Jeukendrup AE: Superior endurance performance with ingestion of multiple transportable carbohydrates. Med Sci Sports Exerc 40: 275-81, 2008.)

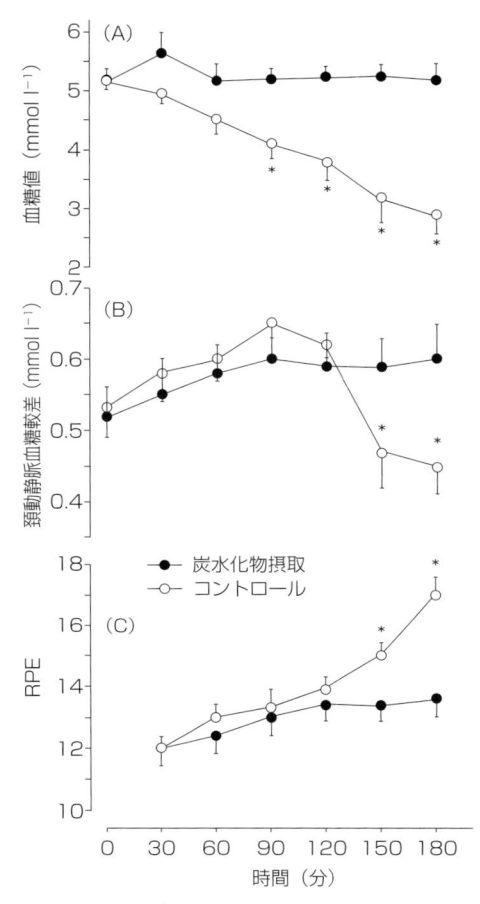

図6-4 3時間の自転車運動時における炭水化物摂取が動脈血糖値（A），脳の動静脈血糖較差（B），主観的運動強度（C）に及ぼす影響（各値は6人の平均値±SE，＊炭水化物摂取とコントロールとの差，p<0.05）
(Nybo L, Secher NH: Cerebral perturbations provoked by prolonged exercise. Prog Neurobiol 72: 223-61, 2004.)

に起こることもまれではない．低血糖時には，運動パフォーマンスは著しく低下する．このような場合，糖質飲料を補給することによって，低血糖は回避でき，パフォーマンスも顕著に向上する[4]．

糖補給による低血糖予防効果は，血糖を維持しエネルギー供給を確保することにあるが，さらに中枢への効果も検討されている[19,27]．糖は脳の唯一のエネルギー源であり，糖代謝の変調は中枢神経系機能にも何らかの影響をおよぼすだろう．低血糖によるパフォーマンスの低下は，当然，中枢の関与も考えられる．糖質を補給することは，血糖値を回復させると同時に，脳への糖代謝にも影響し，中枢の疲労緩和にも貢献する可能性がある．3時間の自転車運動を行った実験例では，最後の30分間で血糖値が顕著に低下したが，このとき脳への糖供給量も著しく減少し，それに呼応するように主観的な苦しさ（RPE）も急激に上昇した．これに対し，糖を補給しながら血糖値を維持すると，脳の糖供給およびRPEも一定に保つことができた（図6-4）[27]．

こうした糖補給および低血糖予防効果は，マラソンや自転車などの長時間レースに限らず，サッカー[1]やテニス[17]をはじめゲーム時間が長時間におよぶような場合にも，その効果が期待される．

(6) 水分補給と中枢機能

運動パフォーマンスが最終的には脳によってコントロールされると考えれば，上記のように，水分補給の効果を中枢レベルで検討する必要がある

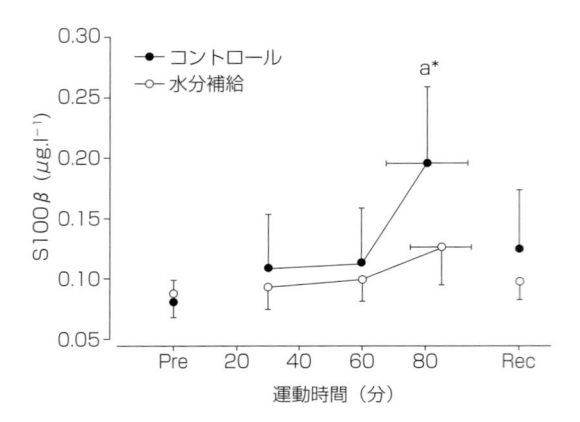

図6-5 運動と水分補給がS-100βたんぱく（血液脳関門（BBB）透過性マーカー）へ及ぼす影響（a；運動前後の差, p<0.05, ＊；水分補給の差, p<0.05）
(Watson P et al.: Exercise in the heat: effect of fluid ingestion on blood-brain barrier permeability. Med Sci Sports Exerc 38: 2118-24, 2006.)

だろう．

　脳と血液との物質交換をコントロールする機能として，血液脳関門がある．外部の異物の透過性を制御し，脳内の恒常性を保つ仕組みである．近年の研究によると，暑熱環境下の運動ストレスは，この血液脳関門の透過性の制限を弱めることがあきらかにされた．これにより，脳の機能低下を招き，疲労がはやまることから運動パフォーマンスが低下すると説明される．またこのとき，体液の浸透圧が血液脳関門に影響するという仮説から飲水の有無を比較したところ，コントロールに比べ飲水条件で血液脳関門の機能が保持されたという（図6-5)[32]．つまり，水を摂取することで脳の疲労が緩和されたと考えることができる．

　水分補給の意義については，脱水の捉え方で議論が分かれるが，これまでは身体全体の体液バランスに関して検討されてきた．しかし，クローズドループの実験設定では，飲水を制限した条件でかなり早い段階から運動抑制が働くことが示唆された．また，短時間の運動や運動スキルにも脱水が影響していることが明らかにされている．これらの事実は，脳が脱水を感知し運動を制御していることが想定される．現在こうした観点からの研究も進められており，今後の成果が期待される[19,27]．

（7）胃の通過速度からみた飲料の条件

　最後に，好ましい飲料の条件について考える．水，糖質，塩分を運動時に補給する意義について解説してきたが，これらはできるだけ速やかに吸収されることが望ましい．飲んだ水分は，小腸，大腸から吸収され，胃では通過するだけで吸収されない．しかし，胃を通過する速度はさまざまな因子の影響を受ける．したがって，摂取した水が吸収されるのも，糖がエネルギーとして利用されるのも，結果的には胃の通過速度に影響されることになる．

　その影響因子の中で，飲料の糖質濃度，浸透圧，温度が高いほど胃の通りは遅くなる．そのほか，運動強度，環境条件なども影響する．これまで，こうした因子が個別に検討され，好ましい飲料が評価されてきた．その結果，スポーツ活動中の飲料として糖質濃度が低く冷たいものが，吸収が速いとして推奨されてきた[8]．

　しかし，胃の通過速度は以上のさまざまな因子の総合的作用によって決まる．なかでも重要になるのが飲料の容量である．容量が大きいほど，胃ではより多くの量が通過する．マラソンレースでの補給を想定するなら，仮に糖質濃度が高い飲料でも，給水所ごとに補給し胃にため込んでおけば漸次吸収されることになる．するとむしろ，味が良いあるいは胃での膨満感の少ないものといった感触が優先された方がよいことになる．

　さらに，胃の通過速度は個人差が極めて大きい（図6-6)[13]．したがって，上記因子の個別の評価よりも，まずは個人特性を配慮しなければならない．飲んだ水分が胃にたまりやすい人は飲む量を控えめにする，といった個別の対応がより重要になる[22]．

　以上を勘案すると，運動時の水分補給では，少しずつこまめに胃の具合と相談しながら補給していくのが原則となり，好ましい飲料とは，「味がよく飲みやすいもの」ということになる．そして，

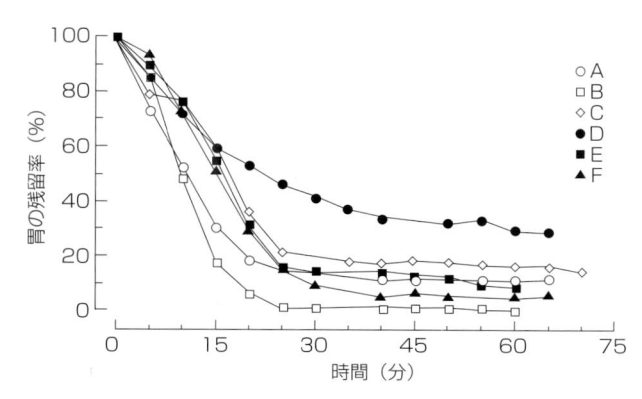

図6-6 6人の被験者における胃の透過性の比較（Gisolfi CV Duchaman SM: Guidelines for optimal replacement beverages for different athletic events.. Med Sci Sports Exerc 24: 679-87, 1992.）

「決して飲み過ぎないこと」という条件がこれに加わらなければならない．

3．熱中症事故とその予防

　暑熱環境下で無理な身体運動やスポーツ活動を強行すると，熱中症事故を起こすことがある．かつて，炭坑や製鉄所などの高温労働現場で熱中症事故が見られたが，労働条件や労働環境に関する「安全基準」が定められ，事故は減少していった．他方，スポーツの普及とともにスポーツ活動時の熱中症事故が増えた．スポーツ活動中の熱中症事故についても，適切な予防措置を講ずれば防ぐことができると考えられる．ここでは，「スポーツ活動中の熱中症予防ガイドブック」（日本体育協会）[16]に基づき，熱中症の実態とその予防を解説する．

(1) 環境温度の測定

　熱中症事故発生には，環境温度が強く影響する．熱中症事故防止の観点からも，スポーツ活動の実施に当たっては，その日の気象条件を是非把握しておきたい．気象条件には，気温だけでなく湿度，輻射熱，気流なども含まれる．そこで，環境温度の指標としては温熱条件を総合的に評価できるWBGT（Wet-Bulb Globe Temperature；湿球黒球温度）が国際的にも推奨されている．WBGTは，乾球温度（気温），湿球温度（湿度），黒球温度（輻射熱）の値から次式で求める．

　屋外で日射のある場合
　　WBGT＝0.7×湿球温度＋0.2×黒球温度＋0.1×乾球温度
　室内で日射のない場合
　　WBGT＝0.7×湿球温度＋0.3×黒球温度

　WBGTは黒球温度計と乾湿温度計をそれぞれ用意して測定するが，両者を一体化した測定器や，小型の携行タイプも市販されている．WBGTが利用できない場合には，乾球温度，あるいは湿球温度で代表する．

(2) 熱中症予防のための運動の仕方

　新聞報道などから得た資料を分析によれば，熱中症事故はWBGT 25℃以上で顕著になり，とりわけ28℃を上回ると急増する（図6-7）[21]．こうした実態をもとに，日本体育協会では熱中症予防の観点から暑熱環境下での運動の仕方の目安「運動指針」を定めた（表6-2）[16]．この運動指針では，WBGTが28℃（乾球温度で約31℃相当）以上で持久走などの激しい運動は避け，WBGTが32℃（乾球温度35℃）をこえればスポーツ活動は原則中止，あるいはすずしい時間帯に変更する，といったように環境温度に応じてどのように運動した

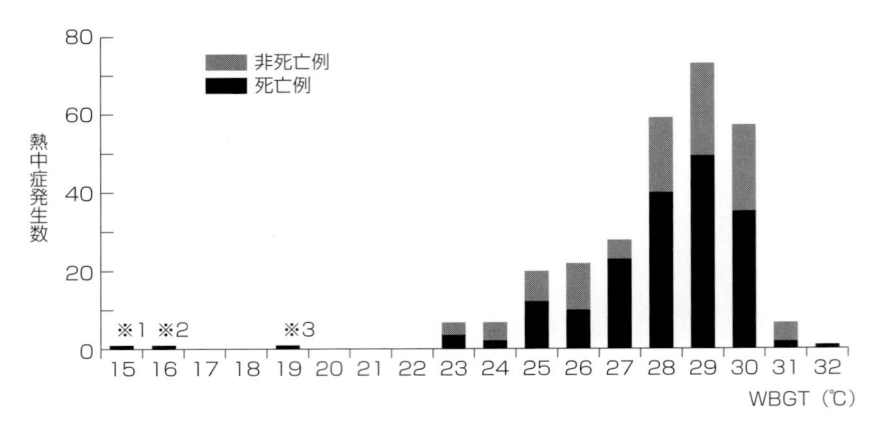

図6-7 運動時の熱中症発生とWBGT（1970〜2005年）
　—新聞報道資料314例（死亡事故213例）から—（中井誠一ら：スポーツ活動および日常生活を含めた新しい熱中症予防対策の提案：年齢，着衣及び暑熱順化を考慮した予防指針．体力科学 56：437-444，2007．）

表6-2　熱中症予防のための運動指針
　この指針は，熱中症予防8ケ条をふまえたうえで，実際にどの程度の環境温度でどのように運動したらよいかを具体的に示したものです．環境温度の設定は湿球黒球温度（WBGT）で行いましたが，現場では測定できない場合が多いと思われますので，おおよそ相当する湿球温度，乾球温度も示してあります．

【熱中症予防運動指針】

WBGT℃	湿球温℃	乾球温℃		
31	27	35	運動は原則中止	WBGT31℃以上では，皮膚温より気温のほうが高くなり，体から熱を逃すことができない．特別の場合以外は運動は中止する．
28	24	31	厳重警戒（激しい運動は中止）	WBGT28℃以上では，熱中症の危険が高いので，激しい運動や持久走など体温が上昇しやすい運動は避ける．運動する場合には，積極的に休息をとり水分補給を行う．体力の低いもの，暑さになれていないものは運動中止．
25	21	28	警戒（積極的に休息）	WBGT25℃以上では，熱中症の危険が増すので，積極的に休息をとり水分を補給する．激しい運動では，30分おきくらいに休息をとる．
21	18	24	注意（積極的に水分補給）	WBGT21℃以上では，熱中症による死亡事故が発生する可能性がある．熱中症の兆候に注意するとともに，運動の合間に積極的に水を飲むようにする．
			ほぼ安全（適宜水分補給）	WBGT21℃以下では，通常は熱中症の危険は小さいが，適宜水分の補給は必要である．市民マラソンなどではこの条件でも熱中症が発生するので注意．

WBGT（湿球黒球温度）
屋外：WBGT＝0.7×湿球温度＋0.2×黒球温度＋0.1×乾球温度
屋内：WBGT＝0.7×湿球温度＋0.3×黒球温度
● 環境条件の評価はWBGTが望ましい．
● 湿球温度は気温が高いと過小評価される場合もあり，湿球温度を用いる場合には乾球温度も参考にする．
● 乾球温度を用いる場合には，湿度に注意．湿度が高ければ，1ランクきびしい環境条件の注意が必要．
　（川上　貴ら：スポーツ活動中の熱中症予防ガイドブック．財団法人日本体育協会：1994．）

らよいかを具体的に示している．

　このように，「運動指針」は気象条件に対応して運動実施を配慮するように勧めるものである．スポーツの現場では，暑熱環境下にもかかわらずトレーニングや競技が強行されることもめずらしくない．しかしながら，暑熱環境下での激運動（トレーニング）は熱中症発症の危険性を増すばかりでなく，トレーニングの質を低下させ，したがって効果が上がらず，過労につながるおそれもある．運動指針は，熱中症事故のリスクを回避するためだけでなく，効果的なトレーニングを進めるという観点からも利用したい．

（3）熱中症の救急処置

　熱中症とは，暑熱環境下で激しい運動をした時などに生じる障害を総称したものであり，次のような病型がある．すなわち，1）熱失神（皮膚血管の拡張による循環不全），2）熱疲労（脱力感，倦怠感，めまい，頭痛，吐き気など），3）熱けいれん，4）熱射病（もっとも重篤で体温上昇のため中枢機能に異常をきたす）である．熱中症では，重篤で死の危険のある緊急事態である熱射病の救急処置がとりわけ重要である．しかし実際には，病態が重なり合っていることもあり，現場で熱疲労か熱射病か判断に迷うこともある．その際注意すべき症状は，意識状態と体温である．意識があるものの，応答が鈍かったり言動がおかしかったりと，少しでも意識障害が疑われれば，重症である熱射病と考え処置しなければならない．また，意識がない場合，心停止や頭部外傷のこともあり，呼吸があるか，脈が触れるか，頭を打っていないかなどに注意する．

　熱射病は，死の危険のある緊急事態である．体を冷やしながら集中治療のできる病院へ一刻も早く運ぶ．いかに早く体温を下げて意識を回復させるかが予後を左右するので，現場での処置が特に重要である．救急スタッフ到着まで待機するのではなく，時を移さず冷却処置を開始しなければならない．その現場でもっとも速やかに冷やす方法を選択する．氷水や冷水があれば，頸部，腋下（脇の下），鼠径部（大腿部の付け根）などの大きい血管を直接冷やす方法が効果的である．また，濡れタオルを当ててあおぎ，気化熱による熱放散を促進させる．なお，氷水に浸漬する方法は，末梢血管を収縮させ逆効果との批判もあったが，近年ではもっとも冷却効果が高いとして推奨する意見も多い[6]．

　いずれにしても，熱射病は死の危険が差し迫った緊急疾患であることを十分認識しておきたい．

〔伊藤　静夫〕

［文　献］

1) Ali A et al.: The influence of carbohydrate-electrolyte ingestion on soccer skill performance. Med Sci Sports Exerc 39: 1969-1976, 2007.
2) Almond CS et al.: Hyponatremia among runners in the Boston Marathon. N Engl J Med 1550-1556, 2005.
3) Armstrong LE et al.: Influence of diuretic-induced dehydration on competitive running performance. Med Sci Sports Exerc 456-461, 1985.
4) Brun JF et al.: Exercise hypoglycemia in non-diabetic subjects. Diabetes Metab 92-106, 2001.
5) Casa DJ et al.: American College of Sports Medicine roundtable on hydration and physical activity: consensus statements. Curr Sports Med Rep 4: 115-127, 2005.
6) Casa DJ et al.: Cold water immersion: the gold standard for exertional heatstroke treatment. Exerc Sport Sci Rev 35: 141-149, 2007.
7) Convertino VA et al.: American College of Sports Medicine position stand. Exercise and fluid replacement. Med Sci Sports Exerc 28: i-vii, 1996.
8) Costill DL et al.: Factors limiting gastric emptying during rest and exercise. J Appl Physiol 37: 679-683, 1974.
9) Currell K, Jeukendrup AE: Superior endurance performance with ingestion of multiple transportable carbohydrates. Med Sci Sports Exerc 40: 275-281, 2008.

10) De Bock K et al.: Fiber type-specific muscle glycogen sparing due to carbohydrate intake before and during exercise. J Appl Physiol 102: 183-188, 2007.
11) Dugas JP et al.: Rates of fluid ingestion alter pacing but not thermoregulatory responses during prolonged exercise in hot and humid conditions with appropriate convective cooling. Eur J Appl Physiol 18853180: ,2008.
12) Eichner ER: The role of sodium in 'heat cramping'. Sports Med 37: 368-370, 2007.
13) Gisolfi CV et al.: Guidelines for optimal replacement beverages for different athletic events.. Med Sci Sports Exerc 24: 679-687, 1992.
14) Holtzhausen LM et al.: Clinical and biochemical characteristics of collapsed ultra-marathon runners. Med Sci Sports Exerc 26: 1095-1101, 1994.
15) Judelson DA et al.: Hydration and muscular performance: does fluid balance affect strength, power and high-intensity endurance? Sports Med 37: 907-921, 2007.
16) 川原 貴ら：スポーツ活動中の熱中症予防ガイドブック．財団法人日本体育協会：1994.
17) Kovacs MS: Carbohydrate intake and tennis: are there benefits? Br J Sports Med 40: e13, 2006.
18) Marino FE et al.: Neuromuscular responses to hydration in moderate to warm ambient conditions during self-paced high intensity exercise.. Br J Sports Med 19329441: ,2009.
19) Maughan RJ et al.: Exercise, heat, hydration and the brain. J Am Coll Nutr 26: 604S-612S, 2007.
20) Murray B et al.: Hydration and physical performance. J Am Coll Nutr 26: 542S-548S, 2007.
21) 中井誠一ら：スポーツ活動および日常生活を含めた新しい熱中症予防対策の提案：年齢，着衣及び暑熱順化を考慮した予防指針．体力科学 56：437-444, 2007.
22) Noakes TD et al.: The importance of volume in regulating gastric emptying. Med Sci Sports Exerc 23: 307-313, 1991.
23) Noakes TD: Immda advisory statement on guidelines for fluid replacement during marathon running. 17: 15-24, 2002.
24) Noakes TD et al.: Three independent biological mechanisms cause exercise-associated hyponatremia: Evidence from 2,135 weighed competitive athletic performances. Proc Natl Acad Sci U S A 18550-18555, 2005.
25) Noakes TD, Speedy DB: Case proven: exercise associated hyponatraemia is due to overdrinking. So why did it take 20 years before the original evidence was accepted? Br J Sports Med 40: 567-572, 2006.
26) Nose H et al. Osmotic factors in restitution from thermal dehydration in rats. Am J Physiol 249: R166-171, 1985.
27) Nybo L, Secher NH: Cerebral perturbations provoked by prolonged exercise. Prog Neurobiol 72: 223-261, 2004.
28) Sawka MN et al.: American College of Sports Medicine position stand. Exercise and fluid replacement. Med Sci Sports Exerc 39: 377-390, 2007.
29) Sawka MN, Noakes TD: Does dehydration impair exercise performance? Med Sci Sports Exerc 39: 1209-1217, 2007.
30) Schwellnus MP: Muscle cramping in the marathon: aetiology and risk factors. Sports Med 37: 364-367, 2007.
31) Stellingwerff T et al.: Carbohydrate supplementation during prolonged cycling exercise spares muscle glycogen but does not affect intramyocellular lipid use. Pflugers Arch 454: 635-647, 2007.
32) Watson P et al.: Exercise in the heat: effect of fluid ingestion on blood-brain barrier permeability. Med Sci Sports Exerc 38: 2118-2124, 2006.

[I. スポーツ現場に生かす運動生理学]

7章 スポーツ選手のうつ状態と脳機能

キーワード：睡眠，脳波，精神疲労

スポーツ現場においては，トレーニングの持続によって起きる身体疲労が問題となる場合が多くあろう．一方で，このような身体疲労と同様に，精神疲労も実際に多く起きてくる．このような精神疲労については，「メンタルを強化する」という視点から，メンタルトレーニングなどが行われ，実際に効果も上げている．しかし，さらに精神疲労が募るとメンタルトレーニングでは対応できない状態も起きてくる．このような精神疲労は，最近の神経科学や精神医学の進歩によって，脳機能とつながりがあると考えられている．また，身体疲労と精神疲労も独立したものではなく，共通した基盤がある可能性も考えられる．

1. 身体疲労と精神疲労

高強度のトレーニングなどによっておこる身体疲労は，栄養を補給し十分な休息をとることで改善される．精神疲労についてはどうであろうか．精神疲労は，一般的にはさまざまな精神的ストレスに暴露することよって生じてくる意欲の減退，集中力の低下，気分の低下などの精神症状と，これに伴っておきる身体的能力（スポーツパフォーマンス）の低下を示すとここでは考えよう．このような精神的な疲労も，通常は十分な休息によって回復し，回復の後には再び意欲をもって物事に取り組めるようになる．

しかしながら，高強度の精神的ストレスが長期にわたって持続した場合には容易に回復しない状態が起こってくることがある．このような状態になると，原因となっていた精神的ストレスが取り除かれた後も，気分が低下し物事を悲観的に考えたり，集中力のない状態が持続することになる．また，身体的にも疲労感を感じる状態が持続する．このような状態は，さまざまな医学的な診断名で呼ばれているが，以下に「大うつ病」および「オーバートレーニング症候群」をとりあげ，それらの関連についても考える．

(1) 大うつ病（MDD：Major Depressive Disorder）

大うつ病は，非常に多い疾患で，WHOの調査では，世界の人口の約3％がうつ病に罹患しているとされる．ある人が一生の間にうつ病にかかる可能性を示す生涯有病率も厚生労働省の調査では6.5％であり，約15人に1人がうつ病を経験することになる．また，男女比では女性が男性の約2倍の有病率で，女性に多く見られる疾患である．

大うつ病は，気分障害に分類される疾患であるが，表7-1（下線部を参照）に示したように，気分障害にはその他にも双極性障害がある．双極性障害は，これまで「躁うつ病」と呼ばれていた疾患で，双極とは2つの極すなわち躁の極とうつの極の2つを行き来するという意味である．双極性障害とうつ病性障害は，うつ状態だけを取り上げると厳密に区別のつけがたい症状を呈するが，躁状態を含む双極性障害とうつ状態のみのうつ病性障害は，これまでの研究で2つの異なった疾患で

表7-1　DSM-IV（アメリカ精神医学会による診断統計マニュアル4版）

- 気分障害の分類
  - ○双極性障害
    - <u>I型双極性障害</u>
    - <u>II型双極性障害</u>
    - 気分循環性障害
    - 特定不能の双極性障害
  - ○うつ病性障害
    - <u>大うつ病性障害</u>
    - 気分変調性障害（抑うつ神経症）
    - 特定不能のうつ病性障害
    - 抑うつ関連症候群
    - 小うつ病性障害
    - 反復性短期抑うつ障害
    - 月経前不快気分障害
  - ○一般身体疾患を示すことによる気分障害
  - ○特定不能の気分障害

注：下線は著者による

あると考えられている．双極性障害は，文化や経済状態などによらず，人口の約1%程度の生涯有病率を示す．したがって，環境よりも遺伝的な要因が発症により強く関与している疾患であろうと考えられている．スポーツ選手も躁うつ病を発症する可能性はあり，これにスポーツ場面でのストレスが関与する可能性もあるが，直接的にスポーツが原因で双極障害が発症することは考えにくい．

大うつ病は，うつ病になりやすい素因（体質）があり，これに長期にわたってストレスが加わった場合に起きてくると考えられている．素因は特に無くても，ストレスが強く，非常に長期にわたる場合にはうつ病になる可能性がある．すなわち，うつ病は誰にでも起こりえる疾患である．通常社会的な状況では，近親者の死や，脱出するのが非常に困難な経済的困窮状況が続くなどの長期のストレスがきっかけとなり発症する．

うつ病になりやすい性格特徴についても報告がある．よく知られているものは下田光造の執着性格とテレンバッハのメランコリー性格であろう．執着性格およびメランコリー性格はともに，仕事熱心，強い責任感，生真面目，律儀，几帳面，徹底性などの特徴が挙げられる．下田はこのような性格では，「一度起こった感情が時間がたつに連れて薄れてくるということなく長続きし，時に強くなってくる．したがって，休息に入ることなく疲労にもかかわらずますます仕事に没頭するということになる」と説明している．

スポーツ選手にはこのような性格傾向を持ったものが少なくない．また，競技レベルが高くなればなるほど，勝利に対するストレスや，チームへの責任などさまざまなストレスが大きくのしかかってくる．このような中で，うつ病に罹患するアスリートは少なからずいる．スポーツ選手の特徴として，これまで経験してきたのは，このようなうつ病状態に陥っても，スポーツ選手はこれを自分の努力が足りないせいだと思い，精神科治療を受けようとすることは，自分の弱さを露呈するものだと考えてしまう傾向があるという点である．うつ病は，精神的な弱さゆえに発症する疾患ではなく，現代の精神医学では，より神経内分泌学的な要素が発症に関与していると考えられている．本人自らでなくとも，表7-2に示した診断基準に当てはまるような状態があれば，指導者あるいはチームメイトが受診を促し早期に治療に結びつける必要がある．早期の治療は治癒を早める．

うつ病の治療の第1は休息である．うつ病になりやすい性格の人は休息を取れないという傾向もあり，休息に治療的な意味があるということを強調することが重要となる．さらに，薬物治療も必須である．うつ病発症の生物学的メカニズムは，まだ明らかにはなっていない．しかしながら，最近治療に用いられている選択的セロトニン取り込み阻害剤（SSRI：Selective Serotonin Reuptake Inhibitor）が非常に有効であることを考えると，セロトニン系システムの機能不全が病態の少なくとも一部にはあると考えられる．さらにはセロトニンだけでなく，ノルアドレナリン，ドパミンといったモノアミン系神経伝達物質の欠乏が原因の1つであるという仮説が提出されている（モノアミン仮説[1]）．また，最近グルココルチコイドとの関連も注目されている．先に述べたように，うつ病は長期にわたってストレスにさらされた結果

表7-2 大うつ病の診断基準 (DSM-IV-TR)

・大うつ病の診断基準の主項目

A. 以下の症状のうち5つ（またはそれ以上）が同じ2週間の間に存在し，病前の機能からの変化を起こしている．これらの症状のうち少なくとも1つは，(1) 抑うつ気分または (2) 興味または喜びの喪失である．
　注：明らかに，一般身体疾患，または気分に一致しない妄想または幻覚による症状は含まない．

1. その人自身の言明（例：悲しみまたは，空虚感を感じる）か，他者の観察（例：涙を流しているように見える）によって示される，ほとんど1日中，ほとんど毎日の抑うつ気分．
　注：小児や青年ではいらだたしい気分もありうる．
2. ほとんど1日中，ほとんど毎日の，すべて，またはほとんどすべての活動における興味，喜びの著しい減退（その人の言明，または他者の観察によって示される）．
3. 食事療法をしていないのに，著しい体重減少，あるいは体重増加（例：1カ月で体重の5%以上の変化），またはほとんど毎日の，食欲の減退または増加．
　注：小児の場合，期待される体重増加が見られないことも考慮せよ．
4. ほとんど毎日の不眠または睡眠過多．
5. ほとんど毎日の精神運動性の焦燥または制止（他者によって観察可能で，ただ単に落ち着きがないとか，のろくなったという主観的感覚ではないもの）．
6. ほとんど毎日の易疲労性，または気力の減退．
7. ほとんど毎日の無価値観，または過剰であるか不適切な罪責感（妄想的であることもある．単に自分をとがめたり，病気になったことに対する罪の意識ではない）．
8. 思考力や集中力の減退，または決断困難がほとんど毎日認められる（その人自身の言明による，または，他者によって観察される）．
9. 死についての反復思考（死の恐怖だけではない），特別な計画はないが反復的な自殺念慮，自殺企図，または自殺するためのはっきりとした計画．

発症してくると考えられている．この場合長期にわたってストレスホルモンであるグルココルチコイドの高値が続くことが考えられる．これによって，グルココルチコイド受容体の機能不全がおき，これがうつ病発症のメカニズムに関連しているという仮説がある（グルココルチコイド仮説[2]）．また，グルココルチコイドの高値が続くと，脳の神経伝達物質の分泌低下が起きるという研究結果[3]も最近報告されている．このようなメカニズムが複雑に絡み合って，セロトニンシステムの機能不全が起きている可能性がある．

うつ病の治療に最近多く用いられているセロトニン再取り込み阻害剤の作用機序を図7-1に示した．うつ病ではセロトニン神経の機能不全があると考えられ，セロトニン神経の伝達を促進させる薬物が用いられる．セロトニン神経の神経末端からは，シナプス小胞からセロトニンがシナプス間隙に分泌されるが，うつ病ではその量が不十分である可能性がある．分泌されたセロトニンはセロトニントランスポーターにより神経終末に再取り込みされ，再利用される．SSRIはこの再取り込みを阻害し，シナプス間隙に存在するセロトニンの量を増やし，シナプス後膜へのセロトニンを介した神経伝達を促進させる働きを担っている．

(2) オーバートレーニング症候群 (OTS：Overtraining Syndrome)

スポーツ選手に見られるオーバートレーニング症候群[4]は，高強度のトレーニングを長期間にわたって持続した場合に出現するパフォーマンスの低下で，短期間の休息では容易に回復しないものを指している．オーバートレーニング症候群の症状は，スポーツ選手が長期にわたった高強度トレーニングを行った結果出現してくるものであり，その主たる問題点は「競技スポーツパフォーマンスの低下」である．この原因となる症状をさらに細かく考えると，生理学的徴候と精神的徴候に分けられる（表7-3）．

このうち，精神的徴候について，Armstrong and VanHeestら[5]による，オーバートレーニ

図7-1：選択的セロトニン再取り込み阻害剤（SSRI）の作用機序．神経伝達物質はシナプス前ニューロンから分泌され，シナプス後ニューロンの神経受容体に作用して情報伝達を行うが，分泌された神経伝達物質の一部は前ニューロンに再取り込みされる．SSRIはセロトニン神経において，この再取り込みを阻害することによってシナプス間隙のセロトニン量を増加させ，セロトニン神経系を活性化させる．

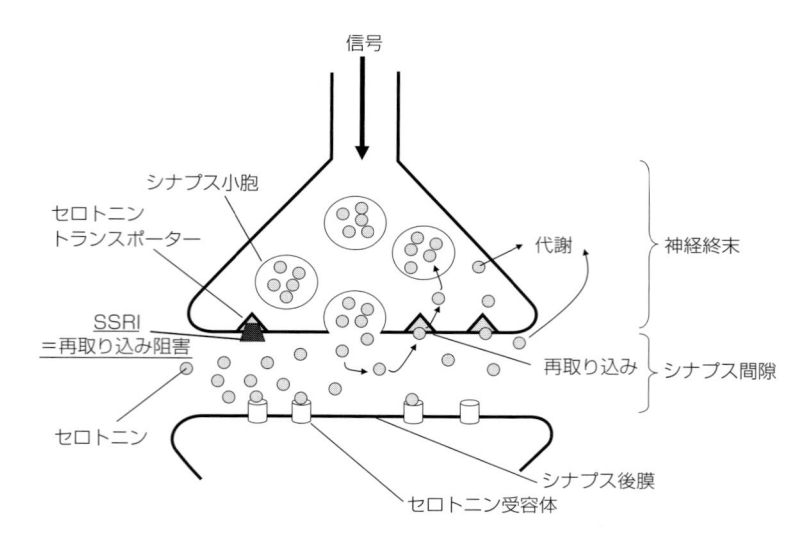

表7-3　オーバートレーニング症候群の生理学的徴候と精神的徴候

生理学的徴候
- トレーニング継続中のパフォーマンス低下
- ある仕事量に対する乳酸値の低下
- 疲労症状の継続
- 呼吸循環器系の変化；起床時心拍増加，安静時血圧増高など
- 血液成分の変化；血清フェリチンなど
- ホルモン（内分泌系）の変化；カテコラミンの生成および血清遊離テストステロン/コルチゾール比など
- かぜの頻発：上気道感染症など
- 筋肉痛の継続
- 体重の減少

精神的徴候
- 抑うつ感
- 全般的な無気力
- 自尊心の減少または自我感覚の悪化
- 感情の不安定
- 作業やトレーニングへの集中の困難
- 環境または感情ストレスへの敏感さ
- 競技に対する嫌気
- 人格の変容
- 精密な集中力の減少
- 内的および外的な混乱しやすさの増加
- 大量の情報処理をする能力の低下
- していることが大変になってくると諦める

(Richard B. Kreider, Mary L. O'Toole, Andrew C. Fry：スポーツのオーバートレーニング，川原貴，辻秀一，河野一郎訳，大修館書店，2001．)

グ症候群に多く見られる精神症状をうつ病の症候と比較してみると（表7-4），これらの症候がう

つ病の診断基準にあてはまることが分かる．したがって，オーバートレーニング症候群の多くの症例はうつ病とも診断できるわけである．オーバートレーニング症候群は，高強度トレーニングを長期間続けた場合に発症するとされている．また，精神的ストレスも発症の補助要因になっているとも考えられている．こう考えると，うつ病とオーバートレーニング症候群の違いは長期にわたるストレスへの暴露が，精神的なものであるか身体的なものであるかの違いである可能性も考えられる．

　オーバートレーニング症候群の治療は，対象がスポーツ選手であることを除けば，ほぼうつ病と同様である．まずは，休息をとらせる．しかしスポーツ選手に休息を取らせることは，時に非常に困難である．この場合も，休息することが復帰を早めることを強調することが必要となる．また，薬物治療も行う．使われる薬物は，うつ病に準ずる．筋肉痛などの身体症状や，風邪症状なども出現することがあるのでこれらにも対症的に治療を行う．

表7-4　オーバートレーニング症候群とうつ病の精神症状の比較

オーバートレーニング症候群の症候	MDDのDSM IV診断基準のA項目
身体的パフォーマンスの低下	—
全身倦怠感，活力の欠如	A-2, A-5, A-6
不眠	A-4
食欲の変化	A-3
焦燥感，イライラ感，興奮，不安	A-5
体重の減少	A-3
意欲の減退	A-2
集中困難	A-8
抑うつ感	A-1

(内田　直：オーバートレーニング症候群の精神医学的側面．臨床スポーツ医学　13：364-370, 2004.)

2．身体運動とうつ状態の発現機序

　うつ病の動物モデルとしては強制水泳試験（Forced Swim Test）[7]が有名である．この試験では，マウスをつかまるところのない水槽に入れて長時間水泳させ，また翌日同じように水泳させると前日よりも短い時間であきらめてしまうという現象から，前日の時間との差をうつ状態の指標として見るものである．このような現象は，直接オーバートレーニング症候群と結びつけることはできないが，この2つにどのような関係にあるのかについては，非常に興味がもたれる．1つには強制水泳に見られるような際限のない努力を強いることが心理的なHelplessness（無力感）を引き起こさせるという考え方以外に，長時間にわたる高強度の持続的身体活動そのものが中枢にあたえるメカニズムがあるのかどうかということについて，再考してみてもよいだろう．

　うつ病の発症機序は，未だに十分に明らかになっているとはいえない．しかしながら，先に述べたようにいくつかの仮説が提出されている．うつ病が長期的なストレスの暴露した結果発症することを考えると，それが精神的ストレスでなく身体的ストレスであっても，ストレスに対する内分泌学的応答は同じものであることが知られている．ストレスは，脳の視床下部に指令を送り，ここから分泌因子が分泌され，脳下垂体前葉から副腎皮質刺激ホルモン（ACTH）が分泌される．分泌されたACTHは血液によって全身に運ばれ，標的器官である副腎皮質に到達し糖質コルチコイドの1種であるコルチゾールの分泌を促進する（図7-2）．コルチゾールは血液によって全身に運ばれさまざまな作用をするわけであるが，長期間にわたって強いストレスが続くとコルチゾールの高値が持続することになる．コルチゾールの血中濃度がある一定以上高くなると，脳下垂体前葉に対してネガティブフィードバック機構が働き，ACTHの分泌が抑制される．しかし，高値が持続した場合このメカニズムが異常となり，ACTHの分泌が抑制されなくなることが知られている．

　このネガティブフィードバック機構のチェックにはデキサメサゾン抑制試験が用いられる．デキサメサゾンは，グルココルチコイドと同様の働きをもつ合成ステロイドホルモンであるが，ネガティブフィードバック機構が正常であれば，デキサメサゾン投与後ACTHおよびコルチゾールの値は低下する．しかし大うつ病の患者では，抑制されずコルチゾールが高値をとり続けることが知られている．さらに，このようにコルチゾールが高値をとると，先に述べたように神経伝達物質の放出量が減少するという報告もある．うつ病ではセロトニンの働きが低下していることも知られており，これらのメカニズムはうつ病の発症に深い関連がある可能性がある．

　一方で，オーバートレーニング症候群はどうであろうか．オーバートレーニング症候群では，ストレスはすべて高強度で長時間にわたる身体運動

図7-2 ストレスによる血中コルチゾールの増加とネガティブフィードバック．ストレスがかかると，視床下部から分泌因子（CRH）が分泌され，これが下垂体前葉に作用して副腎皮質刺激ホルモン（ACTH）の分泌を促す．血中のコルチゾールが増加すると，下垂体に作用してACTHの分泌を抑制するというネガティブフィードバックがかかる．持続的なストレス環境下では継続的に血中コルチゾールが高値となり，中枢の受容体の機能異常がおこって，ネガティブフィードバックが正常に働かなくなっている可能性がある．

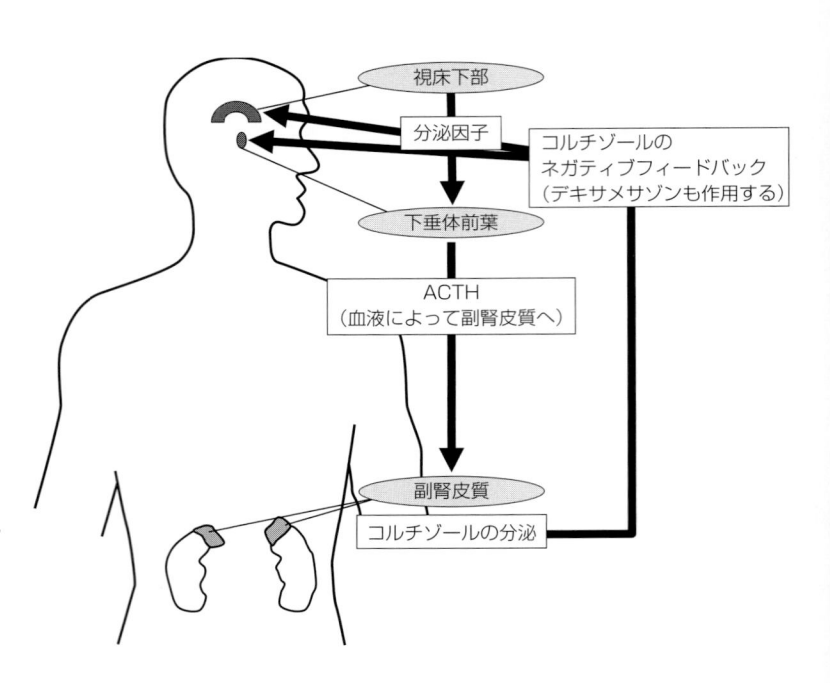

である．しかし，ストレス反応としては精神的ストレスと同様の反応が起きてくる．事実，オーバートレーニング症候群においてコルチゾールが高値を示すことはよく知られている[8]．オーバートレーニング症候群においては，高強度身体運動が持続することが発症の要因になっており，当然筋の修復などの不全からさまざまな身体症状が出現してくる可能性は考えられる．一方で，中枢神経系においてはうつ病と共通したメカニズムが発症に関連している可能性もあると考えられる．

3. スポーツ現場に生かす知識

さて，スポーツ現場において，このような生理学的生化学的変化をどのように生かしていったらよいであろうか．第1に，身体運動によってもこれが原因となって精神症状が出現してくる可能性があることを理解してほしい．身体的な症状だけでなく精神的な症状においても，内分泌学的あるいは神経科学的な変化を介して症状が発現してくる．このような変化は，「気持ちが弱い」というような状況を超えた，医学的治療が必要な状況である．

このような変化は，行動面からまずは明らかになる．ここに挙げた診断基準に当てはまるものであれば，すべて治療の対象となる．早期の治療は，早期の治癒につながる．行動学的な変化が現れたときには，すでに症状が出現しているということになる．予防的な側面からは，コルチゾール，テストステロン値などの定期的な検査が有効である可能性もある．しかし残念ながら，現状ではうつ病やオーバートレーニング症候群を予防するための検査は確立されていない．今後，研究が進み病態がより明らかとなり，予防的な検査が可能になることが望まれる．

[内田 直]

[文 献]

1) Owens MJ: Selectivity of antidepressants: from the monoamine hypothesis of depression to the SSRI revolution and beyond. J Clin Psychiatry 65 Suppl 4: 5-10, 2004.
2) Pariante CM, Miller AH: Glucocorticoid receptors in major depression: relevance to patho-

physiology and treatment. Biol Psychiatry 49 (5): 391-404, 2001.
3) Numakawa T, Kumamaru E, Adachi N, Yagasaki Y, Izumi A, Kunugi H: Glucocorticoid receptor interaction with TrkB promotes BDNF-triggered PLC-gamma signaling for glutamate release via a glutamate transporter. Proc Natl Acad Sci USA 13; 106 (2): 647-652, 2009.
4) Richard B. Kreider, Mary L. O'Toole, Andrew C. Fry：スポーツのオーバートレーニング．川原貴，辻秀一，河野一郎訳，大修館書店，2001.
5) Armstrong LE, VanHeest JL: The unknown mechanism of the overtraining syndrome: clues from depression and psychoneuroimmunology. Sports Med 32 (3): 185-209, 2002.
6) 内田 直：オーバートレーニング症候群の精神医学的側面．臨床スポーツ医学 13：364-370, 2004.
7) Petit-Demouliere B, Chenu F, Bourin M: Forced swimming test in mice: a review of antidepressant activity. Psychopharmacology (Berl) 177 (3): 245-255, 2005.
8) Urhausen A, Gabriel H, Kindermann W: Blood hormones as markers of training stress and overtraining. Sports Med 20 (4): 251-276, 1995.

II. スポーツ現場に生かす運動生化学

- 8章 スポーツ選手の体調管理と免疫機能　　鈴木　克彦
- 9章 スポーツ選手の筋疲労と生化学的指標　　中谷　昭
- 10章 運動時の糖・脂質代謝と生化学的指標　　川中健太郎
- 11章 運動時の乳酸代謝と生化学的指標　　八田　秀雄
- 12章 運動によるたんぱく質代謝と生化学的指標
　　　　　　　　　　　　　　　　　　　　岡村　浩嗣
- 13章 スポーツ選手の貧血と生化学的指標　　亀井　明子
- 14章 スポーツ選手の体調管理とビタミン・ミネラル
　　　　　　　　　　　　　　　　石見　佳子・東泉　裕子
- 15章 スポーツ選手の内分泌機能と性ホルモン　木村　典代

[II. スポーツ現場に生かす運動生化学]

8章 スポーツ選手の体調管理と免疫機能

キーワード：感染，炎症，酸化ストレス

1. スポーツ選手と感染症

　適度な運動によって感染症のリスクは減少するが，マラソンのような激しい運動や過酷なトレーニングは逆に易感染性を引き起こすとされ，運動と感染の関連性についてはJカーブモデルが提唱されている（図8-1）[13,16]．本章では，スポーツ選手の体調管理との関連から免疫機能の重要性について理解を深めるために，運動・トレーニングの影響とメカニズムの両面から概説する．

（1）感染防御における物理的バリアの重要性

　病原体に対する生体防御機構として，免疫系が機能する以前にまず皮膚・粘膜などの物理的バリアが極めて重要である．実際にスポーツ選手では皮膚・粘膜の感染症が多い．これは，運動によって高温，低温，乾燥，湿潤，紫外線，圧迫，外傷，土壌や有害物質との接触など外部環境からのストレスを受けることが多く，また運動中には骨格筋への血流が促進される一方で，皮膚・粘膜・内臓への血液循環が抑制されるため，それらのバリア機能が障害されて病原体が侵入しやすくなることによる．

（2）スポーツ選手に多い感染症と発症要因

　皮膚感染症としては，レスリング，ラグビーなどのコンタクトスポーツにおけるヘルペスウイルスによる皮疹やパピローマウイルスによる手足の

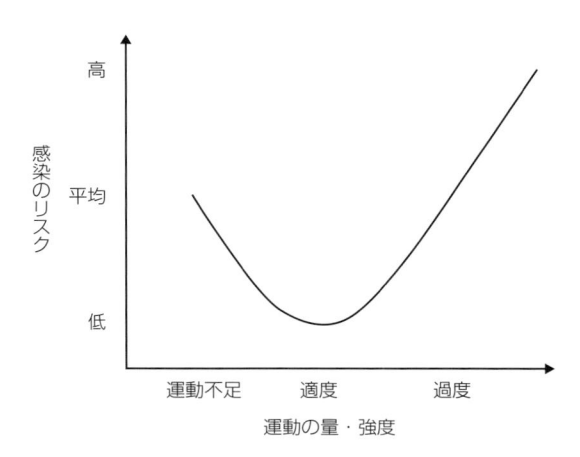

図8-1　運動と免疫機能に関するJカーブ．
（Nieman DC.：Exercise, upper respiratory tract infection, and immune system. Med Sci Sports Exerc, 26, 128-139, 1994.を改変）

イボがあり，高温多湿や多汗に起因する白癬症（いわゆる水虫）も真菌による感染症である[3]．粘膜バリアについては，ウイルスなどの多くの病原体が経気道感染するが，運動時には呼吸数が増加し口呼吸が主体となり，微生物が気道深部まで到達しやすくなる．一方，微生物を含む鼻汁や喀痰は粘膜上皮の線毛運動や咳，嚥下により排除されるが，運動中には気道粘膜が乾燥・冷却され，粘液の粘度が増して線毛運動も抑制されて病原体を排除しにくくなり，感染のリスク増大につながる[5]．実際に激しいトレーニングを継続するスポーツ選手は，くしゃみ，鼻汁，咽頭痛を主症状とする上

気道感染症（upper respiratory tract infection：URTI，いわゆるかぜ症候群）の頻度が一般人より3倍も高く[3,13]，特にマラソンのような過酷な持久性運動では，競技終了後2週間で50～70%の選手が感冒症状を呈し，そのリスクは通常の2～6倍にもなると報告されている[3,13]．さらにスポーツ選手では，団体行動や集団生活を行う機会も多く，病原体が伝播しやすい環境にあることも感染症を起こしやすい要因であり，手洗励行，マスク・加湿器の使用，感染源を避け適切な栄養・休養を取る等，感染予防対策が必要となる[3,5,13,16]．

2．運動と非特異的防御機構

(1) 炎症・アレルギー

物理的バリアの次に機能する生体防御機構として，好中球，好酸球，単球，マクロファージなどの食細胞が重要である．これらの白血球は，発赤・腫脹・発熱・疼痛を主徴とする炎症（inflammation）を起こす．炎症とは物理的，化学的，生物学的ストレスに対する非特異的な生体反応であり，通常は侵入微生物や損傷組織の除去と修復過程をさすが，過剰な炎症反応（アレルギー allergy）は正常組織を傷害し，治癒の遷延や種々の機能障害をもたらすため，適切に制御される必要がある[15,27]．

(2) 運動と炎症の病態

好中球・単球は運動負荷により血中細胞数が増加するが，この応答は運動の強度と持続時間に依存し，特に1時間を越すような持久性運動で顕在化し，これらの細胞の活性酸素産生能も亢進する[4,27]．激運動後に生じる遅発性筋肉痛（delayed-onset muscle soreness：DOMS）は未だ原因が同定されていないが，損傷・炎症説，活性酸素説などが有力視されている[15,27]．すなわち，激運動後の筋組織には好中球，単球が浸潤し，血中レベルでも好中球の動員と活性化は筋損傷マーカーのクレアチンキナーゼやミオグロビンの上昇と相関する[4,15,27]．通常好中球は損傷組織の除去・修復に寄与するが，激運動時には好中球を活性化する物質が血中に分泌されるため，炎症が全身性に波及して非特異的に臓器傷害を引き起こし，横紋筋融解症（rhabdomyolysis）や熱中症（heat stroke）にみられるような多臓器不全につながることがある[18,27]．さらに激運動によって消化管の血流が低下して粘膜傷害を招き，損傷部から腸内細菌が血中に侵入して敗血症（sepsis）を引き起こす[4,28]．

細菌の菌体成分であるエンドトキシンは好中球を活性化するが[4]，高エンドトキシン血症に対して運動時には肝マクロファージ（クッパー細胞）の異物処理能が亢進し，炎症が全身性に波及しないように防御している可能性が指摘されている[28]．なお，スポーツ選手には運動誘発性喘息，運動誘発性アナフィラキシー，花粉症，アトピー性皮膚炎等のアレルギー疾患が多いと報告されている[9]．実際に，激運動時にはアレルギー促進物質であるアナフィラトキシンやヒスタミンの血中濃度が上昇するが[4,11]，運動時の好酸球や肥満細胞の動態との関連性についてはまだ十分に解明されていない．

(3) 運動と抗酸化機構

激しい運動をすると活性酸素の生成が高まるにもかかわらず，通常運動によって多臓器不全のような重篤な病態を招くことは少なく，活性酸素の過剰生成（酸化ストレス）の指標である過酸化脂質の血中濃度もマラソンのような過酷な運動でもそれほど上昇しない[27]．これは尿酸，ビタミンC，スーパーオキシドディスムターゼ（SOD），カタラーゼ，グルタチオン等の元来生体に備わる抗酸化機構が運動中に動員されるためと考えられる[27]．またトレーニングによってDOMS筋傷害は起こりにくくなり，好中球の急性応答は減弱し機能的抑制も生じるが[15,27]，これにも抗酸化機構の誘導や抗炎症性物質の分泌が関与する可能性が考えられる[24,27]．酸化ストレスに関しては新しい評価指標が開発されつつあり，それらを応用した運動時の酸化ストレスのメカニズムの解析や抗酸化サプリメントの有効性に関する研究が進められている．

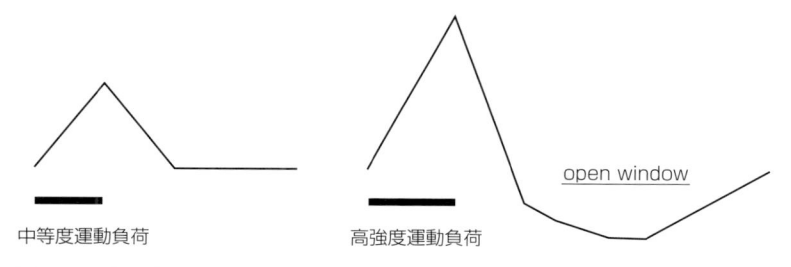

図8-2 激運動後に生じる一過性の免疫抑制状態（オープンウィンドウ説）.
(Pedersen BK, et al.: Recovery of the immune system after exercise. Acta Physiol Scand, 162, 325-332, 1998.を改変)

3. 運動と体液性免疫

(1) 運動と抗体・補体

免疫グロブリン（immunoglobulin：Ig）の血中濃度や特異抗体産生能は，通常運動の影響は受けないようであるが[13,16]，マラソンのような持久性運動の後には血中IgG値が2日間低下したと報告されている[13,24]．補体系は食細胞の貪食・殺菌を促進するが，通常の運動は補体成分に影響を及ぼさない[27]．しかしマラソンのような激運動では，補体分解産物のC3aやC5a（アナフィラトキシン anaphylatoxin）の血中濃度が上昇し，好中球活性化に関与すると報告されている[4]．またIgG値はトレーニングのピーク時にはやや低下する選手もいるが，通常のトレーニングではそれほど影響を受けないようである[12,27]．しかし減量を要する競技種目では，栄養の摂取制限と偏りを反映してIgや補体の血中濃度が低下し，それに伴い血清オプソニン活性も低下する[27]．

(2) 運動と粘膜免疫

粘膜における免疫では，まず物理的粘膜バリアが粘膜下への病原体の侵入を阻止するが，さらに粘液中には分泌型IgAが含まれ，微生物をオプソニン化して食細胞による排除を促進する[1,6,16]．URTIとの関連から，唾液中のIgA（salivary IgA：sIgA）値が粘膜免疫の指標として頻用されるが，これは軽い運動では影響を受けないが，高強度で長時間の激運動では低下する[1,6]．また持久性運動を主体に行うスポーツ選手ではsIgAの安静値が低く，上気道感染症の頻度上昇との関連が指摘されている[1,16]．最近の研究で鍛錬期のsIgA低下時にEBウイルスの再活性化が生じたと報告されている[6]．このウイルスがスポーツ選手に多いURTIの主原因とは同定されていないが，激しいトレーニングによって免疫機能の抑制が生じる根拠として注目されている．

4. 運動と細胞性免疫

(1) 運動とマクロファージ

適度な運動はマクロファージの細胞数や活性を一過性に高めるが，激運動はマクロファージの機能を一過性に抑制し，長期間の高強度トレーニングはマクロファージによる炎症反応を抑制するとされる[16,28]．

(2) 運動とナチュラルキラー細胞

短時間・高強度の急性運動時にもっとも鋭敏に反応する白血球はナチュラルキラー（NK）細胞である[13,23]．血中NK細胞数は最大運動の直後に平均6倍も上昇する一方，運動終了後には運動前値の半数まで減少し劇的な変動がみられるが[27]，この反応は運動強度により，適度な運動強度では細胞数低下は生じない（図8-2）[13,23]．これは，運動強度に依存して分泌されるカテコールアミンがNK細胞の貯蔵部位である脾臓やリンパ節および

NK細胞のアドレナリン受容体を刺激し，さらに血流も促進され，接着分子のL-セレクチンが脱落するか発現量の少ないNK細胞が選択的に動員されるためと考えられている[23]．一方，運動後の血中NK細胞数の減少については機序が未解明である．NK細胞活性についても激運動後に低下するが，プロスタグランディンE_2（PGE_2）を介する可能性が報告されている[13,16]．

(3) 運動とT細胞

NK細胞ほどではないが，CD4陽性T細胞，CD8陽性T細胞ともに運動によって血中細胞数が増加する[8,16]．T細胞の増殖能（幼弱化反応）は，最大酸素摂取量の75〜80%で45〜90分の持久性運動によって10〜21%低下し[16]，2時間以上のランニングでは半減すると報告されている[8,13]．細胞性免疫の指標である皮膚遅延型過敏反応も激運動後に減弱したという報告がある[10,16]．実際にスポーツ選手に多い感染症は，上述のようにウイルス・真菌によるものが多く，このタイプの易感染性からもT細胞の機能抑制が示唆される．特に減量を要する競技種目においては，選手が栄養摂取制限下でトレーニングを行う上に，試合前の精神的ストレスなど悪条件も重なるため，URTIやヘルペスなどの感染症を引き起こしやすいことが知られており，T細胞機能の低下も報告されている[10]．

以上のように，激運動後数時間にわたりsIgA値，NK細胞の数・機能，T細胞機能などが一過性に抑制され免疫抑制状態が生じるが，これによって病原体に門戸を開放して易感染性になることに例えてオープンウィンドウ説（open window theory）が提唱されている（図8-2）[16]．

5. 運動とサイトカイン

炎症反応や免疫応答等を制御する細胞間情報伝達物質であるサイトカイン（cytokine）は，本来は末梢組織内において細胞相互間で作用するが，重症感染症や外傷，熱傷，循環不全など生体に極端な刺激が加わると血中に放出され高サイトカイン血症を起こす．本来血中にほとんど存在しないサイトカインの血中濃度が上昇すると，その強力な生物学的作用が全身性に波及するが，激運動で生じる個々のサイトカインの動態は免疫変動とよく対応し，易感染性や炎症反応の機序を説明しうる（図8-3）[24]．

(1) 炎症性サイトカイン

まず炎症反応を促進する炎症性サイトカイン（pro-inflammatory cytokine）は，インターロイキン（IL）-1βと腫瘍壊死因子α（TNF-α）が代表である．これらの血中濃度は激運動の数時間後に数倍上昇すると報告されているが[24,26]，血中半減期が10〜20分と短く，尿中排泄も促進されることに加え，IL-1受容体拮抗物質（IL-1ra）や可溶性TNF受容体等の阻害物質，カテコールアミン，コルチゾール等の炎症性サイトカイン産生抑制物質も血中で増加するため，血中ではIL-1βやTNF-αの生理活性は発現されにくくなっている．ただし激運動後の筋組織ではこれらの産生が証明されており，局所的に炎症反応を誘導しているものと考えられる[24]．

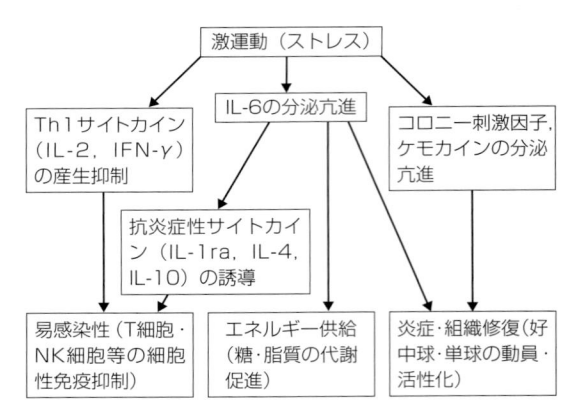

図8-3 激運動に伴うサイトカインの動態と免疫変動の関連性．
（鈴木克彦，菅原和夫：メカニズムをさぐるIVサイトカイン：特集/運動は免疫能を高めるか？，臨床スポーツ医学，19, 1311-1318, 2002.を改変）

（2）免疫調節性サイトカイン

細胞性免疫を活性化してウイルス・真菌等の病原体や腫瘍細胞を排除するインターフェロン（IFN）-γ，IL-2は免疫調節性サイトカインとよばれるが，1型ヘルパーT細胞（Th1）が中心となって制御するため，これらはTh1サイトカインともよばれる．激運動によりこれらの血中濃度は不変ないし低下するという報告が多く，末梢血リンパ球によるTh1サイトカイン産生能は激運動により低下する[24,26]．さらにIL-2の活性を阻害する可溶性IL-2受容体やTh1を誘導するIL-12の拮抗物質（IL-12P40）の血中濃度も運動により上昇し，Th1サイトカインの産生抑制による易感染性が引き起こされると考えられる[26]．

（3）抗炎症性サイトカイン

炎症性サイトカインやTh1サイトカインの産生を抑制し体液性免疫とアレルギー反応を促進するIL-4，IL-5，IL-6，IL-10，IL-13などは抗炎症性サイトカイン（anti-inflammatory cytokine）とよばれるが，2型ヘルパーT細胞（Th2）が中心となって制御されるものが多くTh2サイトカインともよばれる．これらの物質の過剰産生は細胞性免疫を抑制するため，ウイルス等に対する易感染性とアレルギー反応を引き起こす．激運動によってIL-4，IL-10の血中濃度が上昇すると報告されており[26,27]，IL-6も含めTh2サイトカインが優位の状態となるが，これがスポーツ選手に多いアレルギー体質と関連があるか否かについてはまだ証明されていない．

（4）コロニー刺激因子，ケモカイン

好中球・単球を産生・動員するコロニー刺激因子（colony-stimulating factor：G-CSF，GM-CSF，M-CSF等）や，炎症局所に白血球を遊走させる走化性因子の活性をもつケモカイン（chemokine：IL-8，MCP-1等）は，特に持久性運動で血中濃度が上昇する[13,14,26,27]．運動による好中球増加については，従来カテコールアミンやコルチゾール等のストレスホルモンの関与が重要視されてきたが，これらのサイトカインも持久性運動中に分泌され好中球の動員・活性化ともよく相関するため，白血球増加に関与するものと考えられる[27]．

（5）多機能性サイトカインIL-6

IL-6は好中球の動員，急性期たんぱくの誘導，抗体産生促進に加えTNF-αの産生抑制作用もあり機能が多彩であり多機能性サイトカインともよばれる．IL-6はマラソンでは血中濃度が100倍も上昇するが[14,17,26,27]，その意義については不明な点が多かった．近年では，運動による筋傷害と無関係に収縮筋細胞が運動初期からIL-6を大量に分泌し，IL-6が運動中の糖・脂質のエネルギー代謝に作用すると指摘され[17]，実際にマラソンの競技成績とIL-6応答，さらにIL-6応答と遊離脂肪酸の動員の間にも相関が認められ，IL-6が持久性パフォーマンスに関わる可能性が示唆されている[14,17,26]．

6．休養・栄養面での対応策

（1）オーバートレーニング症候群

激しいトレーニングに伴う全身倦怠感，抑鬱，疼痛，食欲不振，睡眠障害等の体調不良で競技力が低下する病態をオーバートレーニング症候群という．病因については未だ同定されていないが，激しいトレーニングを行うと筋・関節等の微小な組織損傷によりサイトカインが産生され，サイトカインは中枢神経系にも作用し上記の全身症状を誘導する作用があることから，オーバートレーニングに関するサイトカイン仮説も提唱されている[23]．この体調不良は，休養を取り早期回復をはかるための生体の適応反応とも考えられている．

（2）休養によるストレス予防

オーバートレーニング症候群に陥った選手には，回復のための休養が必要である．しかし休養の具体的方法に関する科学的根拠はまだ十分に集積されていない．1日2回練習を行う場合を想定

した休憩時間に関する検討では，6時間にくらべ3時間と短い休養の場合には，運動時のストレスホルモンと抗炎症性サイトカインの応答，さらに血中白血球の変動も大きく[20]，易感染性や炎症が生じやすい状態となる．しかし内容的に同じトレーニングでも休養を十分に取った上で行えば，急性のストレス応答は小さく済み，またオープンウィンドウの状態を蓄積せずに済む．

一方，トレーニング期に着目した研究で，持久力の鍛錬期における最大運動負荷では好中球活性酸素産生能が亢進するが，シーズン終了後1カ月経過した休養期には亢進しにくくなり，被験者特性からも持久性トレーニングを重点的に行う選手で活性酸素産生能が亢進するため，逆に十分に休養をとれば活性酸素生成を予防できる可能性がある[27]．以上より持久性トレーニングによって体内のグリコーゲンや微量栄養素等が消耗されると，抗炎症・抗酸化機構がはたらきにくくなるものと推測され，休養・栄養面での対策が重要と考えられる．

(3) 栄養によるストレス予防

スポーツ選手の健康管理では，糖質，たんぱく質のみならずビタミン，微量元素等の栄養素が過不足なく摂取されるような配慮が必要である[3]．例えば，激運動の前後に炭水化物（ブドウ糖）を十分に摂取することによって運動中の血糖値が高く維持され，コルチゾールやIL-6，IL-10，IL-1raの分泌，好中球・単球の動員や活性酸素産生亢進，血中リンパ球数とIFN-γ産生リンパ球の減少，免疫細胞のエネルギー基質であるグルタミンの血中濃度低下などを予防できると報告されている[3,7,13,14]．さらに，抗酸化物質等のサプリメントの使用により過剰な炎症反応を制御できる可能性が示されつつある[5,7,27]．また，運動中の水分補給は脱水や熱中症の予防に重要なことは論を待たないが，唾液の分泌も増すため，激運動によるsIgAなどの分泌低下を予防する上でも重要といえる[7]．特に暑熱環境下で激運動を行うと高サイトカイン血症が生じやすくなるため，水分補給やクーリングによる体温調節が重要である[18]．

7．健康増進のための適度な運動習慣の影響

一般人が健康増進のために奨励されている運動は，有酸素運動の強度，すなわち最大酸素摂取量の50〜60％ないし無酸素性作業閾値以下で，1日20〜60分までを週3回以上の頻度で長期間継続することが奨励されている[25]．免疫学的視点からは，一時的にせよオープンウィンドウのような免疫抑制状態が生じない運動強度が安全といえる[3,27]．運動を継続していくと慣れが生じ免疫系の変動も減弱するので[3,27]，特に非鍛錬者の場合には急に強い負荷の運動を行うべきでなく，徐々に運動量を増して急激なストレス反応を避けることが免疫抑制や筋の炎症を予防することにつながる．

適度な運動の長期影響としては，急性上気道炎（感冒）の発症頻度が減少すると報告されており[2]，機序としてNK細胞活性やリンパ球増殖能[8]，マクロファージ機能[28]，血中IgG[12]，分泌型IgA[15]に関して効果が示されている．また加齢に伴い低下するサイトカイン産生能が運動習慣によって改善すると報告されている[21]．発癌予防効果も複数の疫学調査の成果をふまえ，大腸がんではほぼ確実，乳がんでは可能性があると報告されている．この機序については十分には解明されていないが，NK細胞活性やマクロファージ機能の上昇を示した報告がある[19]．このように適度な運動習慣は免疫機能を高め，感染症や癌の予防に有効とする知見が集積されつつあり，今後は有効性を高める運動条件や栄養・休養との組み合わせに関する研究成果の蓄積が待たれる．

[鈴木　克彦]

[文　献]
1) 赤間高雄，木村文律，秋本崇之ら：高齢者の免疫機能に及ぼす運動の影響．体力科学 52 (Suppl)：65-72, 2003.
2) 秋本崇之，扇原　淳：疫学からみたエビデンス：

特集/運動は免疫能を高めるか？. 臨床スポーツ医学 19：1283-1287, 2002.
3) Beck CK: Infectious diseases in sports. Med Sci Sports Exerc 32, S431-S438, 2000.
4) Camus G et al.: Are similar inflammatory factors involved in strenuous exercise and sepsis? Intens Care Med 20, 602-610, 1994.
5) Gleeson M: The scientific basis of practical strategies to maintain immunocompetence in elite athletes, Exerc Immunol Rev 6, 75-101, 2000.
6) Gleeson M et al.: Epstein-Barr virus reactivation and upper-respiratory illness in elite swimmers. Med Sci Sports Exerc 34, 411-417, 2002.
7) Gleeson M et al.: Exercise, nutrition and immune function. Sports Med 2003.
8) Green KJ et al.: Exercise and T-lymphocyte function: a comparison of proliferation in PBMC and NK cell-depleted PBMC culture. J Appl Physiol 92, 2390-2395, 2002.
9) Helenius IJ et al.: Asthma and increased bronchial responsiveness in elite athletes: Atopy and sport event as risk factors. J Allergy Clin Immunol 101, 646-652, 1998.
10) Imai T et al.: Effect of weight loss on T-cell receptor-mediated T-cell function in athletes. Med Sci Sports Exerc 34, 245-250, 2002.
11) Mucci PF et al.: Interleukin 1-beta, -8, and histamine increases in highly trained, exercising athletes. Med Sci Sports Exerc 32, 1094-1100, 2000.
12) Nieman DC, Nehlsen-Cannarella SL: The effects of acute and chronic exercise on immunogloblins. Sports Med 11, 183-201, 1991.
13) Nieman DC: Exercise, upper respiratory tract infection, and immune system. Med Sci Sports Exerc 26, 128-139, 1994.
14) Nieman DC et al.: Carbohydrate ingestion influences skeletal muscle cytokine mRNA and plasma cytokine levels after a 3-h run. J Appl Physiol 94, 1917-1925, 2003.
15) 野坂和則：筋損傷, 筋肉痛と筋の適応, 身体トレーニング, 168-175, 真興交易医書出版部, 2009.
16) Pedersen BK et al.: Recovery of the immune system after exercise. Acta Physiol Scand 162, 325-332, 1998.
17) Pedersen BK et al.: Muscle as an endocrine organ: focus on muscle-derived interleukin-6. Physiol Rev 88, 1376-1406, 2008.
18) Phillips RA: The relationship between proinflammatory mediators and heat stress induced rhabdomyolysis in exercising marines. Crit Care Nurs Clin North Am 15, 163-170, 2003.
19) Quadrilatero J, Hoffman-Goetz L: Physical activity and colon cancer. A systematic review of potential mechanisms. J Sports Med Phys Fitness 43: 121-138, 2003.
20) Ronsen O et al.: Recovery time affects immunoendocrine responses to a second bout of endurance exercise. Am J Physiol 283, C1612-1620, 2002.
21) Shinkai S, Kohno H, Kimura T et al.: Physical activity and immune senescence in men. Med Sci Sports Exerc 27: 1516-1526, 1995.
22) Smith LL: Cytokine hypothesis of overtraining: a physiological adaptation to excessive stress? Med Sci Sports Exerc 32, 317-331, 2000.
23) 鈴井正敏：NK細胞機能, 新運動生理学（上巻）, 341-349, 真興交易医書出版部, 2001.
24) 鈴木克彦：サイトカイン, 身体トレーニング, 210-216, 真興交易医書出版部, 2009.
25) 長澤純一編：体力とは何か—運動処方のその前に—, 127-132, ナップ, 2007.
26) Suzuki K et al.: Exhaustive exercise and type-1/type-2 cytokine balance in special focus on interleukin-12 p40/p70. Exerc Immunol Rev 9, 48-57, 2003.
27) 鈴木克彦：運動と免疫, 日本補完代替医療学会誌 1, 31-40, 2004.
28) 矢野博己：メカニズムをさぐるIIマクロファージ：特集/運動は免疫能を高めるか？, 臨床スポーツ医学 19, 1297-1302, 2002.

[II. スポーツ現場に生かす運動生化学]

9章 スポーツ選手の筋疲労と生化学的指標

キーワード：CK, LDH, ミオグロビン

1. 筋疲労について

　短時間の激運動や持久的運動を行うと筋が強く収縮出来なくなったり，運動を継続できなくなったりすることがある．このような状態を筋疲労と呼ぶ．

　図9-1[6]は母子内転筋に最大の随意収縮を1秒に1回の頻度で行わせるとともに，5回に1回の割合で電気刺激を与え，最大収縮を行わせた実験である．随意収縮による張力は回数が増すに従い低下している．また，電気刺激による張力は随意収縮による張力を20％以上も上回っている．電気刺激は中枢神経の抑制や興奮水準とは無関係に筋の生理的限界を反映するため，筋そのものの疲労を反映し，逆に随意的な筋収縮による筋力の低下は中枢性の疲労を示すものと考えられる．このように筋疲労には中枢性の疲労と末梢性の疲労に分類することができる．

　図9-2[13]は異なった運動強度における自転車エルゴメータによる運動を行った場合の筋グリコーゲンの減少速度を示した実験である．最大酸素摂取量（$\dot{V}O_2max$）の120％強度で運動を行った場合，ほんの数分で疲労困憊に至り，約30μmol/gのグリコーゲンが減少している．90％ $\dot{V}O_2max$では約25分で疲労困憊に至り，筋グリコーゲンは約35μmol/gの減少が見られた．これに対し75％ $\dot{V}O_2max$の運動では，約90分運動を継続することができ，疲労困憊時に筋グリコーゲンがほぼ枯

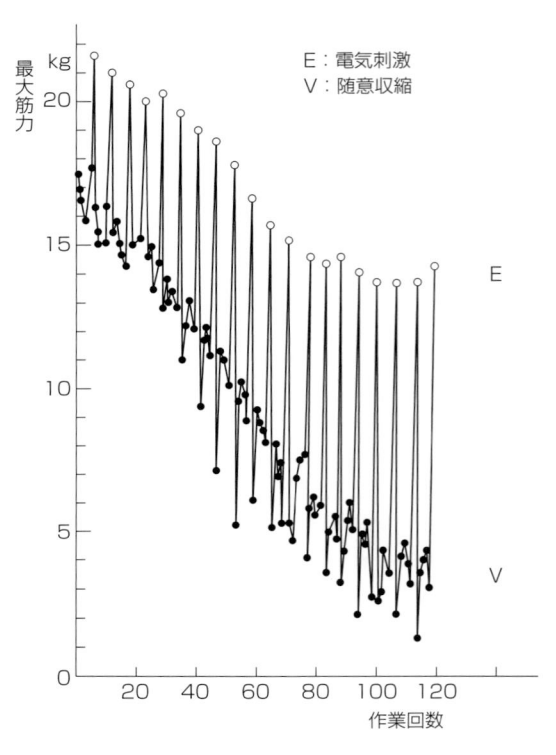

図9-1　随意収縮と電気刺激による最大筋力の疲労曲線.
（猪飼道夫，矢部京之助：筋肉と疲労の研究（1）（2）．体育の科学　17：108-113, 166-172, 1967）

渇した状態になっている．このように同じ自転車運動を行っても運動強度が異なると疲労困憊時の筋グリコーゲン含量に違いが見られ，中等度強度の運動ではエネルギー源である筋グリコーゲンの枯渇が筋疲労をもたらすのに対し，高強度の運動

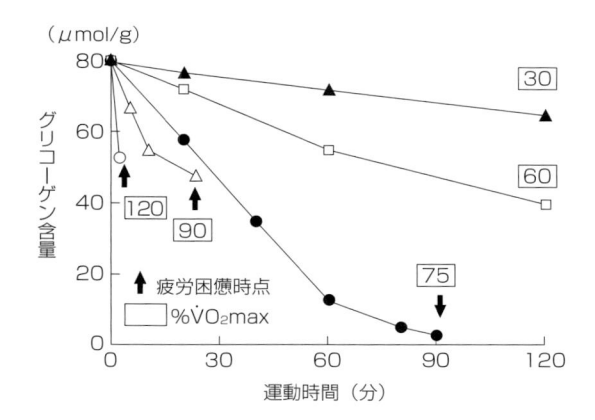

図9-2 運動に伴う筋グリコーゲン含量の変化.
(Saltin B. and J. Karlsson：Muscle glycogen utilization during work of different intensities. In：Muscle metabolism during exercise. Eds：Pernow, B. and Saltin, B. Plenum Press 289-299, 1971より一部改変)

では筋グリコーゲンはほとんど利用されず，エネルギー源の枯渇以外の原因により筋疲労がもたらされるものと考えられる．運動時の直接のエネルギー源はATPである．骨格筋にはATPはわずかしか存在しないため，運動中にATPが再合成される．短時間の激しい運動中では，酸素が十分取り入れることが出来ないため，乳酸が生成され，筋内のpHが低下し，無機リン酸の濃度が上昇する．また持久的な運動においては運動時のATPの再合成は主に有酸素的なエネルギー代謝に依存し，運動継続とともに筋グリコーゲンが消耗し，運動が継続できなくなる．したがって，短時間の激運動では，エネルギー源の消耗が筋疲労の原因ではなく，むしろ，骨格筋における乳酸の蓄積による筋内pHの低下や，無機リン酸の増大などが筋疲労の原因であると考えられる．これに対し，中等度の持久的運動ではエネルギー源である筋グリコーゲンの消耗が筋疲労と関係しているようである．

この他にも筋疲労の原因としては，運動神経の興奮性の低下，神経・筋接合部におけるアセチルコリンを介した伝達機能の低下などが考えられる．しかし，その原因は必ずしも明確ではない．

また，筋疲労の判定は，筋疲労の原因との関係から，筋力の低下，筋運動の持続時間の低下，筋電図における周波数の低下，筋pHの低下や血中酸素飽和度の低下などから行われている．

2. 筋疲労と血中CK，LDHおよびミオグロビンの変動

筋疲労を伴うような激しい運動を行った場合には通常血液中にはほとんど存在しないCK（Creatine Kinase），LDH（Lactate Dehydrogenase），ミオグロビンなどが運動後上昇することが知られている．そのメカニズムとしては，筋細胞膜の透過性の増大や筋細胞の損傷などが考えられる．したがって，筋疲労の判定法として運動後の血中CK，LDHやミオグロビンレベルの変動が用いられることがある．

図9-3[16]はマラソン歴4〜10年の健康な中高年を対象に，マラソン大会前後の血中CK，LDH，ミオグロビンレベルの変化を示したものである．ミオグロビンは運動終了直後から60分後に増加し，終了2日目には前値に回復している．CKは運動の翌日から2日後に最高値に達し，3日目においても高値であった．LDHは競技終了後から漸増し，7日目においても高値を示すものが多かった．このように，それぞれの測定項目により，運動後の変動に違いが見られるが，これは分子量や細胞内局在の違いによるものと考えられる．

また，CK，LDHやミオグロビンの血中レベルは心筋梗塞の発作などによっても増加することから，運動後にCK，LDHやミオグロビンの血中レベルの上昇が見られた時には，筋疲労によるものだけでなく，心筋梗塞などの可能性を考える必要がある．また，毎日運動する選手においては血中CKが常に高いレベルにあることが知られているが[8]，運動だけでなく筋ジストロフィーなど筋疾患の可能性のあることを忘れてはならない．

ところで，CKやLDHはアイソザイムを持ち，それぞれのアイソザイムは存在する組織が異なる．例えばCK-MMは骨格筋に，CK-MBは心筋に存在することから，アイソザイムレベルの変動

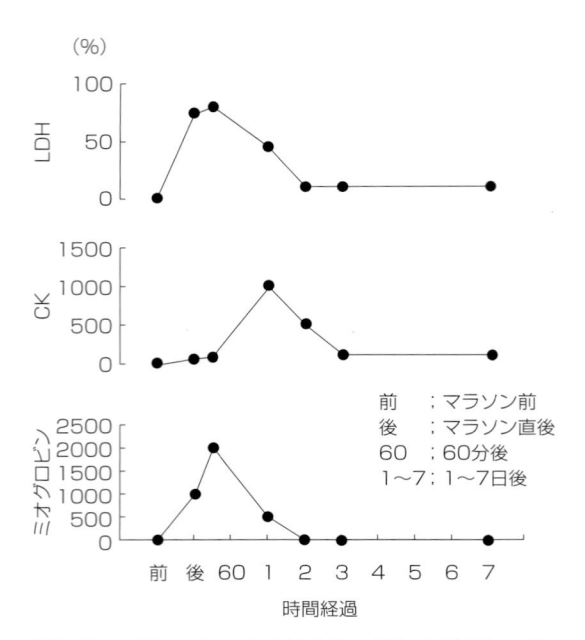

図9-3 マラソンレースの後の血中CK，LDHおよびミオグロビン（Mb）レベルの変動率（%）．（鈴木政登他：ジョギング愛好者のフルマラソン後の血液・尿成分の変化，臨床スポーツ医学17（7）：813-820，1990より一部改変）

を測定することにより，運動と他の疾患とを区別したり，主にどの組織の損傷であるかを推測したりすることができる．

(1) CK

CKはATPとクレアチンとの間の高エネルギーリン酸の転換を可逆的に触媒する酵素であり，骨格筋，心筋，平滑筋，脳や神経に多量に存在する．

$$\text{クレアチン} + \text{ATP} \overset{\text{CK}}{\Longleftrightarrow} \text{クレアチンリン酸} + \text{ADP}$$

CKは分子量約8万（82kDa）で，Mサブユニット（筋型）とBサブユニット（脳型）の2つのサブユニットからなる二量体である．CK-MM，CK-BBとCK-MBの3種類のアイソザイムがあり，CK-MMは骨格筋に，CK-BBは主に脳に存在し，CK-MBは混合型として心筋に存在する．これ以外にミトコンドリア内にmitochondrial creatine kinase (m-CK)としても存在している．心筋梗塞，筋ジストロフィー症，甲状腺機能低下症などの場合は血中CKレベルは上昇する[18]．

血中CKレベルの基準値としては62〜287 IU/Lが示されているが，測定方法，年齢や性によっても若干異なる．それぞれのアイソザイムの比率を測定するには電気泳動が用いられ，正常値としてはCK-MMが94%以上，CK-MBが5%以下，CK-BBが1%以下となっている．

(2) LDH

LDHは乳酸とピルビン酸の酸化還元を触媒する酵素であり，心筋，赤血球，肝臓，腎臓などに多く含まれ，骨格筋にも存在する．

$$\text{乳酸} \overset{\text{LDH}}{\Longleftrightarrow} \text{ピルビン酸}$$
$$\text{NAD}^+ \qquad\qquad \text{NADH} + \text{H}^+$$

LDHは分子量約13.5万（140kDa）で，H型（心筋型）およびM型（骨格筋型）の2つのサブユニットからなる四量体である．LDH1〜5の5種類のアイソザイムに分類され，LDH1，2は心筋，赤血球，腎臓に，LDH2，3，4は白血球，リンパ球や肺に多く含まれ，LDH5は肝臓や骨格筋に多く含まれる．血中LDHが高値を示す場合は，急性肝炎や慢性肝炎，急性心筋梗塞，筋ジストロフィーなどが考えられる．

正常値としては120〜240 IU/Lが示されている．またLDHにはアイソザイムが存在し，それぞれの比率は電気泳動法により測定される．正常値としてはLDH1は19〜31%，LDH2は30〜38%，LDH3は21〜27%，LDH4は6〜12%，LDH5は4〜13%という値が示されている．

(3) ミオグロビン

ミオグロビンは骨格筋や心筋に存在し，血液中のヘモグロビンから酸素を受け取り，ミトコンドリアへ酸素を運搬する役割や酸素を貯蔵する働きをしている．ミオグロビンは分子量約17,500（17.5kDa）で，鉄を含むヘムとたんぱく質であるグロビンからなる．ミオグロビンは骨格筋や心筋

に存在し，有酸素的な代謝に優れた赤筋や心筋に多量に存在する．ヘモグロビンはミオグロビンと極めて似たサブユニットが4個集まった4量体からなるが，ミオグロビンは単量体で存在し，ヘモグロビンより酸素親和性が高いため，血液から骨格筋への酸素のやりとりが行われる．急性心筋梗塞，筋ジストロフィーや多発性筋炎などの場合には血中ミオグロビン濃度が増加する．

血中ミオグロビンは酵素免疫法（EIA；Enzyme Immunoassay），免疫比濁法や放射免疫測定法（Radioimmunoassay）などにより測定される．正常値は60ng/mL以下である．

3．運動と血中CKレベルの変動

運動後の血中CKレベルは運動の強度や運動時間，あるいは運動の様式などによって異なってくる．

高強度のレジスタンス運動を行った場合には，運動終了後8時間で血中CKレベルは安静値の2倍以上の上昇が見られている[4]．一方，マラソンのような持久的運動では運動終了後から上昇し，運動の翌日か2日後にピークに達する．また運動時間が長くなるに従い血中CKは上昇することが報告されている．

筋収縮の様式には筋が短縮しながら収縮するコンセントリックな収縮と筋が引き伸ばされながら収縮するエキセントリックな収縮がある．坂道を下る，階段を下るなどエキセントリックな筋収縮を伴う運動では，筋負荷が筋発揮張力を上回るため，コンセントリックな運動よりも血中CKのレベルが高くなる．

同じ強度の運動を行った場合には鍛錬者の方が非鍛錬者よりもCK上昇の程度が低くなる[19]．また，同一人でも期間をあけて同じ運動をした場合には，2回目の運動後のCKの上昇の少なかったことが報告されている[5]．

運動強度の違いにより運動後のCKレベルは異なる．図9-4[17] は40％ $\dot{V}O_2max$，60％ $\dot{V}O_2max$ および100％ $\dot{V}O_2max$ 強度のトレッドミル走を負荷した場合の血中CKレベルの変動を見たもので，運動強度が高いほどCK活性値が上昇することが分かる．また持久的運動においては運動時間が長くなるに従い血中CKは上昇することが報告されている．

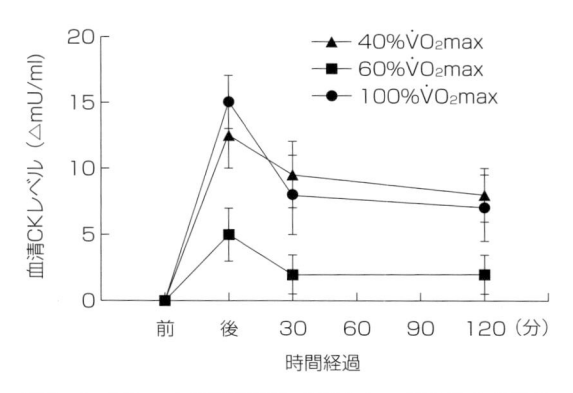

図9-4 異なった運動強度によるトレッドミル走行後の血清CKレベルの変動．
（鈴木政登：運動と血清酵素．体力科学 51（5）：407-422, 2002より一部改変）

4．筋疲労と筋肉痛・筋損傷

筋疲労を伴うような激しい運動を行うと，血液中にCK，LDHやミオグロビンなどの物質が上昇するだけでなく筋肉痛を引き起こすことがある．運動後数時間から発現し，1～3日後にピークになる筋肉痛を遅発性筋肉痛（Delayed Onset of Muscle Sorness；DOMS）という．DOMSの原因としては，乳酸説，筋痙攣説，筋温上昇説，筋損傷説などがあげられているが必ずしも明らかではない．

一般的に筋肉痛の程度は100mm（あるいは50mm）の直線の一方を「痛みがまったくない」とし，他方は「もっとも痛みを感じる」として，数字や言葉で痛みを示すVAS法（Visual Analog Scale）が用いられている．

DOMSはレジスタンス運動や持久的な運動によっても起こるが，特にエキセントリックな筋収縮を伴う運動を行った場合に発現する．図9-5[10]

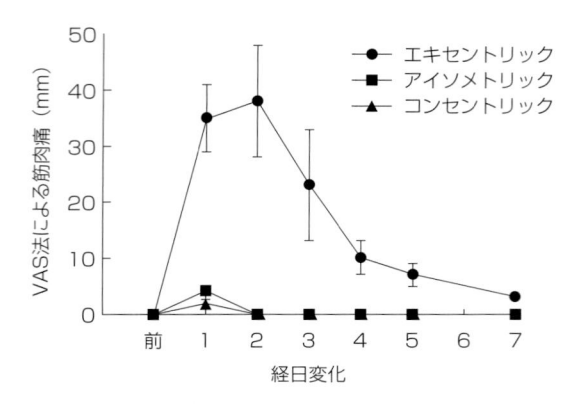

図9-5 上腕屈筋群のエキセントリック，アイソメトリックおよびコンセントリック運動に伴う筋肉痛の変化．
（野坂和則：遅発性筋痛の病態生理学．理学療法 18（5）：476-484, 2001より一部改変）

は上腕筋群を用いアイソメトリック，コンセントリックおよびエキセントリックの各運動を10回3セット最大張力で行わせた場合のVAS法による筋肉痛の程度を見たものである．エキセントリックな筋収縮では翌日および2日後に極めて高いDOMSを示しているが，アイソメトリックやコンセントリックではDOMSはほとんど見られない．

また，同じ運動を数日間隔おいて行うと，2回目の運動後のDOMSは低下する．図9-6は上腕における50回2セットの最大エキセントリック運動を6日間の間隔を置いて行わせた時のDOMSと血中CKレベルの変動を示している．2回目の運動後にはDOMSおよび血中CKレベルは増加しなかった[5]．また，鍛錬者と非鍛錬者に同じ運動を負荷すると，非鍛錬者に比較し鍛錬者ではDOMSや血中CKレベルはあまり上昇しない[19]．

図9-7[9]は上腕のエキセントリック運動後の筋肉痛と血中CKの変動を示したものである．筋肉痛は運動後2日目にピークを示しているが，血中CKは4日後にピークを示している．また，エキセントリックな最大筋運動を12回行った場合と24回行った場合では，筋肉痛に差は見られないものの，運動後の血中CKレベルは24回筋運動を行った方が大きい（図9-8[11]）．このように筋肉

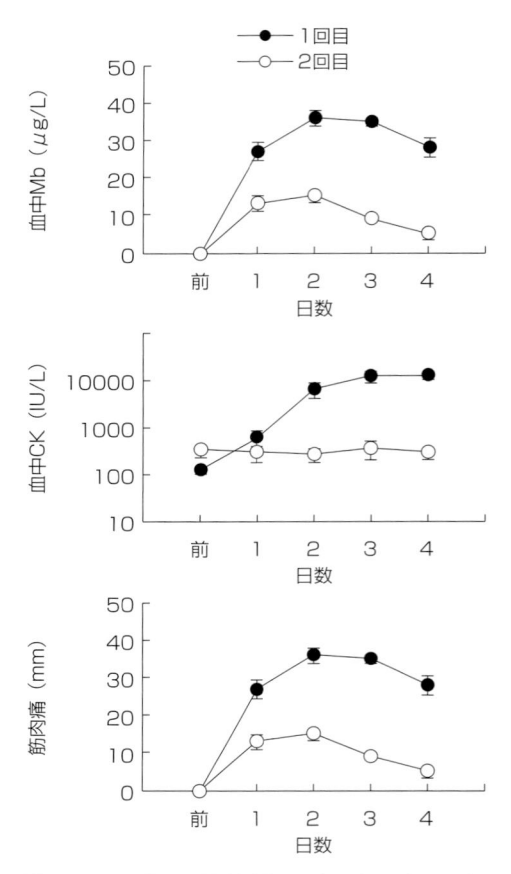

図9-6 6日間の間隔を置いて行ったエキセントリック運動後の筋肉痛および血中CK，ミオグロビンレベルの変動
（Hyatt JP, and PM Clarkson：Creatine kinase release and clearance using MM variants following repeated bouts of eccentric exercise. Med Sci Sports Exerc. 30（7）：1059-1065, 1998より一部改変）

痛とCKレベルの変化には時間経過や大きさが異なることから，筋肉痛は必ずしも筋損傷だけで説明することができない．

5．筋疲労を低減する栄養・食事

筋疲労や筋肉痛あるいは筋損傷を軽減する方法や回復を早める方法については数多くの検討がなされている．ウォーミングアップ，クーリングダウン，ストレッチング，マッサージ，アイシング

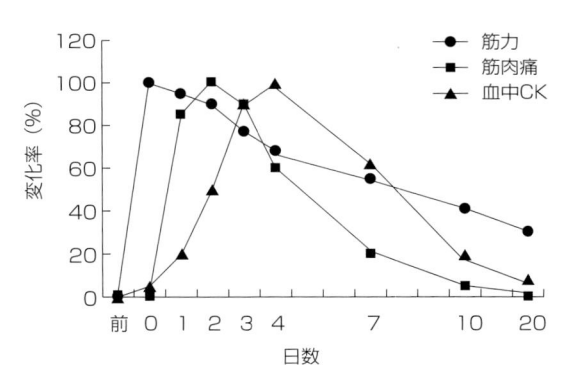

図9-7 上腕屈筋群エキセントリック運動に伴う筋肉痛と血中CKレベルの経日的変化.
(野坂和則：遅発性筋痛. 臨床スポーツ医学 17 (6)：655-663, 2000より一部改変)

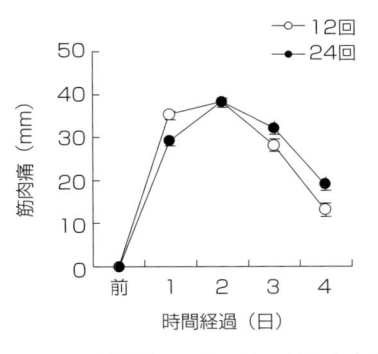

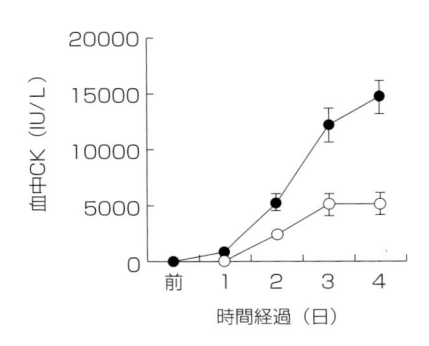

図9-8 筋運動の回数の違いが筋肉痛および血中CKに及ぼす影響.
(Nosaka K, M Newton and P Sacco：Delayed-onset muscle soreness does not reflect the magnitude of eccentric exercise-induced muscle damage. Scand J Med Sci Sports. 12 (6): 337-346, 2002より一部改変)

あるいは温熱療法が主なもので，効果があるという報告や効果がないという報告があり，必ずしも一定の結果は得られていない．

また，近年栄養補給の観点から筋疲労の予防や回復促進に関する報告がいくつかなされている．

筋疲労の原因の1つとしてエネルギー源である筋グリコーゲンの枯渇があげられる．したがって，筋疲労を遅らせるためには，運動前にあらかじめ筋グリコーゲン含量を高めておくことや，運動時に糖質を補給することにより筋疲労を遅らせることができると考えられる．運動前に筋グリコーゲン含量を高める方法としてはグリコーゲンローディングという食事法がある．レース1週間前から3日間は糖質をやや抑えた食事をし，最後の3日間に高糖質食を摂取するというもので，glycogen supercompensation（グリコーゲン超回復）という現象を利用した食事法である．運動前の筋グリコーゲンを高めておくことにより疲労の発現が遅延し，パフォーマンスの増大が認められている（図9-9[1]）．

運動前の筋グリコーゲン含量を増大させる方法とは別に，運動前や運動中にエネルギー源を補給し，筋グリコーゲン利用の節約をはかる方法がある．しかし，運動直前に糖質を摂取すると，血中のインスリンレベルが上昇し，運動開始時点ではインスリンの感受性が増大するため，低血糖を引き起こし，逆にパフォーマンスの低下を導く可能性がある．したがって，運動前に栄養補給をする場合は，競技までの時間を配慮するだけではなく，血糖値を出来るだけ上げないようグリセミックイ

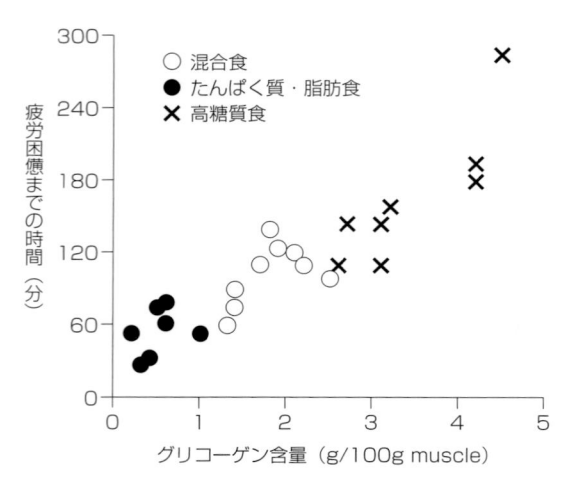

図9-9 運動前の筋グリコーゲン含量と持久力の関係.
(Bergström J, L Hermansen, E Hultman and B Saltin : Diet, muscle glycogen and physical performance. Acta Physiol. Scand. 71 : 140-150, 1967より一部改変)

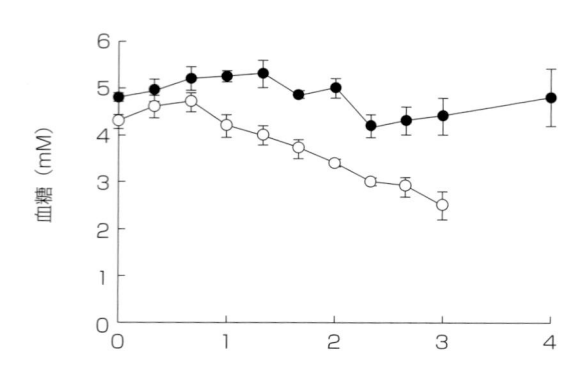

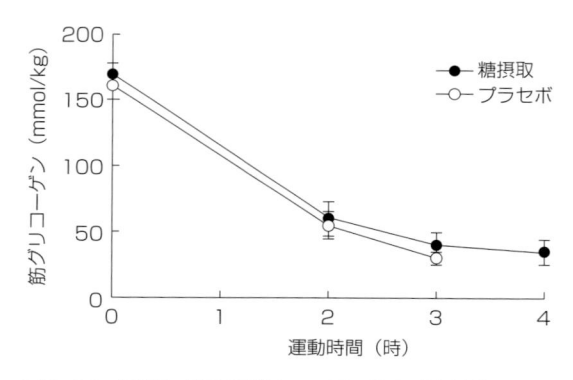

図9-10 運動に伴う筋グリコーゲンおよび血糖値の変動.
(Coggan, A.R. & E.F. Coyle : Carbohydrate ingestion during prolonged exercise : effects on metabolism and performance. Exercise Sports Science Review 19 : 1-40, 1991より一部改変)

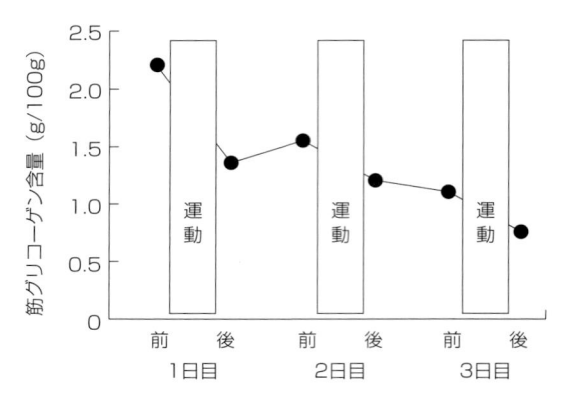

図9-11 運動に伴う筋グリコーゲンの変化.
(Costill, D.L., R. Bowers, G. Branam, and K. Sparks : Muscle glycogen utilization during prolonged exercise on successive days. J. Appl. Physiol. 31 (6): 834-838, 1971より一部改変)

ンデックス（glycemic index；GI）の比較的低い糖質を摂取するように心がける必要がある．

　持久的な運動時には水分補給に加えてエネルギー源の補給も行われる．図9-10[2]は自転車エルゴメータでの走行中に15分おきに糖質を摂取した実験である．グリコーゲン含量はプラセボを摂取した場合と同様に減少し，3時間で枯渇しているが，プラセボの場合3時間で疲労困憊に達したのに対し，糖を摂取した場合はさらに1時間の自転車運動を継続することができた．これは，プラセボの場合，運動後半で低血糖をきたしたのに対し，糖を摂取した場合は低血糖が発現せず，中枢性の疲労を防ぐことができたため，パフォーマンスの増加がもたらされたものと考えられる．

　運動後に疲労を回復するためには，できるだけ速やかに糖質を補給しグリコーゲン含量を回復する必要がある．Ivyら[7]は，運動直後と運動2時間後に糖質の補給をし，運動2時間後より運動直後の方が筋グリコーゲンの回復が速く，グリコーゲン含量も高くなることを報告している．したがって，サッカーやラグビーのような前半，後半の間にハーフタイムのある種目や，午前と午後に競技のある種目などの場合は，最初の競技の終了後できるだけ速やかに糖質の補給をするべきであ

9章 スポーツ選手の筋疲労と生化学的指標　97

ミオグロビンレベル，DOMSについて検討した研究である．アミノ酸を摂取した場合のほうがCKレベルやDOMSが低く，アミノ酸摂取により筋損傷や筋肉痛を抑制することができるものと考えられる．また，持久的運動における乳酸閾値を測定した研究では，アミノ酸摂取により，乳酸閾値が高くなり，持久的運動能力が増大することも報告されている．

レジスタンス運動においてもアミノ酸摂取は筋疲労を低減する効果がある．スクワット運動を実施する前にバリン，ロイシン，イソロイシンという分岐鎖アミノ酸（BCAA；branched-chain amino acid）を摂取した場合において，運動後のDOMSおよび疲労感が有意に減少することが報告されている[14]．アミノ酸による筋疲労，筋損傷，DOMSの低下は分岐鎖アミノ酸だけではなく，ミルクペプチド[15]や大豆ペプチドを摂取した場合にも同様な効果のあることが報告されている．

まとめ

日常行わないような運動を行うと筋肉痛を発現するが，そのメカニズムは現在においても明らかにはされていない．一方，筋運動を行うと白血球や血中サイトカインレベルなどの免疫系の変動があり，筋肉痛や筋損傷のメカニズム解明との関係で研究が進められている．また，糖質やたんぱく質の栄養補給は筋肉痛や筋損傷を低減し，回復を促進すると同時に，免疫系にも効果が認められるという報告がなされている．筋疲労に関する研究は従来のエネルギー源の枯渇や代謝産物の蓄積といった方向のみでなく，免疫系や栄養補給といった観点からも今後は検討されていくものと考えられる．

[中谷　昭]

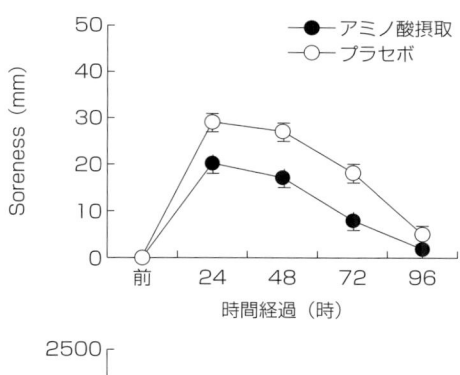

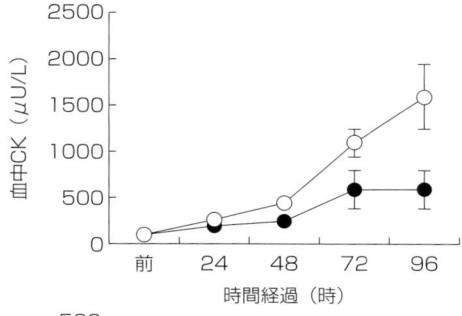

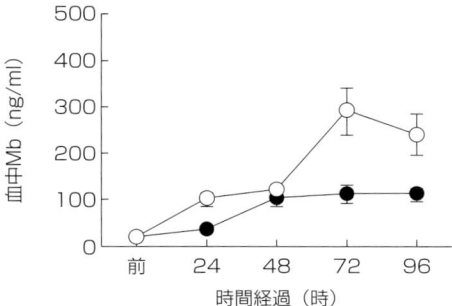

図9-12　アミノ酸摂取が最大アイソメトリック運動後の筋肉痛，血中CKおよびMbレベルに及ぼす影響．
(Nosaka K, P Sacco, and K Mawatari : Effects of amino acid supplementation on muscle soreness and damage. 16（6）: 620-635 2006より一部改変)

る．また，毎日続けて運動する場合も，筋グリコーゲンを十分に補給しないと数日後には筋グリコーゲンの低下が見られ，疲労の発現が早まると考えられる．（図9-11[3]）

近年，筋疲労におよぼすアミノ酸の効果に関する研究が盛んに行われている．図9-12[12]は12のアミノ酸からなる栄養補給を運動前，運動中および回復期に行った場合の持久的運動後の血中CK，

[文　献]

1) Bergström J, Hermansen L, Hultman E, Saltin B: Diet, muscle glycogen and physical performance. Acta Physiol Scand 71: 140-150, 1967.
2) Coggan, A.R., Coyle E.F.: Carbohydrate inges-

tion during prolonged exercise: effects on metabolism and performance. Exercise Sports Science Review 19: 1-40, 1991.
3) Costill, D.L, Bowers R, Branam G, Sparks K: Muscle glycogen utilization during prolonged exercise on successive days. J Appl Physiol 31 (6): 834-838, 1971.
4) Hurley BF, Redmond RA, Pratley RE, Treuth MS, Rogers MA, Goldberg AP: Effects of strength training on muscle hypertrophy and muscle cell disruption in older men. Int J Sports Med 16 (6): 378-384, 1995.
5) Hyatt JP, Clarkson PM: Creatine kinase release and clearance using MM variants following repeated bouts of eccentric exercise. Med Sci Sports Exerc 30 (7): 1059-1065, 1998.
6) 猪飼道夫，矢部京之助：筋肉と疲労の研究．体育の科学 7：108-113, 166-172, 1967.
7) Ivy JL, Katz AL, Cutler CL, Sherman WM, Coyle EF: Muscle glycogen synthesis after exercise: effect of time of carbohydrate ingestion. J Appl Physiol 64 (4): 1480-1485, 1988.
8) Kratz A, Lewandrowski KB, Siegel AJ, Chun KY, Flood JG, Van Cott EM, Lee-Lewandrowski E: Effect of marathon running on hematologic and biochemical laboratory parameters, including cardiac markers. Am J Clin Pathol 118 (6): 856-863, 2002.
9) 野坂和則：遅発性筋痛．臨床スポーツ医学 17 (6)：655-663, 2000.
10) 野坂和則：遅発性筋痛の病態生理学．理学療法 18 (5)：476-484, 2001.
11) Nosaka K, Newton M, Sacco P: Delayed-onset muscle soreness does not reflect the magnitude of eccentric exercise-induced muscle damage. Scand J Med Sci Sports 12 (6): 337-346, 2002.
12) Nosaka K, Sacco P, Mawatari K: Effects of amino acid supplementation on muscle soreness and damage. Int J Sport Nutr Exer Metab 16 (6): 620-635, 2006.
13) Saltin B, Karlsson J: Muscle glycogen utilization during work of different intensities. In: Muscle metabolism during exercise. Eds: Pernow, B, Saltin, B. Plenum Press 289-299, 1971.
14) 佐藤寿一，山本祐子，濱田広一郎，下村吉治：筋肉痛および筋疲労感に対する分枝鎖アミノ酸飲料の効果．臨床スポーツ医学 22 (7)；837-839, 2005.
15) 佐藤真葵：遅発性筋肉痛を緩和するミルクペプチド．体育の科学 56 (9)：701-704, 2006.
16) 鈴木政登，飯島好子，塩田正俊，松原 茂，井川幸雄，町田勝彦：ジョギング愛好者のフルマラソン後の血液・尿成分の変化 臨床スポーツ医学 17 (7)：813-820, 1990.
17) 鈴木政登：運動と血清酵素．体力科学 51 (5)：407-422, 2002.
18) 高木 康，安原 努，五味邦英：クレアチンキナーゼ（CK）．臨床病理 116：52-61, 2001.
19) Vincent HK, Vincent KR: The effect of training status on the serum creatine kinase response, soreness and muscle function following resistance exercise. Int J Sports Med 18 (6): 431-437, 1997.

[II. スポーツ現場に生かす運動生化学]

10章 運動時の糖・脂質代謝と生化学的指標

キーワード：血糖値，筋グリコーゲン，血中FFA

　我々は食事から摂取した糖質や脂質を身体内に貯蔵して，必要な際にそれらをエネルギー源として利用している．脂質に比べて糖質を代謝すると素早くエネルギーを生成できるので，脳など代謝レベルが高い細胞では糖質は必須のエネルギー源である．しかし，わずか1日の絶食によって血糖値が低下してしまうことからわかるように，身体に蓄えられている糖質量は非常に少ない．それがないと生きられないほど重要であり，かつ，その量が少ないのが糖質である．一方，我々の身体には大量の脂質が体脂肪として貯蔵されている．

　激しい運動を行うと活動筋において糖質利用が劇的に増加する．これは，生体にとっては非常に大きなストレスである．しかし，そのストレスをなるべく軽減すべく，運動した後に適切な糖質摂取を行えば，次回の運動に備えて身体内の糖質貯蔵量には超回復が生じる．また，毎日のトレーニングの繰り返しによって生体は貴重なエネルギー源である糖質を節約するために脂質を優先的に利用するようになる．このように，糖・脂質代謝という観点から身体運動を眺めると，運動に対する多くの適応反応が身体内の糖質貯蔵量増加と脂質優先利用をもたらすためのものであることに気付く．本章では，以上の概略についてより具体的に，また，スポーツ場面と関連付けて解説する．

1. 運動中の骨格筋におけるエネルギー源

　高エネルギーリン酸化合物であるATPから無機リン酸（Pi）が遊離するとエネルギーが生じる．このエネルギーによって筋収縮が行われる．しかし，筋細胞内に蓄えられているATPの量は非常に少なく，運動を持続させるためには骨格筋は常にATPを再合成しなければならない．ATP再合成のためのエネルギー源を得るために，筋では糖質や脂質を代謝している．ここでは，運動時の筋における糖質および脂質利用のしくみについて述べる．

(1) 骨格筋におけるエネルギー源としての糖質

　骨格筋にはグリコーゲンと呼ばれる顆粒状の物質として糖質が蓄えられている．筋小胞体から放出されるカルシウムイオンをシグナルとして筋収縮が生じるが，このカルシウムイオンは筋グリコーゲンの分解を引き起こすシグナルでもある．グリコーゲンが分解されて生じたグルコース6リン酸は解糖系ならびにミトコンドリア内で代謝され，その過程で生じるエネルギーによって筋収縮に必要なATPが再合成される（図10-1）．

　また，運動を行うと交感神経活動が活発化し，副腎からはアドレナリンが分泌される．このアドレナリンによって肝臓に貯蔵されているグリコーゲンが分解されてグルコースとして血液中に放出

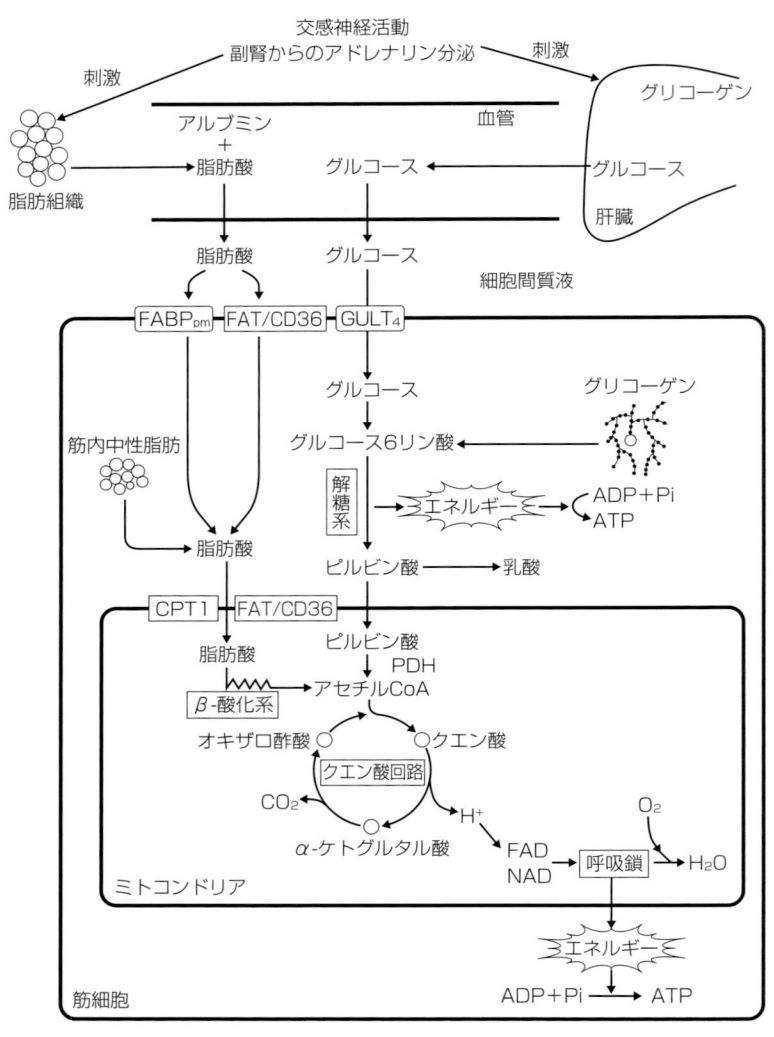

図10-1 骨格筋における糖・脂質利用のしくみ.

される．運動中，骨格筋は筋グリコーゲンを分解するとともに，GLUT4と呼ばれる糖輸送担体を動員して血中グルコースを取り込み，これを解糖系ならびにミトコンドリアで代謝することによってもATPを再合成している（図10-1）．ちなみにGLUT4は安静時には筋細胞内部に存在している．しかし，運動中には筋収縮にともなう細胞内エネルギー状態の低下（ATPやCrPの減少，AMPの増加）とそれによるAMP依存性プロテインキナーゼ（AMPK）の活性化，あるいは，筋小胞体からのカルシウムイオン放出とそれによるカルモデュリンキナーゼ（CaMK）の活性化などを合図にGLUT4はT管や筋細胞膜表面へトランスロケーションされる．これが，運動による活動筋の血中グルコース取り込み亢進のメカニズムである（Jessen and Goodyear 2005，図10-2）．

（2）骨格筋におけるエネルギー源としての脂質

皮下や内臓周囲に存在する脂肪組織に中性脂肪が蓄えられている．運動中，交感神経刺激や副腎

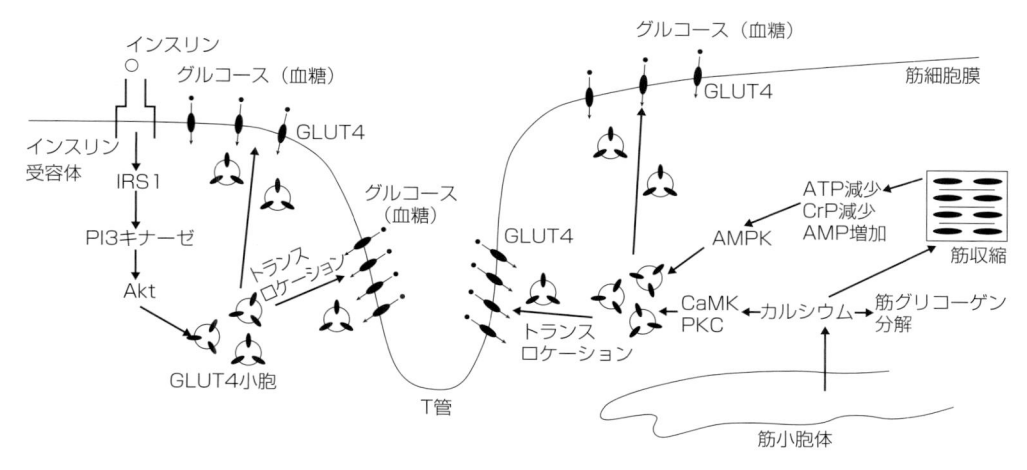

図10-2 骨格筋における血糖取り込みのしくみ．
インスリンと筋収縮は異なる情報伝達経路を介して，普段，細胞内部に存在するGLUT4をT管や細胞膜の表面へトランスロケーションさせることにより血糖取り込みを促進させる．

から分泌されたアドレナリンによって脂肪組織が刺激されると，蓄えられている中性脂肪が分解され，血液中に脂肪酸が放出される（図10-1）．血液中の脂肪酸はアルブミンと結合しているが，アルブミンから遊離して筋細胞間質液中に入る（図10-1）．細胞間質液中の脂肪酸は，従来，脂質二重膜である筋線維膜を拡散によって通過できると考えられていた．しかし，近年，筋収縮によって，普段，細胞内部に存在するfatty acid binding protein（FABPpm）やfatty acid translocase（FAT/CD36）と呼ばれる脂肪酸輸送担体が筋細胞膜上へトランスロケーションされることが報告されており，これらの働きを介して脂肪酸は筋細胞中に取り込まれるようだ（Holloway et al. 2008，図10-1）．筋細胞内に取り込まれた脂肪酸はcarnitine palmityltransferase-1（CPT-1）の働きを介してミトコンドリア膜を通過し，その後，β酸化によってアセチルCoAへと代謝され，さらに，糖質と同様にクエン酸回路においてATP再合成のためのエネルギー源として利用される（Holloway et al. 2008，図10-1）．

また，皮下脂肪や内臓脂肪とは別に骨格筋内にも中性脂肪が蓄えられているが，この筋内中性脂肪が分解されて生じた脂肪酸も同様に筋収縮のエネルギー源として用いられる（Holloway et al. 2008，図10-1）．

（3）運動強度と骨格筋のエネルギー源

脂質は糖質に比べてエネルギー密度（重量あたりのエネルギー含量）が高く，体重を増やさずに大量のエネルギーを蓄えるのに適している．ヒトの身体の場合，体重60kgで体脂肪率15％の人でも脂質貯蔵量は80,000kcalに達し，約2カ月分の基礎代謝量に匹敵する．そこで，生体は豊富に蓄えられている体脂肪を普段の日常的な活動のためのエネルギー源として主に利用している．しかし，脂質を代謝するためには糖質よりも多くのステップが必要であり，素早いATP再合成が必要な激しい運動のためのエネルギー源としては適していない．一方，骨格筋や肝臓に蓄えられているグリコーゲンの量は合計しても500g（2000kcal）程度であり，1日のエネルギー消費量を賄うこともできない．しかし，グリコーゲンを分解すると素早くATPを再合成することができるので激しい運動においては不可欠のエネルギー源となる．このように骨格筋は運動強度に応じて糖質ならびに脂質をエネルギー源として使い分けている．

運動強度の上昇にともなって血液中の乳酸レベ

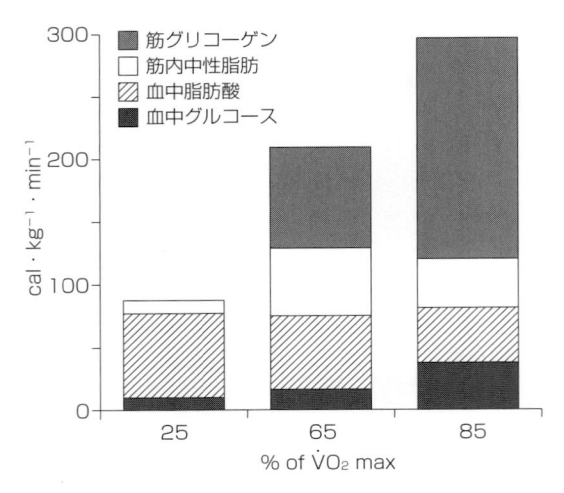

図10-3 異なる強度の運動中における各エネルギー源の利用量.
自転車競技選手を対象に，30分間の自転車運動中における各エネルギー源の利用量を測定した.
(Romijin, JA. et al.: Regulation of endogenous fat and carbohydrate metabolism in relation to exercise intensity and duration. Am J Physiol 265: E380-391, 1993.)

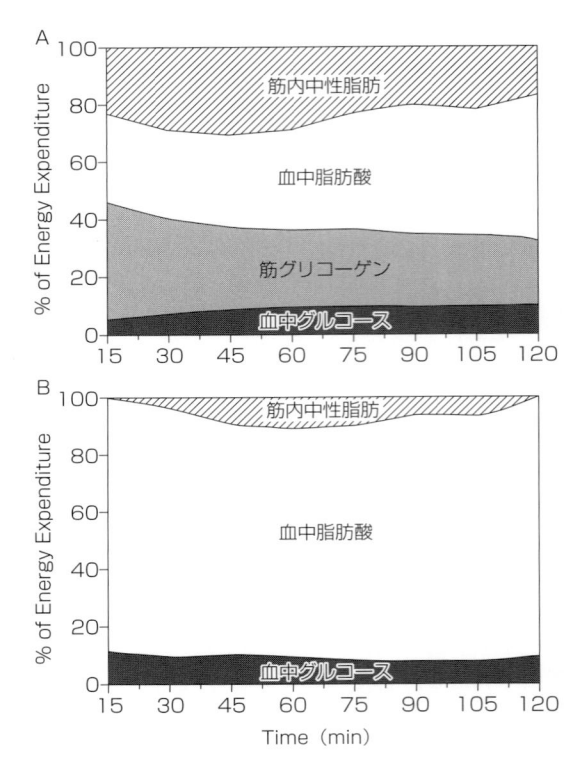

図10-4 同一強度の運動を長時間持続した際における各エネルギー源の利用割合.
自転車競技選手を対象に，65%VO₂max(A)ならびに25%VO₂max(B)の自転車運動を120分間持続した場合における各エネルギー源の利用割合を測定した.
(Romijin, JA. et al.: Regulation of endogenous fat and carbohydrate metabolism in relation to exercise intensity and duration. Am J Physiol 265: E380-391, 1993.)

ルが急上昇を始めるポイントが存在し，これを乳酸性作業閾値（lactate threshold；LT）と呼ぶが，大体，55～65％$\dot{V}O_2$max の強度に相当する．図10-3に示したようにLT未満の25％$\dot{V}O_2$max 強度に相当する運動（例：普通歩行）の場合，骨格筋は脂質，特に皮下や内臓に蓄えられた中性脂肪に由来する血中脂肪酸をエネルギー源として利用する（図10-3，Romijin et al. 1993）．しかし，強度がLT（65％$\dot{V}O_2$max）以上に達すると血液中の脂肪酸利用量はむしろ減少し，糖質，特に筋グリコーゲンの利用量が急激に増加する（図10-3，Romijin et al. 1993）．このような運動強度に応じたエネルギー源使い分けのメカニズムには不明な点が多いが，脂肪酸がミトコンドリア膜を通過するために働いているCPT-1の活性が運動強度の上昇にともなって低下する可能性が示唆されている（Holloway et al. 2008）．

図10-3に示すようにLT強度（65％$\dot{V}O_2$max）の運動の場合，筋グリコーゲンの利用量が全体の3分の1以上を占める（Romijin et al. 1993）．この強度の運動は乳酸が蓄積するわけではないので長時間持続することが可能であり，実際，マラソンを3時間45分程度で走破する市民ランナーはほぼLTレベルでマラソンを走行している．図10-4Aに示すようにLT強度（65％$\dot{V}O_2$max）の運動を持続する場合，運動時間の延長にともなって徐々に筋グリコーゲンの利用割合が減少して，血中脂肪酸の利用割合が増加する（Romijin et al. 1993）．これについては，運動時間の延長にともなって血中脂肪酸レベルが上昇して筋への脂肪酸供給量が増加することがそのメカニズムとして考えられている（Watt et al. 2002）．

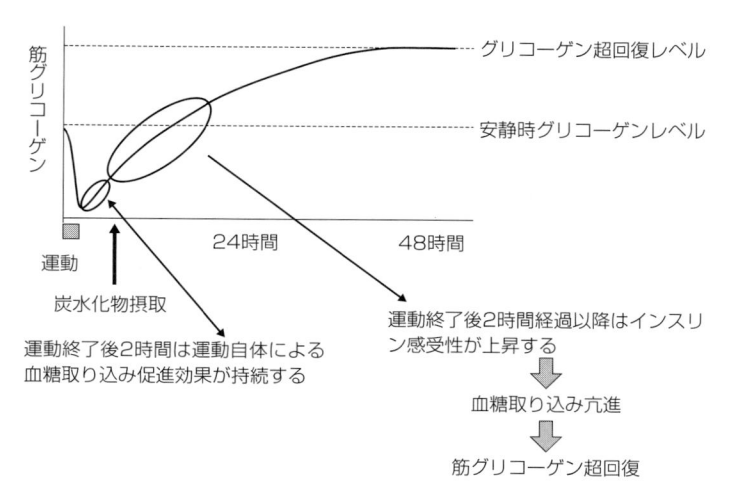

図10-5 運動後の筋グリコーゲン超回復.

(4) 運動後の筋グリコーゲン再合成

　食後，血糖値の上昇にともなって膵臓から分泌されるインスリンが骨格筋に作用すると，普段，細胞内部に存在するGLUT4が細胞膜へトランスロケーションすることによって血糖取り込みが亢進する（図10-2）．これによって，上昇した血糖値はもとのレベルに戻る．一方，前に述べたように，運動すると筋細胞内部に存在するGLUT4が細胞膜へトランスロケーションすることによって血糖取り込みが亢進するが（図10-2），これは筋収縮の働きによるものでインスリンとは無関係である．このインスリン非依存的な筋の血糖取り込みは，運動終了後も2時間程度持続するので，この働きによって筋は運動中に消耗した筋グリコーゲンを急速に回復させる（図10-5）．しかし，2時間程度では筋グリコーゲンを運動前のレベルにまで回復させることはできない．そこで，活動筋は，運動終了後2時間経過以降はインスリン感受性を上昇させる．これによって，活動筋では一定濃度のインスリンに対してよりたくさんの血糖を取り込むことができるようになる．インスリン感受性が上昇しているタイミングで十分な糖質を補給すれば，血糖値ならびに血中インスリンレベル上昇との相乗効果により，活動筋ではグリコーゲン超回復が生じる（図10-5）．

2. 運動中の疲労と糖・脂質代謝

　身体内の糖質貯蔵量は少ないので，運動中に体内貯蔵糖質が枯渇すると疲労が生じる．ここでは，便宜的に運動をLT強度未満の低強度運動（50% $\dot{V}O_2max$以下），LT強度の中強度運動（55～65% $\dot{V}O_2max$），LTを超える高強度運動（70% $\dot{V}O_2max$以上），さらには，有酸素性エネルギー供給系を最大に稼動させる最大運動（100% $\dot{V}O_2max$）に区別して，それぞれの運動中の疲労の原因について主に糖代謝の面から述べる．なお，疲労とは期待される運動強度を維持できなくなることと定義する．

(1) 末梢性疲労
1) 筋グリコーゲン枯渇

　LT強度の中強度運動（55～65% $\dot{V}O_2max$）やLTを超える高強度運動（70% $\dot{V}O_2max$以上）の場合，高速でのATP再合成が必要とされるので，筋グリコーゲンが主要なエネルギー源となる（Romjin et al. 1993, 図10-3）．したがって，マラソンレース（市民ランナーレベルであれば60～65% $\dot{V}O_2max$，エリートランナーであれば80～90% $\dot{V}O_2max$）のように中・高強度運動を長時間

持続する場合，筋グリコーゲンが枯渇すると高速でのATP再合成を維持できなくなり，筋のエネルギー不足により疲労が引き起こされる．

筋グリコーゲンが枯渇してATP再合成が間に合わなくなると，一時的に筋細胞内にはADPが増加し，さらにADPはAMPへ，AMPはアンモニア（NH$_3$）を放出しながらIMPへ変換される．したがって，筋細胞内におけるIMPやNH$_3$蓄積は筋におけるエネルギー不足を示す（Baldwin et al. 1999, Sahlin et al. 1998）．Baldwin et al.（1999）は非鍛錬者に70% $\dot{V}O_2$max強度における高強度自転車運動を行わせた場合，95分間で疲労困憊に達するが，このとき活動筋では筋グリコーゲンが枯渇するとともにエネルギー不足のマーカーであるIMPの蓄積がみられることを報告している．また，彼らは，このとき，血液中のヒポキサンチン濃度が上昇することも報告している．ヒポキサンチンはIMPの分解産物であり，筋線維膜を拡散によって通過して血液中に放出されるため，血中ヒポキサンチン上昇は筋内IMP蓄積を反映する．したがって，血中ヒポキサンチンレベルは筋グリコーゲン枯渇とそれにともなうエネルギー不足による筋疲労のマーカーとなる．

一方，Baldwin et al.（1999）は，鍛錬者に高強度（70% $\dot{V}O_2$max）自転車運動を持続させた場合，148分間で疲労困憊に達するが，このとき活動筋では筋グリコーゲンは枯渇しているものの，筋内IMPや血中ヒポキサンチンの上昇がみられないことを報告している．この結果は，筋グリコーゲン枯渇がエネルギー不足以外の要因を介して疲労を引き起こす可能性を示唆する．筋線維内においてグリコーゲンは筋小胞体近傍に大量に存在しているが，筋グリコーゲンが枯渇すると筋小胞体からのカルシウムイオン放出が阻害される（Chin et al. 1997）．これが運動中の活動筋における局所的疲労の原因となる可能性がある．

2）筋グリコーゲン枯渇以外の要因

1500m走のような著しい乳酸蓄積をともない4〜6分で疲労困憊に達するような最大運動（100% $\dot{V}O_2$max強度）や400m走のような1分程度の超最大運動（約150% $\dot{V}O_2$max）における主要なエネルギー源は筋グリコーゲンである．しかし，このような運動では筋グリコーゲンが枯渇するより先に乳酸や無機リン酸（Pi）の蓄積，さらには，CrPの減少が生じる．これらが原因となって筋疲労が生じる可能性がある（Sahlin et al. 1998）．また，このような運動の場合，ナトリウム-カリウムATPase（ナトリウムポンプ）の不全によって筋疲労が生じる可能性もある．

3）運動中の筋グリコーゲン枯渇を防ぐ処方

運動前にあらかじめ筋や肝におけるグリコーゲン貯蔵量を増やしておけばグリコーゲン枯渇までに要する時間を延長することができるので，特に，マラソンのような糖質が主なエネルギー源となる長時間の中・高強度運動におけるパフォーマンスが向上する．グリコーゲン貯蔵量を増やすための処方としてグリコーゲンローディングが知られているが（図10-6），この処方では，まず，レースの1週間前に強めのトレーニングを行うことによって，いったん，筋グリコーゲンを減少させた後，さらに，3日間，糖質をほとんど含まない高脂肪・高たんぱく質食を食べ続け筋グリコーゲンを完全に枯渇させる．筋のインスリン感受性は筋グリコーゲンレベルに依存しており，これによって筋のインスリン感受性が顕著に高まる．この状態で次の3日間に高糖質食を食べ続けると筋は大量の血糖を取り込み筋グリコーゲン貯蔵量が処方前の2倍近くに増大する．しかし，この処方は最初の3日間の高脂肪・高たんぱく質食がかなり負担となることから，実際には大部分のマラソンランナーはレースの1〜2日前から糖質多めの食事を採る程度にとどめる場合が多い．普段から十分なトレーニングを積んでいるランナーの筋はインスリン感受性が非常に高いので，極端なグリコーゲンローディングを行わないでも十分な量のグリコーゲンを蓄積することができるようだ．なお，レース直前に糖質を摂取すると血液中のグルコースやインスリンレベルが上昇している状態で運動を開始することになる．筋はエネルギー源として脂質よりも糖質を優先的に利用するので，筋や肝

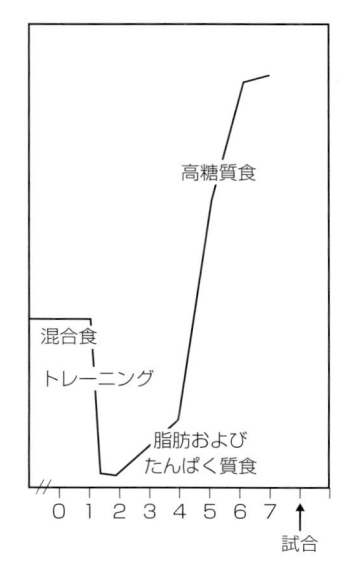

10章 運動時の糖・脂質代謝と生化学的指標　105

図10-6　グリコーゲンローディング法.
（下村吉治：スポーツと健康の栄養学. ナップ　2006.）

のグリコーゲン枯渇を早期に招くことになる．このようにレース直前の糖質摂取には注意が必要である．

　最大運動や超最大運動中の骨格筋における主要なエネルギー源はグリコーゲンである．したがって，グリコーゲンが枯渇に近い状態でこのような運動を行うと十分な速度でATP再合成を行うことができないのでパフォーマンスが低下する．しかし，グリコーゲンローディングによって通常以上にグリコーゲン量を高めても，超最大運動中のグリコーゲン利用速度やパフォーマンスの向上はみられない（Bangsbo et al. 1992）．

　最近では，グリコーゲンを大量に蓄積させるのではなくて，運動中のグリコーゲン利用を節約するための処方が研究されている．例えば，運動前に脂肪酸を経口投与して血液中の脂肪酸レベルを上昇させることによって，活動筋への脂肪酸供給量を高めると，中・高強度運動中における脂肪酸酸化量が増加し筋グリコーゲンの利用を節約できる（Hawley et al. 2002）．しかし，この処方によって運動持続時間など持久性パフォーマンスが上昇することは確認されていない（Hawley et al. 2002）．

　また，試合の1週間前から前日までの5日間，高脂肪・低炭水化物食（脂質と糖質のエネルギー比が67：18）を摂取させた後，試合前日には高炭水化物・低脂肪食（脂質と糖質のエネルギー比が15：70）を摂取させる"ファットローディング"と呼ばれる処方が研究されている（Burke and Hawley 2002）．この処方を施すと，70% $\dot{V}O_2max$ 強度における120分間のLT運動中，骨格筋は優先的に脂質をエネルギー源として利用するので，筋グリコーゲン節約効果がみられる（Burke et al. 2000，図10-7）．3日間ほとんど炭水化物を摂取しない従来のグリコーゲンローディングよりもファットローディングは実施しやすいという利点がある．ただし，この方法によって実際に持久性パフォーマンスが向上するかどうかは確認されていない．また，実験報告においてはファットローディング期間に通常の激しいトレーニングを行っており，レース前にはトレーニングを控える必要がある実際場面においても同様な効果が得られるかについてはさらに検討する必要がある．

(2) 中枢性疲労
1) 低血糖

　LT未満（50% $\dot{V}O_2max$ 以下）の低強度運動中の主要なエネルギー源は血液中の脂肪酸である（図10-3，4）．このような低強度運動中，総エネルギー生成量に占める糖質の利用割合は少ないものの，血中グルコースの利用は25% $\dot{V}O_2max$ の低強度運動（普通歩行に相当）の場合，1分間に約0.2g程度に達する（図10-4，Romijin et al. 1993のデータに基づいて著者が算出）．また，65% $\dot{V}O_2max$ に相当するLT強度の中強度運動（ややきついと感じるペースでのウォーキングやジョギングに相当）であれば，1分間に約0.5gに達する（図10-3，Romijin et al. 1993のデータに基づいて著者が算出）．血液総量は約50dLなので，血糖値が100mg/dLとすると循環血中のグルコース

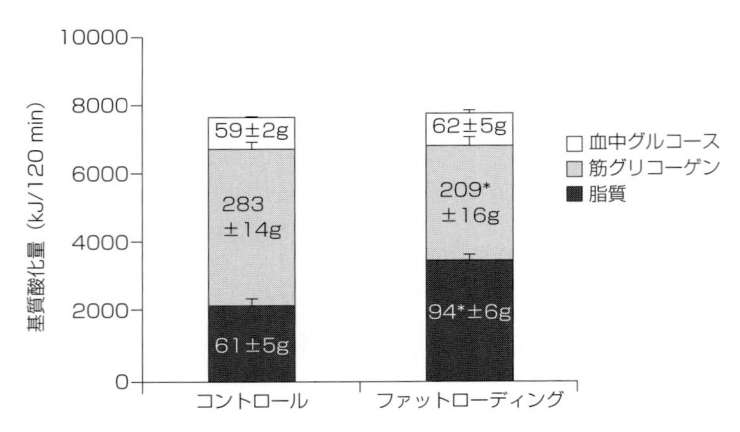

図10-7　ファットローディングが運動中のエネルギー源利用に及ぼす影響.
自転車やトライアスロン競技者に5日間の高脂肪食と1日間の高糖質食を摂取させた後，70%$\dot{V}O_2max$における120分間の自転車運動を負荷した際の各エネルギー源利用量を測定した．*P＜0.05 vs. コントロール
(Burke, LM. and Hawley, JA.: Effects of short-term fat adaptation on metabolism and performance of prolonged exercise. Med Sci Sporrs Exerc 34: 1492–1498, 2002.)

は約5gである．したがって，低・中強度で運動すると血液中のグルコースは10〜20分程度でなくなってしまうはずだが，実際は，肝臓に約100g蓄えられているグリコーゲンが分解されて血液中にグルコースとして放出されるので，運動中，血糖値は一定に保たれる．それでも，25%$\dot{V}O_2max$の運動であれば約8時間，65%$\dot{V}O_2max$のLT運動であれば約3.5時間で肝グリコーゲンは枯渇する計算になる．肝グリコーゲンが枯渇に近づくと，血糖値が低下しはじめるので，血糖を主要なエネルギー源としている脳の神経細胞がエネルギー不足となり中枢性疲労が生じる．したがって，強度が低くても長時間運動を行う場合は低血糖による中枢性疲労を防ぐために，運動中に糖質補給を行わなければならない．

2）血中脂肪酸と分岐鎖アミノ酸

長時間運動中には脳内で神経伝達物質であるセロトニンが増加してモチベーションの低下が引き起こされるという仮説が提唱されている（Newsholme EA 2006）．これは，脳内セロトニンの前駆体である血中遊離トリプトファンが運動時に増加することから導かれた仮説である．低・中強度で長時間運動を行うと，運動の継続とともに血液中の脂肪酸レベルが増加するが，脂肪酸は血液中ではその担体となるアルブミンと結合した状態で存在する（図10-1）．一方，血液中のトリプトファンも通常はアルブミンと結合して存在するので，運動中に血中脂肪酸が上昇するとトリプトファンは脂肪酸に置換されて遊離状態になりやすい．この増加した遊離トリプトファンが血液脳関門を通過して脳内に移行し，セロトニンに合成されて中枢性疲労が引き起こされるというのがセロトニン仮説である．分岐鎖アミノ酸（バリン，ロイシン，イソロイシン）はトリプトファンと血液脳関門を競合するので，これらを投与して血液中の濃度を高めれば中枢性疲労を防止できると考えられる（Blomstrand 1991）．ちなみに，マラソンレースのような中強度運動中，血液中のトリプトファンが増加するとともに分岐鎖アミノ酸濃度は低下する（Blomstrand 1988）．血中分岐鎖アミノ酸が低下すれば，それだけトリプトファンが血液脳関門を通過しやすくなるので，このことも中枢性疲労の発生を促進する要因になり得る．しかし，最近ではセロトニン仮説には疑問が投げか

けられており，トリプトファンから合成されるキノリン酸などセロトニン以外の物質が疲労の原因物質であるとの考え方も存在する．

3. トレーニングによる骨格筋の代謝適応

　トレーニングによって筋は脂質を優先的にエネルギー源として利用できるようになる．これによって，運動中に筋グリコーゲンを節約できるようになるとともに，乳酸生成量が減少する．さらに，トレーニングによって筋グリコーゲン貯蔵量が増大する．これらの結果，持久性パフォーマンスが向上するが，このようなトレーニング効果は筋におけるミトコンドリアの発達やGLUT4たんぱく質含量の増加と関連が深い．そこで，ここではトレーニングによるミトコンドリア新生ならびにGLUT4たんぱく質発現増加に着目して，その適応反応のメカニズムについて述べる．

(1) ミトコンドリアの適応

　LT以上の中・高強度の運動を繰り返す持久性トレーニングによって活動筋ではミトコンドリアの大きさや数が増加する（Dudley et al. 1982, Gollnick et al. 1969, Hoppeler et al. 1973）．これにともなって，糖質（筋グリコーゲン，血中グルコース）や脂質（血中脂肪酸，筋内中性脂肪）をミトコンドリア内で有酸素的に代謝する能力が高まる．持久性トレーニングによるミトコンドリア新生によって，一定強度の運動中，活動筋ではATPやCrPが減少しにくくなり（Constable et al. 1987），その結果として，運動中の筋細胞内における遊離Piの増加が抑えられる．Piはカルシウムイオンとともにグリコーゲン分解酵素の活性化因子なので，ミトコンドリア豊富な筋では運動時のグリコーゲン分解が抑制され，乳酸生成量も減少する．このような仕組みによって，トレーニング筋では脂質（血中脂肪酸や筋内中性脂肪）を優先的にエネルギー源として利用できるようになる．

　LT以上の中・高強度運動中，活動筋ではATPやCrPの減少，AMPの増加が引き起こされ，このようなエネルギー不足状態によってAMPKが活性化される．そして，運動はAMPKの活性化を介してミトコンドリア新生を引き起こす可能性が示唆されている（Hood 2001）．また，筋収縮にともなって生じる筋細胞内でのカルシウムイオン濃度の上昇がミトコンドリア新生を引き起こす可能性も示唆されている（Hood 2001）．最近では，運動によるAMPK活性化やカルシウムイオン濃度上昇によってperoxisome proliferator-activated receptor γ coactivator-1α（PGC-1α）と呼ばれる転写補助因子の発現量が増加し，これをきっかけとしてミトコンドリア新生が引き起こされる可能性が明らかになってきた（図10-8）．

　従来，骨格筋におけるミトコンドリア新生は，トレーニング開始後，数週間かけて引き起こされると考えられてきたが，実際は，1週間程度の持久性トレーニング（60〜70%V̇O₂max, 2時間/日）によっても生じる（Spina et al. 1996）．また，従来は筋のミトコンドリア新生を引き起こすのはLT強度以上の持久性トレーニング（1時間以上/日）と考えられてきた．しかし，Terada et al.（2001）によると，骨格筋のAMPKを著しく高いレベルに活性化させる20秒間の超最大運動（推定140% V̇O₂max）を10秒間の休憩を挟んで14セット繰り返すスプリント運動をラットに合計8日間負荷したところ，ミトコンドリア新生の指標となるクエン酸合成酵素活性が上昇する（Terada et al. 2001, 図10-9）．また，ヒトについても，30秒間の全力自転車運動（推定170% V̇O₂max）を4分間の休憩を挟んで4〜6回繰り返すスプリント運動を週に3回，合計2週間行わせたところ，持久性トレーニングと同様に筋のミトコンドリア新生が引き起こされる（Burgmaster et al. 2008）．このように，筋のAMPKを著しく高いレベルに活性化するような超最大運動であれば運動量が少なくても筋のミトコンドリア新生が引き起こされる．一方，AMPKを活性化しないようなLT未満の低強度運動の場合，長時間行っても筋のミトコ

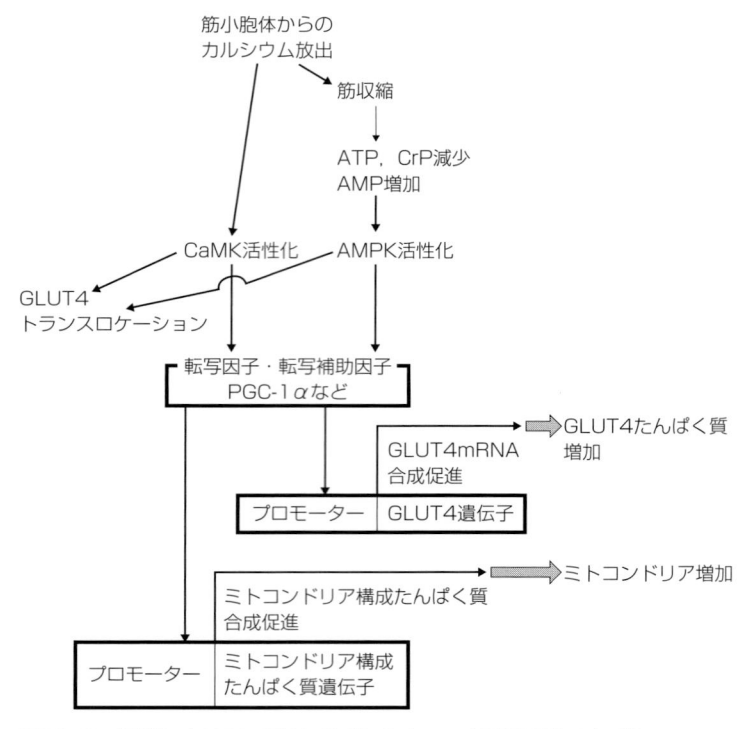

図10-8 運動によるGLUT4ならびにミトコンドリア新生のしくみ.

ンドリア新生効果は小さい（Dudley et al. 1982）．筋のミトコンドリア発達のためにはLT強度以上の運動強度が必要である．

(2) GLUT4の適応

LT以上の中・高強度における持久性トレーニングによって活動筋に存在するGLUT4たんぱく質の量が増加する．筋細胞内部に存在するGLUT4が増量すると，運動やインスリン刺激に反応してより多くのGLUT4が細胞膜へとトランスロケーションできるようになり，血糖取り込み能力が増大する．運動がインスリン抵抗性を改善し，糖尿病の予防に有効であることはよく知られているが，その分子的基盤のひとつが骨格筋におけるGLUT4の増加である．そして，筋に存在するGLUT4が増えることによって，運動後の糖質摂取にともなう筋グリコーゲン回復速度が上昇し（Greiwe et al. 1999, Nakatani et al. 1997，図10-10），疲労からの回復も早まる．また，このとき筋グリコーゲン超回復の程度も高まる（Greiwe et al. 1999, Nakatani et al. 1997，図10-10）．これらは持久性パフォーマンス向上に繋がる．

著者らの実験結果では，ラットに1日2時間のLT強度に相当する持久性運動を繰り返した場合，5日間でGLUT4たんぱく質発現量は約2倍近くに増加し，トレーニングをさらに継続してもそれ以上の増加はみられなかった（Kawanaka et al. 1997）．このように，ミトコンドリアと同様にGLUT4の増加にも長期間のトレーニングは必要とされない．ちなみに，GLUT4は増加するのも早いが，減少するのも早く，トレーニングによって約2倍に増加したGLUT4は2～4日間のディトレーニングによってコントロールレベルにまで減少する（Kawanaka et al. 1997）．したがって，糖尿病予防の運動処方では，GLUT4たんぱく質発現を維持するために2～3日に1度は運動を行う

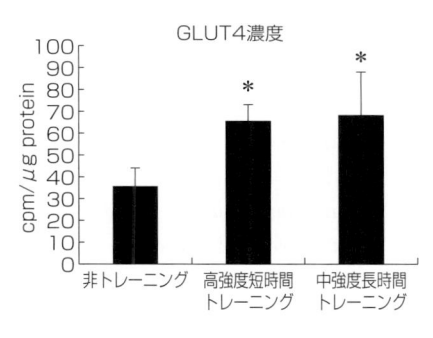

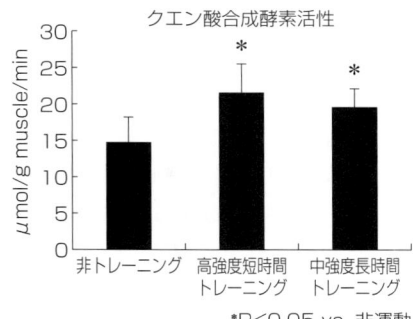

図10-9 高強度短時間ならびに中強度長時間の水泳トレーニングがラット骨格筋におけるGLUT4濃度ならびにミトコンドリア酵素活性に及ぼす影響.

ラットに体重の14％に相当する錘を装着して20秒間（10秒休息）×14セットの水泳運動を負荷した（推定140%V̇O₂maxの運動強度；高強度短時間トレーニング）．また，体重の2％に相当する錘を装着して3時間（45分休息）×2の水泳運動を負荷した（推定65%V̇O₂maxの運動強度；中強度長時間トレーニング）．8日間のトレーニング後，上肢の滑車上筋を摘出してGLUT4たんぱく質濃度ならびにミトコンドリアのクエン酸合成酵素活性を測定した．

(Terada, S. et al.: Effects of high-intensity swimming training on GLUT-4 and glucose transport activity in rat skeletal muscle. J Appl Physiol 90: 2019-2024, 2001. 著者改変・加筆)

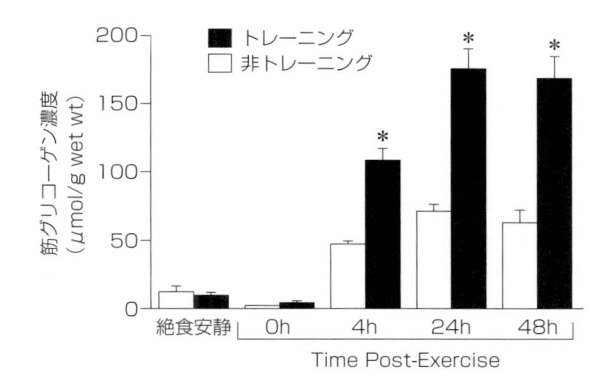

図10-10 トレーニングがラット骨格筋における運動後のグリコーゲン回復に及ぼす影響.

ラットに3時間（45分休息）×2の水泳運動を5週間行わせた．このトレーニングによって上肢の滑車上筋におけるGLUT4濃度が約50％増加する．そして，トレーニング期間終了後，非トレーニングならびにトレーニングラットの両方に一晩絶食させた後，一過性の水泳運動（2時間）を負荷して滑車上筋のグリコーゲンを枯渇させた．その後，両群のラットに高糖質食を与えて筋グリコーゲンの回復を観察した．GLUT4が増加したトレーニングラットの筋ではグリコーゲンの回復速度，ならびに，回復量が高まっている．*P<0.001 vs. 非トレーニング

(Nakatani, A. et al.: Effect of endurance exercise training on muscle glycogen supercompensation in rats. J Appl Physiol 82: 711-715, 1997.)

ことが推奨されている．

　ミトコンドリア新生と同様に筋収縮にともなって生じる筋細胞内でのカルシウムイオン濃度の上昇やAMPK活性化によってGLUT4たんぱく質発現が引き起こされるようだ（Ojuka et al. 2002, Holmes et al. 1999）．つまり，筋収縮にともなうカルシウムイオン濃度の上昇やAMPK活性化はGLUT4のトランスロケーションを引き起こすとともに，GLUT4遺伝子の転写反応を促進させ，GLUT4を増加させる作用を有する（図10-9）．なお，AMPKを顕著に高いレベルに活性化するような超最大運動によるトレーニングであれば，1日あたりの運動時間は短くても骨格筋のGLUT4発現量を増加させることができる（Burgomaster et al. 2007, Terada et al. 2001, 図10-9）．

〔川中　健太郎〕

〔文　献〕

1) Baldwin J et al.: Muscle IMP accumulation during fatiguing submaximal exercise in endurance trained and untrained men. Am J Physiol 277: R295-300, 1999.
2) Bangsbo J et al.: Elevated muscle glycogen and anaerobic energy production during exhaustive exercise in man. J Phyiol 451: 205-227, 1992.
3) Blomstrand E et al.: Changes in plasma concentrations of aromatic and branched-chain amino acids during sustained exercise in man and their possible role in fatigue. Acta Physiol Scand 133: 115-121, 1988.
4) Blomstrand E et al.: Administration of branched-chain amino acids during sustained exercise-effects on performance and on plasma concentration of some amino acids. Eur J Appl Physiol Occup Physiol 63: 83-88, 1991.
5) Burgomaster KA et al.: Divergent response of metabolite transport proteins in human skeletal muscle after sprint interval training and detraining. Am J Physiol Regul Integr Comp Physiol 292: R1970-1976, 2007.
6) Burgomaster KA: Similar metabolic adaptations during exercise after low volume sprint interval and traditional endurance training in humans. J Physiol 586: 151-160, 2008.
7) Burke LM, Hawley JA: Effects of short-term fat adaptation on metabolism and performance of prolonged exercise. Med Sci Sporrs Exerc 34: 1492-1498, 2002.
8) Chin ER, Allen DG: Effects of reduced muscle glycogen concentration on force, Ca^{2+} release and contractile protein function in intact mouse skeletal muscle. J Physiol 498: 17-29, 1997.
9) Constable SH et al.: Energy metabolism in contracting rat skeletal muscle: adaptation to exercise training. Am J Physiol 253: C316-322, 1987.
10) Dudley GA et al.: Influence of exercise intensity and duration on biochemical adaptations in skeletal muscle. J Appl Physiol 53: 844-850, 1982
11) Gollnick PD, King DW: Effect of exercise and training on mitochondria of rat skeletal muscle. Am J Physiol 216: 1502-1509, 1969.
12) Greiwe JS et al.: Effects of endurance exercise training on muscle glycogen accumulation in humans. J Appl Physiol 87: 222-226, 1999.
13) Hawley JA: Effect of increased fat availability on metabolism and exercise capacity. Med Sci Sports Exerc 34: 1485-1491, 2002.
14) Holloway GP et al.: Contribution of FAT/CD36 to the regulation of skeletal muscle fatty acid oxidation: an overview. Acta Physiol 194: 293-309, 2008.
15) Holmes BF et al.: Chronic activation of 5'-AMP-activated protein kinase increases GLUT-4, hexokinase, and glycogen in muscle. J Appl Physiol 87: 1990-1995, 1999.
16) Hood DA: Plasticity in skeletal, cardiac, and smooth muscle invited review: Contractile activity-induced mitochondrial biogenesis in skeletal muscle. J Appl Physiol 90: 1137-1157, 2001.

17) Hoppeler H et al.: The ultrastructure of the normal human skeletal muscle. A morphometric analysis on untrained men, women and well-trained orienteers. Pflugers Arch 344: 217-232, 1973.
18) Jessen N, Goodyear LJ: Role of exercise in reducing the risk of diabetes and obesity contraction signaling to glucose transport in skeletal muscle. J Appl Physiol 99: 330-337, 2005.
19) Kawanaka K et al.: Changes in insulin-stimulated glucose transport and GLUT-4 protein in rat skeletal muscle after training. J Appl Physiol 83: 2043-2047, 1997.
20) Nakatani A et al.: Effect of endurance exercise training on muscle glycogen supercompensation in rats. J Appl Physiol 82: 711-715, 1997.
21) Newsholme EA, Blomstrand E: Branched-chain amino acids and central fatigue. J Nutr 136: 274S-276S, 2006.
22) Ojuka EO et al.: Regulation of GLUT4 biogenesis in muscle: evidence for involvement of AMPK and Ca^{2+}. Am J Physiol Endcrinol Metab 282: E1008-1013, 2002.
23) Romijin JA et al.: Regulation of endogenous fat and carbohydrate metabolism in relation to exercise intensity and duration. Am J Physiol 265: E380-391, 1993.
24) Sahlin K et al.: Tricarboxylic acid cycle intermediates in human muscle during prolonged exercise. Am J Physiol 259: C834-841, 1990.
25) Sahlin K et al.: Energy supply and muscle fatigue in humans. Acta physiol Scand 162: 261-266, 1998.
26) 下村吉治：スポーツと健康の栄養学．ナップ 2006.
27) Spina RJ et al.: Mitochondrial enzymes increase in muscle in response to 7-10 days of cycle exercise. J Appl Physiol 80: 2250-2254, 1996.
28) Terada S et al.: Effects of high-intensity swimming training on GLUT-4 and glucose transport activity in rat skeletal muscle. J Appl Physiol 90: 2019-2024, 2001.
29) Watt MJ et al.: Intramuscular triacylglycerol, glycogen and acetyl group metabolism during 4 h of moderate exercise in man. J Physiol 541: 969-978, 2002.

[II. スポーツ現場に生かす運動生化学]

11章 運動時の乳酸代謝と生化学的指標

キーワード：血中乳酸濃度，疲労

今でも疲労というと，乳酸が蓄積しているからと信じ込んでいる人も多いと思われる．しかし本章で述べることは，乳酸はエネルギー源であって疲労物質や老廃物ではないこと，多くの要因が複合的に関係して疲労は起きていること，運動の疲労であっても乳酸以外の要因で考えた方がよいことが多いということである．しかし一方で，血中乳酸濃度測定を競技現場で応用することは大変有効である．本稿ではこの一見矛盾する乳酸と疲労との関係について述べ，疲労についての新たな観点と共に血中乳酸濃度応用の方法について述べる．

1. 運動中の乳酸代謝

(1) 乳酸は糖の中間代謝産物

まず乳酸とは何かというと，糖を利用する過程でできるエネルギー源物質である．つまり大きく見れば乳酸は糖の一種であり，糖の代謝が活発になれば乳酸の代謝も活発になる．ここで体内の糖というと基本的には貯蔵の糖であるグリコーゲンと，血液の糖であるグルコースのことを考えればよい．グリコーゲンはグルコースが集まって貯められているもので，主として筋肉と肝臓にある．ただしその貯蔵量は脂肪に比べれば多くはない．一方その代謝経路は脂肪に比べれば，いってみれば太く，またすぐ反応させやすい特徴がある（図11-1）．糖の代謝はまず解糖系と呼ばれる代謝経路でピルビン酸に分解され，そしてミトコンドリ

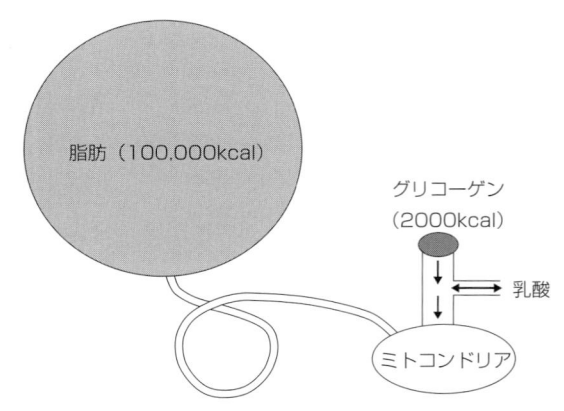

図11-1 糖はすぐに使えるが量は多くはない．脂肪は使うのは糖より手間がかかるが量は多い．

アで最終的に利用される．ミトコンドリアは体内のエネルギー工場のようなものである．そしてミトコンドリアの反応には酸素が必要である．ただし酸素がエネルギーになるわけではなく，エネルギーは糖や脂肪からATPの形になって生み出されるのだが，その最終段階で酸素が必要になる．一方ピルビン酸が乳酸になるには酸素は不要である．そこで，これまではピルビン酸からの代謝経路が2つあって，一方は酸素を使う経路で，他方は酸素を使わない経路なので，酸素を使わない経路へ進む，つまり乳酸ができるのかどうかは酸素があるかないかで決まるとされ，乳酸ができるのは無酸素状態の反映とされた．

(2) 無酸素運動はあり得ない

乳酸が多くできる運動は無酸素運動とされる．しかし本当に体内が無酸素状態になるといったことがありうるだろうか．ラストスパートになると無酸素運動になるので，呼吸が止まり息をしなくなると思い込んでいる人までいるようだが，そんなことはあり得ない．生きている限りは必ずヒトは常に呼吸をし，心臓が動いて血液を循環させ，肺から酸素を取り込み全身に回している．そして筋肉内でも，どんな強度の高い運動をしても酸素濃度はゼロにはならないので，乳酸ができるからといって酸素がないのではない[4]．つまり体内には酸素がなくなったりしないように，酸素の蓄えのような防御網があるので，運動していて本当に体内が無酸素状態になることはないのである．無酸素運動といわれるような強度の高い運動での代謝はどうなっているのかというと，酸素摂取によるATP産生に加えてその場では酸素摂取を必要としないATP産生が同時に行われているということである．ではどれだけ酸素を利用したATP産生が行われているかというと，これは実際にはなかなか測定できないことなのだが，おそらく短距離走でいえば200mでは全必要エネルギーの1/3以上，400m走では半分程度にはなる[9]（図11-2）．つまり短距離走であっても無酸素運動ではなく有酸素運動である．どんな運動でも必ず酸素を使ったエネルギー産生が起きているし，無酸素運動といったイメージにほど遠いくらい多くの酸素を利用したATP産生が起きている．すなわち文字通りの無酸素運動はあり得ない．運動＝有酸素運動なのである．

(3) 乳酸は酸素がある状態で糖分解の高まりでできる

酸素があるのに乳酸はなぜできるのかというと，それはこれまでは糖を利用する系で最後のミトコンドリアのみを考えていたのを，前半の糖分解の量を中心にして考えることで理解できる．糖を利用する反応系全体を前半のピルビン酸までと，後半のミトコンドリアが酸素を使う反応とに

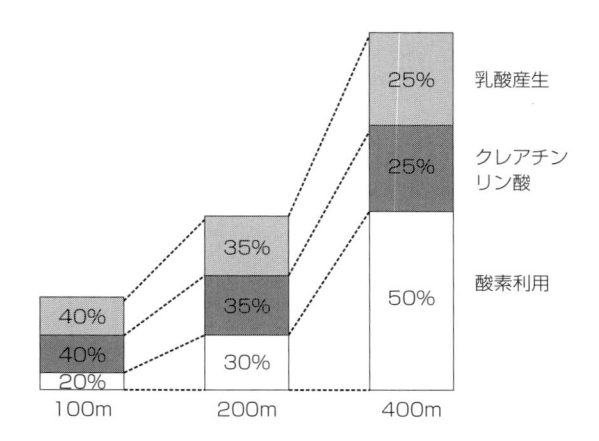

図11-2　短距離走中のATP産生量の大まかな見積もり．短距離走は有酸素運動であって，多くのATPが酸素を摂取してできている．（八田秀雄：乳酸と運動生理・生化学─エネルギー代謝の仕組み─．市村出版, 2009.）

分けて考えてみる．そうすると後半のミトコンドリアで酸素を使った反応が起きていても，前半の糖を分解する反応がそのミトコンドリアの反応量よりももっとできてしまうと余りができることになる．そうした結果が乳酸産生になる[12]．糖分解すなわちグリコーゲンやグルコースをピルビン酸にするまでの過程（解糖過程）は，すぐに高めることができる．一方ミトコンドリアの反応はかなり精密にコントロールされていて糖分解ほど急には高めることができない．そこで糖全体の代謝をみると，前半の糖分解量と後半の酸化反応量との間に差が生じやすいのである．たとえてみれば，糖を利用するにはまずピルビン酸や乳酸にする過程，つまり前処理場がある．前処理場では酸素は不要である．そして前処理場に続いて，酸素を使って完全に分解するミトコンドリア工場がある（図11-3）．ここで前処理場は酸素が不要であることもあってすぐに生産量を高めることができるのに対して，ミトコンドリア工場はいつも働いているのだが，酸素が必要でもあり，急には生産を高めることができない．そこで前処理場がミトコンドリア工場の処理量に対して過剰に生産してしまうことがあるので，前処理場とミトコンドリア工場とで処理量に差ができる．そうすると前処理

場でピルビン酸が余ってしまうことが起きる．ところがピルビン酸はいってみれば日持ちが悪く保存に適さない．そこで前処理場の最後にピルビン酸は乳酸になって一時的に保存される（図11-4）．あるいはその前処理場から乳酸になって運搬されていって，別の組織のミトコンドリア工場に行って処理されるのである．つまりミトコンドリアの酸化量以上にピルビン酸ができるとその過剰分が乳酸になるのである．ここで糖分解が過剰になるのは，急に強度を上げた時などが多い．つまり運動開始時，スパートして強度を上げた時などに糖分解が高まりやすい．その理由の1つとして強度が上がることによって，ATPやクレアチンリン酸を一時的に多く使うことになり，その結果としてリン酸濃度が高まることが糖分解を高めることがある[6,9]．そして急に強度を上げるなどで糖分解が高まると乳酸が多くできるのである．

（4）乳酸はエネルギー源

古くから，乳酸は老廃物なのでつくられたらたまるだけで，運動後に肝臓に行って糖に戻されるとされてきた．しかし実際には乳酸は老廃物ではなくエネルギー源である．乳酸は糖を途中まで分解してある中間代謝産物である．つまり前処理場とミトコンドリア工場の喩えでいえば，乳酸は糖を利用する過程での前処理が済んでいる段階にいるので，すぐにミトコンドリアの反応系に入ることができる．これだけすぐに使えるエネルギー源物質は他にはない．特に運動時にはたくさんエネルギーを生み出す必要があるので，糖の分解が高まりそれで一時的に乳酸が多くできると，その乳酸がその後エネルギー源として使われる．血中乳酸濃度が上がるほど，それだけ血液を通じて全身に乳酸が供給されていることになるので，乳酸の酸化利用量も増える[2]．

ここで筋線維を速筋線維と遅筋線維に分ければ，速筋線維はミトコンドリアは少ないがグリコーゲンは多い傾向にあるので，速筋線維が働くと糖分解がミトコンドリアの酸化量をすぐ上回るので乳酸ができやすい．一方遅筋線維はミトコンドリアが多いので，乳酸を多く使うことができる．

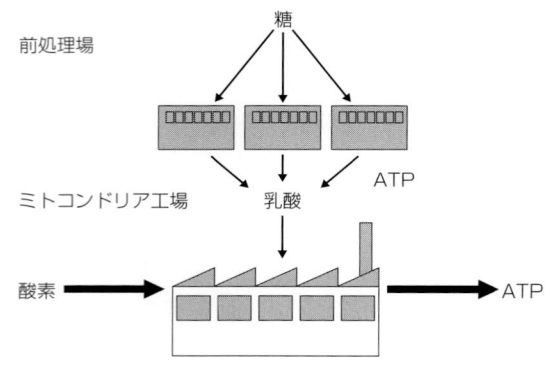

図11-3 糖の代謝はたとえてみれば，糖から乳酸をつくる前処理場と，ミトコンドリア工場とからなる．

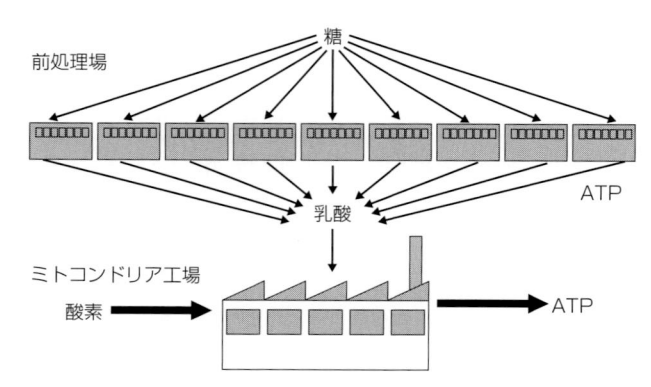

図11-4 前処理場の働きが急に多く進むと，ミトコンドリア工場ではさばききれないので，一時的に乳酸が多くできる．

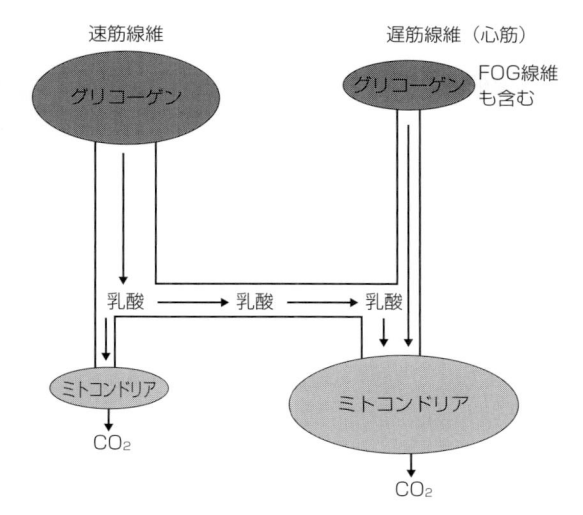

図11-5 乳酸はエネルギー源，速筋線維でできた乳酸が遅筋線維や心筋のミトコンドリアで使われる．

心臓の筋肉である心筋は遅筋線維以上にミトコンドリアが多く，乳酸を利用する能力が高い．血中乳酸濃度が高くなると，必要エネルギーをほとんど乳酸の利用のみで得ていることもあるようである[5]．そこで速筋線維でできた乳酸が遅筋線維や心筋で使われるということが起こる[4]（図11-5）．これは同じ筋肉内で起こってもよいし，また別の筋肉や心筋に乳酸が運ばれていっても起こる．ここでFOG線維とかtype IIa線維と呼ばれるような遅筋線維の特徴ももった速筋線維は，乳酸を酸化する能力が非常に高いので，この場合は乳酸を使う側に入れて考えた方がよい．このように乳酸は使いやすいエネルギー源であり，常に利用されている．

つまり乳酸ができることは筋グリコーゲンを乳酸の形にして全身に配分しているということでもある．筋肉はグリコーゲンからグルコースにする酵素がないので，筋肉がグルコースを血中に放出はできない．しかし筋肉はグリコーゲンから乳酸をつくって全身に配分しているのである．さらに最近では脳でも乳酸がエネルギーになっていることがわかってきた[4,6]．このように乳酸は利用しやすいエネルギー源である．一定速度で安定して走っていると血中乳酸濃度が一定になることがあるが，その場合には乳酸ができないのではなく，乳酸ができる量と使われる量とが等しいということである．

(5) 乳酸トランスポーター（輸送担体）

このように速筋線維でできた乳酸が，遅筋線維や心筋に乳酸が移動して利用される際には，細胞膜を通過して細胞の外に出たり中に入ったりする必要がある．その際には何でも通す穴を通り抜けるのではなく，乳酸であることを判別して通すトランスポーター（輸送担体）を介していることがわかってきた．乳酸のトランスポーターはモノカルボン酸トランスポーター（MCT）と呼ばれる．そしてMCTにはいくつか種類があり，遅筋線維や心筋にはMCT1というタイプが多いことがわかってきた[3,8]．また速筋線維にはMCT4というタイプが多い（図11-6）．

そこで速筋線維で乳酸ができるとMCT4を介して血液などに出る．つまりMCT4は乳酸の放出に主として関係する．そして遅筋線維や心筋ではMCT1を介して乳酸が取り込まれて利用されるので，MCT1は乳酸の取り込みと酸化利用に関係する．このように速筋線維で乳酸ができて，遅筋線維や心筋で乳酸が利用される乳酸の代謝様相と，それぞれにある乳酸トランスポーターの特徴とが一致している．またMCTはトレーニングでも増えて，MCTの変化と乳酸の代謝の変化とも一致する[13]．特に持久的トレーニングをするとMCT1が増えて，より乳酸を使えるようになることがわかっている．

(6) 糖は使いやすいが量は少ない

糖は脂肪やアミノ酸に比べて使いやすいエネルギーであり，運動時のもっとも重要なエネルギーである．安静時にも糖は必ず使われている．また脂肪も使われているので，安静時には糖:脂肪の利用が1:2くらいの割合でどちらも使われている．通常の日常生活で1日に2000kcal使うとして，そのうち特に運動をしなくても700kcal程度は糖を

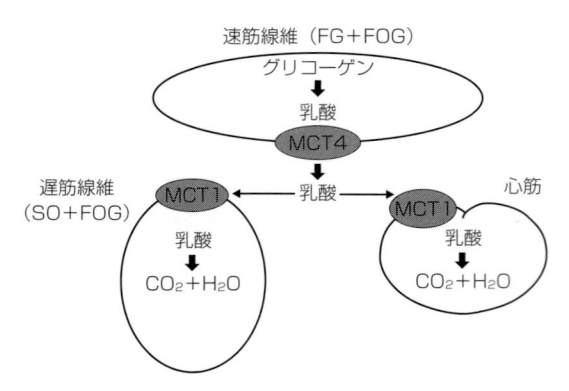

図11-6 速筋線維でMCT4が乳酸の放出に，遅筋線維や心筋ではMCT1が乳酸の取り込みと酸化利用に関わっている．

使うことになる．また運動すれば余計に糖の利用量が増える．ただし糖の貯蔵量は多くはない．グリコーゲンの貯蔵量は筋肉と肝臓合わせて2000kcal程度と，数日でなくなるくらいの量しかない．ここで血糖が通常よりもありすぎる状態になるのが糖尿病である．その結果として，血管が損なわれるなどの問題が起きてしまうのが，糖尿病の症状である．つまり糖は使いやすいのだが，たくさんあると困ることが起きてしまう．そこで糖の量がどのくらいかはコントロールされていて多すぎないようになっている．一方運動では多く糖を使う．持久的運動では糖を使っているとすぐなくなってしまうので，糖をどう使うのかということが大きなポイントになる．

マラソンはゴールまでに2500〜3000kcal程度が必要になる．つまり糖だけでマラソンを走り切ることはできない．したがってマラソンのような長時間運動になると，徐々にグリコーゲンがなくなってくる．それが30kmの壁というようなレース終盤の速度低下の1つの大きな原因となる．グリコーゲンが低下すると，エネルギーがなくなり，また筋収縮に必須なカルシウムの働きが悪くなるなどのことから，速度が維持できなくなる．糖がなくなってくるといくら脂肪があっても最大酸素摂取量の60—70％程度の速度も維持できなくなるのであるから，運動時にもっとも重要なエネルギーは糖であり，その糖を途中まで分解してさらに使いやすくなっているのが乳酸なのである．

2. 疲労と乳酸

（1）マラソン終盤，サッカー終盤の疲労に乳酸は無関係

ここでマラソンの後半には糖がなくなっていくのであるから，糖からできる乳酸もできなくなる（図11-7）．したがってマラソン後半は乳酸ができない中で疲労している．マラソン終盤の疲労というのは，運動における疲労の1つの極限であるといえるが，それは乳酸蓄積が原因ではない．むしろエネルギー源としての糖がないので，乳酸ができないから疲労すると考えた方がよい．サッカーなどの球技も長時間にわたって行われる．そうすると後半になると前半よりも筋グリコーゲンが低下する．そこで終盤になるほど乳酸もできにくくなり，血中乳酸濃度は低下する．サッカー序盤では血中乳酸濃度は8mmol/Lを越えるくらいになるが，終盤は4mmol/L程度になるようである[10]．一方でサッカーでも終盤になるほど疲労するのはいうまでもない．一般に多くの場合，運動して疲れたというのは，長時間にわたって何かをしたことで感じることである．そして間欠的であっても長時間の運動をするほどグリコーゲンを利用するので，徐々にグリコーゲンが低下し，その結果として徐々に乳酸ができにくくなる中で疲労している．つまり多くの場合，長時間にわたって運動しながら感じる疲労は乳酸が原因ではない．

またサッカー，マラソンなどで終盤に元気のある選手は糖が比較的残っていることになる．つまり元気のあるあまり疲れていない選手ほど，糖があって乳酸もできていることになる可能性があるので，その場合は試合直後に血中乳酸濃度を測ってみれば，血中乳酸濃度が高い選手の方が疲労していないということになる．このように常に血中乳酸濃度が高いほどより疲労しているというような単純なものではない[8]．しかし例えばあるテレビ放送でアナウンサーがマラソン終盤に速度が落

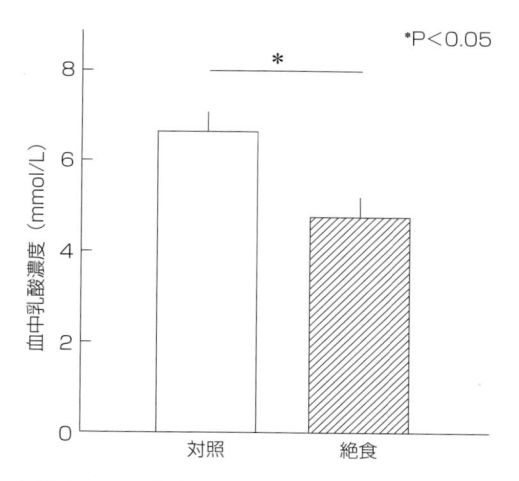

図11-7 一晩絶食して走ったマウスの方が，同じ運動で血中乳酸濃度が低くなる．（八田秀雄：乳酸と運動生理・生化学―エネルギー代謝の仕組み―．市村出版，2009.）

ちていく選手に向かって「乳酸の疲労に立ち向かっています！」と絶叫していたことがあったように，これまでは疲労は乳酸としか考えていなかったのが実態である．

(2) 疲労の原因は乳酸ではないことが多い

乳酸によって疲労しているのではない他の例としては，例えば高地での運動がある．標高の高い場所ほど酸素が薄くなって乳酸がよりできそうに思われるが，実際には標高の高い場所では糖分解が抑制されて，乳酸ができにくくなる．しかし標高の高い場所での方が同じ運動はきつくなる．したがって高所での運動のきつさは乳酸によってはいない[4]．短距離走のような強度の高い運動では確かに乳酸蓄積で作業筋のpHが低下することは，疲労に無関係ではない．ただしこうした超最大運動では糖分解＝乳酸産生は運動開始からすぐ起こるが，また長続きはしないようになっている[7]．これは糖の量は多くはないので，たくさん糖を使う状態を続けるとすぐ糖がなくなってしまうので，そうならないように糖分解はすぐ抑制されているということである．

400m走で考えてみると，乳酸はスタートしてからすぐにできているが，300m以降になると，もう余りできなくなる．つまり最後の100mになるまでに乳酸はすでに貯っていて，その後はそれ以上には余り貯らなくなってくる．ところが，400m走での速度変化は50mくらいで最高速度に達すると後は最後まで，それも一定に近い割合で落ち続ける．つまり乳酸蓄積パターンと速度変化パターンは一致しない．また最後になるほどきつくなるのであるから，400m走の最後のきつさの原因を乳酸蓄積だけでは説明できないことになる．つまり短距離走のような強度の高い運動でも，疲労の原因を乳酸だけにはできないのである．乳酸が蓄積することが疲労であり，乳酸がなくなることが疲労回復であるならば，乳酸は強度の高い運動でできても，運動後30～60分でも元のレベルに戻るのであるから，それで疲労も全てなくなることになり，運動数時間後や翌日に疲労があるはずはなくなってしまう．

さらに，乳酸が蓄積することが筋肉痛の原因であるならば，運動直後に猛烈な筋肉痛になり，運動後1時間もしないで消えるはずである．ところが筋肉痛は運動直後どころか翌日になって起こる．肩こりも乳酸が原因とされることがあるが，それならば運動直後に肩こりが起きないとおかしくなる．このようにこれまではよくわからない疲労，筋肉痛などの筋肉の問題を，全て乳酸だけに押しつけてきたといえる．

(3) 疲労の原因はさまざま

運動の疲労の原因として近年注目されているのはリン酸（無機リン酸）の蓄積である[1]．リン酸はATPやクレアチンリン酸が使われるとできるので，強度の高い運動で多くできる．そしてリン酸はカルシウムと緩く結合し，筋収縮に必須な筋小胞体の働きを悪くする．また前述のように筋グリコーゲン濃度が低下することはマラソンなどの疲労に大きく関係する．また通常筋肉内はカリウムが多く，血液にはナトリウムが多い．これはエネルギーを使ってこうした濃度差をつくっていて，このため体内が電気的性質をもつので，神経

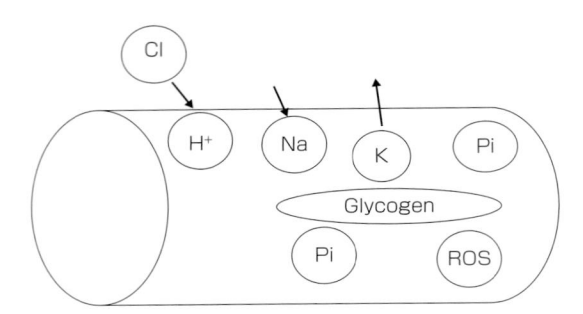

図11-8 疲労はさまざまな要因によって複合的に起こる．

の刺激が伝わり筋肉が収縮できる．ところが，強度の高い運動をしているとカリウムが筋から漏出し，ナトリウムが筋へ流入するようになる．そうすると筋収縮が悪くなるので，このことも疲労の1つの原因となる[11]．また体温上昇，活性酸素，この他いろいろなことが複合的に疲労を起こしている（図11-8）．そして状況によってそれらの要素の影響が異なっている．

　疲労が1つの原因で説明できないのはよく考えれば誰でも理解できるはずのことである．短距離走の疲労，長距離走の疲労，その翌日の疲労，暑熱下や寒冷下での疲労，それぞれがさまざまな結果によって起こっていることであって，原因が何と簡単に断定できるようなことではない．つまり疲労の原因は何かと聞かれれば，さまざまな可能性があって簡単にはわからない，というのがもっとも妥当な答えである．さらに乳酸ができると疲労するどころか，むしろ乳酸蓄積によってカリウムが筋肉から漏れ出すことによる筋収縮低下が抑えられる，すなわち疲労を防止するということまで，報告されている[11]．つまり筋肉などのpHが低下することはそれだけであれば筋収縮を悪くするが，カリウムが漏れ出したような条件ではむしろ筋収縮をよくする働きをするということである．このように1つ1つは疲労の原因であるはずの因子が，複合的には逆に疲労を防ぐような働きにもなりうる．ここでpH低下がむしろ疲労を抑えるということから，乳酸ができることは使いやすいエネルギーを生み出すことと，カリウム漏出

の悪影響を抑えることからすれば，疲労を抑えるためにできるといえる．つまり乳酸ができるから疲労するのではなく，疲労するような運動をしているので，それを抑えようとして乳酸ができるのである．それが結果的に疲労している状況と，乳酸が多く蓄積している状況が一致するということである．また疲労という用語に対して，これまで運動科学では筋収縮がうまくできないという定義のみで捉えることが多かったと思われる．しかしそれでは運動後の疲労感等をうまく説明できないので，疲労の定義自体をもっと広くまた，場面分けして考えることが必要である．

3. 生化学的指標としての血中乳酸濃度

(1) 血中乳酸濃度を指標として利用する

　このように乳酸が必ずしも疲労の原因ではないとなると，乳酸を測定しても意味がないかのようにみえる．しかし実際には競技現場，臨床現場などに血中乳酸濃度の測定は大変有効である．その理由としては以下のことが考えられる．

・乳酸のように筋内の情報を血液である程度知ることのできるものは他にはなかなかない．

　通常疲労に関係するリン酸など多くの要因は，筋内で濃度が変化し，血液中には出てこない．しかもその変化は秒単位で非常に早い．一方乳酸は筋肉から血液に出てきて，その変化量は比較的大きく，血中乳酸濃度の変化も秒単位ほどには早くない．

・筋グリコーゲンが通常レベルにある状況では，血中乳酸濃度と主観的運動強度（RPE）で表されるきつさが比較的一致する．

　繰り返すように乳酸が必ずしも疲労の原因ではないが，運動をして疲労してくると糖分解が高まり乳酸が多くできるので，きつさと血中乳酸濃度とは大まかには一致することが多いので，あくまで指標として利用することができる．

・比較的安価な測定器が開発されて，測定しやすい

　血液採取にはもちろん法的な規制があるので，

それにのっとって行うことが必要だが，器材などがかなり安価になっている．

こうしたことから，血中乳酸濃度測定は運動時に働いている筋肉でどのくらい糖質を利用しているかの指標で，結果として疲労度の指標として利用することができる．競技別にどう活用するのかについては別の本を参照いただければ幸いである[8]．

(2) 血中乳酸濃度はあくまで指標

このように血中乳酸濃度測定はうまく使えば大変有効であるが，測ればなんでもわかるというものでもない[8]．まず大事なことはあくまでも血中乳酸濃度は間接的な指標であって，直接の疲労の原因を測っているのではないことである．血中乳酸濃度が高ければ高いほど悪く，低ければ低いほどよいともいい切れない．何度も述べてきたように，長時間運動の終盤やハードなトレーニングを何日もやっている合宿時などに血中乳酸濃度測定をすると，糖の貯蔵量が低下しているので，通常よりも低い血中乳酸濃度になる．最後まで頑張れた選手の方が，競技後の血中乳酸濃度が高いことがありうる．

また血中乳酸濃度は一度上がると下がるのに数10分かかることがある．例えばウォーミングアップを強度高くやってしまえばその影響が出てしまう．測定前の食事で高糖質食や，柑橘類を多く食べると，それで安静時の血中乳酸濃度が少し上がることがある．このように血中乳酸濃度はいろいろな要因で変わるので，できるだけ測定時の条件を統一するようにすることが大事である．

特に筋グリコーゲンが低下していないかどうかは重要である．また例えば乳酸は主として速筋線維からできるのであるから，速筋線維の多い人ほど血中乳酸濃度が上がりやすい傾向にある．選手同士を比較して同じ運動で血中乳酸濃度が低い方が強くよい選手とも簡単にはいいきれない．選手同士よりも同じ選手の中で長期的な変化を見ていくのが重要である．

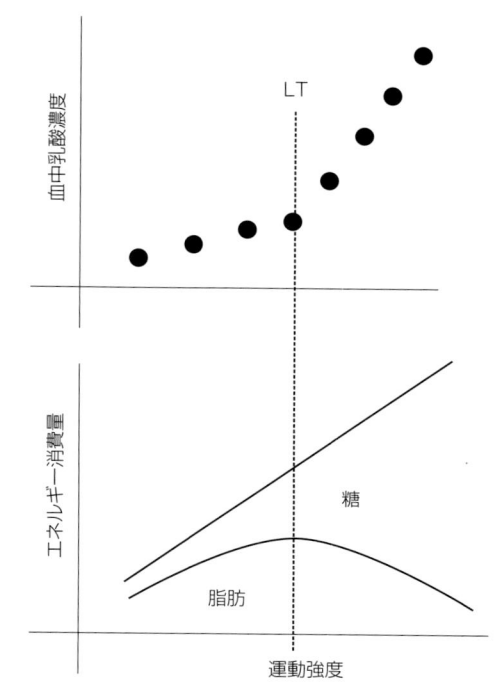

図11-9　運動強度に対して糖の利用が急に高まるのがLT．

(3) LT（乳酸性作業閾値）

血中乳酸濃度測定がもっとも有効といっていいのは，最大よりも低い強度での体力指標であるLT（Lactate Threshold　乳酸性作業閾値）の測定である．運動強度を低い強度から徐々に上げながら血中乳酸濃度を測定していくと，50〜70％ $\dot{V}O_2max$ 程度になると急に血中乳酸濃度が上がることが観察される．ある強度から急に反応が起こるというのを閾（しきい）の反応ということで閾値（いきち）といい，この場合は乳酸の閾値ということからLTと呼ばれる．従来はLTから乳酸ができる，そのことできつくなるとされていたが，本章で何度も述べているように乳酸が多くできればそれによって疲労するのではない．むしろLTを超える強度になると疲労するような強度になるので，その結果として糖の利用が高まり血中乳酸濃度が上がると考えることができる（図11-9）．例えばLTからアドレナリンの分泌も高まる．ア

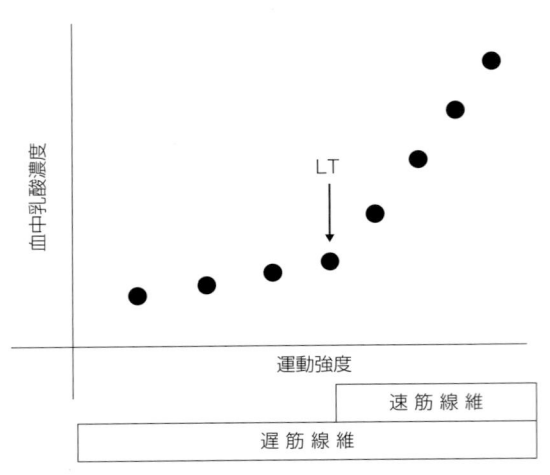

図11-10 LTは遅筋線維に加えて速筋線維が使われるようになる強度でもある.

ドレナリンは糖分解を高めるので，このことも血中乳酸濃度を上げる要因になる．大事なことはLTを越えると身体の負担度が高くなるということである[6,9]．そしてこのことはLTから上の強度では感覚的にきつくなるということである．したがって中高年などの健康増進の運動ではLT程度の強度までの運動が勧められる．一方スポーツ選手のトレーニングではLTを越えなければトレーニング効果は出ない．またLTレベルから乳酸が多くできることは，LTから速筋線維が多く使われるようになることでもある（図11-10）．運動強度が低い場合は基本的には遅筋線維を使って運動が遂行されていて，それがLTレベルから速筋線維も使われるようになるので，乳酸の産生が増えて血中乳酸濃度と考えることができる．

(4) LT測定の実際

LTが高い選手ほど，より高い強度をきつくなく運動できるのであるから，LTはマラソンなどの長距離走の成績とも関係が深い．LT測定を実験室で行うには，自転車エルゴメータやトレッドミルを用いて強度を徐々に上げていく．その上げ幅は自転車作業ならば0.25KPとか，トレッドミル走ならば25m/minなどがよく用いられるが，特に決まったものがあるわけではない．かなり低い強度から高い強度まで5-8段階はあるように選手の能力などから調整する．そして各負荷で3-5分間運動しながら徐々に負荷を上げる．自転車作業の場合は運動を継続しながら採血することも可能だが，トレッドミル走行では所定時間ごとに一度止まって30秒〜1分程度で採血する．実験室ではなく例えば陸上トラックで行うことも可能で，その場合には400mトラックならば2周走って採血というのが一般的である．

得られた結果は運動強度に対して血中乳酸濃度をプロットしていって急激に血中乳酸濃度が上がる点を求める．ただし必ずしも急激な上昇開始にみえない場合もある．そこでLTの判定をしないで強度に対する乳酸カーブとして検討することも有効である．トレーニング効果が上がれば同じ運動での血中乳酸濃度が下がるので，乳酸カーブが右にシフトすることになる．また前述のように例えば速筋線維が多い選手ほど血中乳酸濃度が上がりやすいといったことがあるので，選手同士の比較よりも，同じ選手で期間を置いて繰り返し測定しトレーニング効果の判定をする方が有効であることが多い．

4. 血中乳酸濃度を筋内からの1つの情報として利用する

運動にとってもっとも大事なエネルギー源は糖であるが，糖質の量は多くはないので，通常身体はあまり積極的に糖質を利用しようとはしていない．しかし強度の高い運動になると，たくさんエネルギーが必要になるので，糖を利用しないと維持できない．それで糖の利用が高まり，糖を利用する途中で使いやすい乳酸ができる．さらにそのことでカリウムの悪影響も抑止する．すなわち乳酸は疲労を起こすのではなく，疲労するような運動を続けるために疲労に対処しようとする結果としてできているものといえる．

つまり乳酸は疲労の「原因」ではなく「結果」である．こうした観点を忘れないで血中乳酸濃度

測定を利用することが重要である．そうすれば，筋内の情報を血液で知ることができる血中乳酸濃度測定は大変有効である．これまで疲労＝乳酸とあまりに疲労の原因として乳酸が過大に評価されてきた．疲労という用語は非常に広い意味があって，1つのことで説明できることではない．さまざまな状況でさまざまな原因によって複合的に起こるものである．そして運動時の疲労であっても，多くの場合乳酸が関係しないでも起きているので，乳酸以外の要因を考慮することが必要不可欠である．

〔八田　秀雄〕

〔文献〕

1) Allen DG, Lamb GD, Westerblad H: Skeletal muscle fatigue: Cellular mechanisms. Physiol Rev 88: 287-332, 2008.
2) Bergman BC, Wofel EE, Butterfield GE, Lopaschuk GD, Casazza GA, Horning MA, Brooks GA: Active muscle and whole body lactate kinetics after endurance training in men. J Appl Physiol 87: 1684-1696, 1999.
3) Bonen A, Heynen M, Hatta H: Distribution of monocarboxylate transporters MCT1-MCT8 in rat tissues and human skeletal muscle. Appl Physiol Nutr Metab 31: 31-39, 2006.
4) Brooks GA, Fahey TD, White TP, Baldwin KM: Exercise Physiology, Third Edition, Human Bioenergetics and Its Applications, Mayfield, 2000.
5) Drake AJ, Haines JR, Noble M: Preferential uptake of lactate by the normal myocardium in dogs. Cardiovascul Res 14: 65-72, 1980.
6) Gladden LB: Lactate metabolism: a new paradigm for the third millennium. J Physiol 558: 5-30, 2004.
7) Greenhaff PL, Timmons JA: Interaction between aerobic and anaerobic metabolism during intense muscle contraction. Exer Sports Sci Rev 26: 1-30, 1998.
8) 八田秀雄編：乳酸をどう活かすか．杏林書院，2008.
9) 八田秀雄：乳酸と運動生理・生化学—エネルギー代謝の仕組み—．市村出版，2009.
10) Krustrup P, Mohr M, Steensberg A, Bencke J, Kjaer M, Bangsbo J: Muscle and blood metabolites during a soccer game: implications for sprint performance. Med Sci Sports Exerc 38: 1165-1174, 2006.
11) Nielsen OB, dePaoli F, Overgaard K. Protective effects of lactic acid on force production in rat skeletal muscle. J Physiol 536: 161-166, 2001.
12) Spriet LL, Howlett RA, Heigenhauser GJF: An enzymatic appraoch to lactate production in human skeletal muscle during exercise. Med Sci Sports Exer 32: 756-763, 2000.
13) Yoshida Y, Hatta H, Kato M, Enoki T, Kato H, Bonen A: Relationship between skeletal muscle MCT1 and accumulated exercise during voluntary wheel running. J Appl Physiol 97: 527-534, 2004.

[II. スポーツ現場に生かす運動生化学]

12章 運動によるたんぱく質代謝と生化学的指標

キーワード：アミノ酸，アンモニア，尿素，3-メチルヒスチジン

　運動は体たんぱく質の分解を刺激するが，運動後は合成が高まり回復が促進される．また，血中グルコースは長時間の運動中には，体たんぱく質の分解に由来するアミノ酸から糖新生によって供給されるようになる．このように運動はたんぱく質代謝にさまざまな影響を及ぼす．ここでは，たんぱく質代謝に関する血液，尿，筋肉組織などを検体とした生化学的な指標について述べる．図12-1には，ここで取り上げる指標などの相互関係を示した．

```
                    たんぱく質
                       │ 消化
                       ↓
                  ペプチド，アミノ酸
                       │ 吸収
                       ↓                    体たんぱく質（筋肉，内臓，骨）
  エネルギー（酸化）  ←  アミノ酸  ←       酵素
  脂肪（体脂肪）          │                ホルモン
  グルコース（糖新生）    │ 脱アミノ反応    抗体（免疫，生体防御）
                       ↓
                    アンモニア
                       │ 尿素合成
                       ↓
                    尿素（窒素）
```

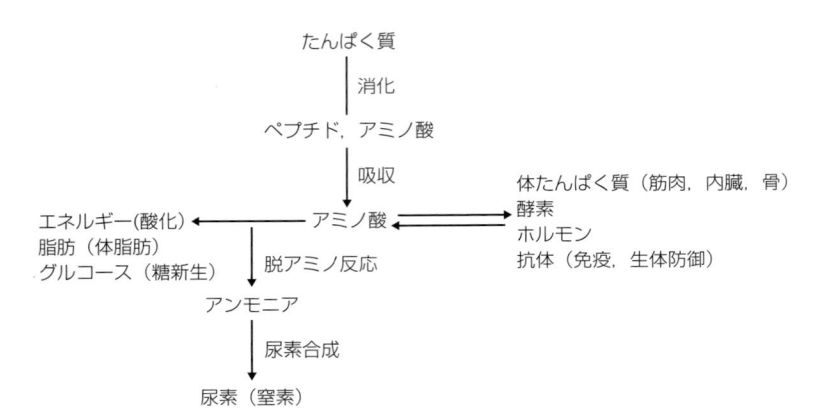

図12-1　生体内でのたんぱく質代謝の概要．
　食物などとして摂取したたんぱく質が消化管で消化されて生じたアミノ酸やペプチドは，小腸で吸収されて門脈を経由して肝臓に至る．肝臓で血中たんぱく質に合成されるとともに過剰分は脱アミノ反応を受けて尿素に合成される．尿素は主として尿中に排泄される．肝臓を経由したアミノ酸は全身の血液循環によって筋肉などの末梢組織に運ばれ，組織を構成するたんぱく質や酵素，ホルモンに合成（同化）される．同化に利用されなかったアミノ酸の多くはエネルギー源として酸化される．また，長時間の絶食や運動時には体たんぱく質の分解によって生じたアミノ酸が，肝臓や腎臓でグルコースの合成（糖新生）に利用される．エネルギー生産や糖新生に利用されるアミノ酸・体たんぱく質の量が増大すると尿素合成が亢進し，血中尿素濃度が上昇し尿中尿素排泄量が増加する．血中アミノ酸濃度は，吸収，同化・合成，分解・異化のそれぞれの経路のバランスによって変化する．たんぱく質・アミノ酸はグルコースや脂肪に変換されるが逆方向には変換されない．

1. 血液

(1) 血中たんぱく質
1) 基礎知識
　血漿中には多種のたんぱく質が存在し栄養源，浸透圧の維持，酸・塩基平衡，ビタミンやミネラル，そして遊離脂肪酸の運搬，血液凝固・線溶反応，生体防御反応，酵素などの役割がある．血漿中のたんぱく質は主として肝臓で合成される．栄養状態，特にたんぱく質栄養状態の指標となる．

2) 測定法とその意義
　血清または血漿を検体とする．総たんぱく質は，ビウレット法が代表的な分析法である．たんぱく質を強アルカリ性で変成させることで露出するペプチド結合と銅イオンによって形成される，紫紅色のビウレット型キレート化合物を比色定量する．アルブミンの代表的な分析法はBCG法である．緩衝液中でアルブミンのプラス荷電の側鎖とBCGのマイナスイオンが結合することで変化する色調を比色する．グロブリンは総たんぱく質とアルブミンの差として算出される．これらのたんぱく質を定量するための試薬キットが市販されている．
　栄養状態の指標として，代謝回転の早いトランスフェリン，プレアルブミン，レチノール結合たんぱく質などのラピッド・ターンオーバー・プロテインが測定されることがある．これらの半減期は数日以内と短く，半減期が20日程度のアルブミンよりも短いため，栄養状態の変化を早期に評価できるので臨床現場で利用される．しかし，スポーツ科学で利用されることは少ない．

3) 判定
　たんぱく質の摂取量不足などたんぱく質栄養の状態が悪いと濃度が低下する．下痢・嘔吐などによる脱水状態で濃度が上昇することがある．一方，たんぱく質摂取量が過剰になっても濃度は上昇しない．たんぱく質はアミノ酸に消化されて吸収されるが，過剰のアミノ酸は肝臓などで異化され，血中たんぱく質には合成されないためである．したがって，血中たんぱく質濃度はたんぱく質摂取量が不足している場合の指標となるが過剰の場合の指標とはならない．

4) 指導
　血中たんぱく質濃度が低い場合はたんぱく質摂取量が少なくないか調査する．高たんぱく質食を摂っている場合にたんぱく質が過剰かどうかは，血中たんぱく質濃度では評価できない．

(2) 血中遊離アミノ酸
1) 基礎知識
　アミノ酸はアミノ基（$-NH_2$）とカルボキシル基（$-COOH$）を持つ化合物の総称で，たんぱく質の構成成分である．血中遊離アミノ酸は体たんぱく質が合成されるときの基質となる．血液中には多くの種類の遊離アミノ酸が存在している．小腸で吸収されたアミノ酸は門脈経由で肝臓に運ばれて代謝される．その後，肝静脈から下大静脈に合流して心臓に達して，全身の組織に運ばれる．
　運動は骨格筋たんぱく質の合成を刺激するが分解も亢進する．合成が分解を上回る正味の合成状態になるには，血中アミノ酸濃度が上昇することが必要な条件である．
　組織によって利用されるアミノ酸には組織特異性がある．例えば，吸収されたアミノ酸が最初に到達する肝臓では分岐鎖アミノ酸（BCAA）は利用されないが，骨格筋はBCAAを取り込んで利用する．このため，血漿アミノ酸のバランスは血管によって異なる．長時間の運動では糖新生が行なわれるが，基質となるアラニンは骨格筋から肝臓へ運ばれてグルコースに転換される．糖新生の基質となるアミノ酸には体たんぱく質が分解して生じたものや，骨格筋で解糖系由来のピルビン酸とBCAA由来のアミノ基から合成されるアラニンがある．

2) 測定法とその意義
　除たんぱく血漿を検体とし，高速液体クロマトグラフィー（HPLC）を用いて分析する．分析が自動化されたアミノ酸分析計もある．血漿では40数種類のアミノ酸が定量されるが，目的に応

じて特定のアミノ酸だけをHPLCで分離・分析することもできる．研究目的に応じて必須アミノ酸，非必須アミノ酸，BCAAなどのように測定するアミノ酸の種類を決めることがある．

3）判定
　肝疾患や糖尿病で高値になり，栄養不良で低値になる．アミノ酸に限らず物質の血中濃度は，血中への出現速度と血中からの消失速度によって決まる．アミノ酸は，摂食後はたんぱく質が消化・吸収されたものが血中に出現するが，絶食時には体たんぱく質の分解によって生じたアミノ酸が血中に出現する．一方，体たんぱく質の合成が高まったり，エネルギー源として消費されたり，糖新生が高まったときには血中からの消失が増大する．また，組織によってアミノ酸の代謝特性があったり，ある種のアミノ酸が他のアミノ酸に変換されたりする．このため，血中の総アミノ酸濃度の変化だけでなく，必須アミノ酸や非必須アミノ酸，個々のアミノ酸の濃度の変化や構成比率を研究目的に応じて評価することが必要である．

4）指導
　血漿アミノ酸の濃度やバランスは運動後や食後に変化するが一過性である．体内でのたんぱく質合成にはアミノ酸のバランスが重要であり，ある種のアミノ酸が多すぎたり少なすぎるのは良くない．特定のアミノ酸だけを摂取して食事をおろそかにするようなことのないようにする必要がある．

(3) 血中アンモニア
1) 基礎知識
　血中アンモニアには，脱アミノ反応によるアミノ基由来のもの，ATPの分解によって生じるもの，そして腸内細菌由来のものがある．運動時には，脱アミノ反応を伴う糖新生やエネルギー源としてのアミノ酸の利用が亢進するので，血中アンモニアは上昇することがある．アンモニアは毒性があり肝臓で尿素に合成されることで解毒される．このため，運動による血中のアンモニア濃度の上昇は一過性である．アミノ酸のアルギニンは尿素を合成する尿素回路の構成成分であり，グルタミン酸もグルタミンに変換する過程でアンモニアを補足するので，血中アンモニアを低下させる作用がある．

2) 測定法とその意義
　藤井・奥田法に基づく方法がよく利用され，測定キットが市販されている．全血を検体とし，除たんぱく後にフェノールとペンタシアノニトロシル鉄（Ⅲ）酸ナトリウムと加え，アルカリ性とした後に次亜塩素酸ナトリウムで酸化して生ずる青色のインドフェノールを比色定量する．

3) 判定
　血中アンモニア濃度は肝臓疾患で上昇する．アンモニアには中枢毒性があるため，肝性昏睡の一因である．運動は血中アンモニア濃度を高めることがあるが，肝機能が正常であれば尿素に合成されるので，血中濃度の上昇は一過性である．

(4) 血中尿素窒素
1) 基礎知識
　アミノ酸が体内でたんぱく質合成以外の代謝に利用された場合に尿素が生成される（図12-1）．尿素は脱アミノ反応で生じたアンモニアから主として肝臓で合成される．アンモニアには毒性があるので，肝臓で尿素に合成されることは解毒されたことを意味する．尿素は腎臓で濾過され大部分は尿中に排泄されるが，汗中に排泄されるものもある．尿素は体たんぱく質やアミノ酸が異化する過程で生ずるため，運動時には血中尿素濃度は上昇する．

2) 測定法とその意義
　血清を検体とし，ウレアーゼ・グルタミン酸デヒドロゲナーゼ法がよく用いられる．尿素をウレアーゼでアンモニアと二酸化炭素に分解し，生成したアンモニア，2-オキソグルタル酸，NADPHの共存下で，グルタミン酸デヒドロゲナーゼの反応によってアンモニア量に依存して減少するNADPHを比色定量する方法である．試薬キットが市販されている．

3）判定

肝機能が低下すると尿素合成が減少するので血中尿素濃度が低下する．一方，腎機能が低下すると尿素の尿中排泄が減少するので血中濃度は上昇する．たんぱく質の摂取量が多いと肝臓での尿素合成は増加するが，腎機能が正常であれば尿素は尿中に排泄されるため，血中尿度濃度はそれほど上昇しない．

4）指導

たんぱく質の多量摂取によって尿素の合成は増大するため尿中排泄量も増大する．たんぱく質の過剰摂取で腎臓の負担が増加するとされるのはこのためである．しかし，腎機能が正常なら血中尿素濃度は上昇しないので，血中尿素濃度が上昇していないからといってたんぱく質の摂取量が過剰でないとはいいきれない．腎機能が低下すると濃度は上昇するので，腎機能の評価法の1つである．

(5) 血中クレアチニン
1）基礎知識

クレアチンはアミノ酸から肝や腎で合成され，多くはクレアチンまたはクレアチンリン酸として骨格筋に存在する．クレアチンリン酸はATPの生成に関与し，代謝産物としてクレアチニンが産生される．クレアチニンは腎で濾過された後，ほとんど再吸収されることなく尿中に排泄される．

2）測定法とその意義

Jaffe反応を利用したFolin-Wu法が一般的である．血清を除たんぱくした後の血清に含まれるクレアチニン分子中のメチレン基とピクリン酸が強アルカリの条件下で生成する赤色の複合体を比色定量する方法である．試薬キットが市販されている．クレアチニンは腎で濾過された後ほとんど再吸収されないので，血中クレアチニンは腎の濾過機能の指標となる．

3）判定

腎機能が低下するとクレアチニンは排泄されないため，血中濃度は上昇する．

4）指導

極端な高たんぱく質食を摂取していて濃度が上昇した場合は，たんぱく質の過剰摂取で腎機能が低下していないか調べる．

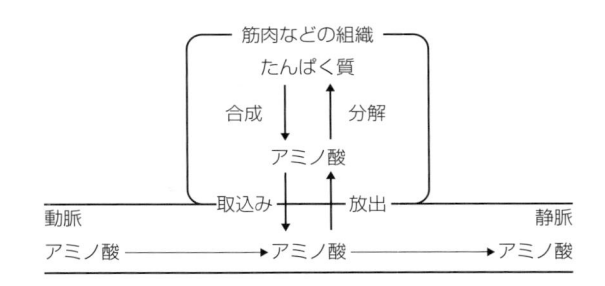

図12-2 動静脈格差法（組織バランス法）．
動脈血中と静脈血中の濃度差を測定することで，その物質の取込みあるいは放出を評価できる．骨格筋たんぱく質の代謝測定にはフェニルアラニン（Phe）の動静脈格差を測定するとよい．Pheは骨格筋内では他の物質に変化しないので，取込みは筋たんぱく質が正味の合成であることを示し，放出は正味の分解状態にあることを示す．

(6) 動静脈格差法（組織バランス法）
1）基礎知識

筋肉などの組織は動脈血によって栄養素などの必要な物質が供給され，静脈血によって代謝産物などが輸送される．このため，血中アミノ酸の動脈血中と静脈血中の濃度差から，組織によるアミノ酸の取り込みあるいは放出を評価でき，その組織のたんぱく質代謝に関する情報を得ることができる（図12-2）．

2）測定法とその意義

測定する組織に流入する動脈と流出する静脈にカテーテルを挿入する必要がある．動脈血の成分は全身のどの動脈でも同じなので，どの動脈から採取しても良い．しかし，動脈にカテーテルを挿入するのは容易ではないので静脈血を動脈血化して採取することがある．内部の気温を60℃前後にした箱の中に前腕を入れて暖めることで動静脈を吻合させ，表面に近い静脈血を動脈血化できる[1]．

静脈血の成分は組織ごとに異なる．ヒトでは大腿静脈と上述の前腕の動脈血化した血液を採取す

ることで骨格筋の代謝を測定する．骨格筋の代謝測定にはフェニルアラニン（Phe）の動静脈格差を測定するとよい．Pheは骨格筋内では他の物質に変化しないので，放出は筋たんぱく質が正味の分解状態にあることを示し，取込みは正味の合成であることを示す[2]．動物実験では骨格筋の他に腎臓，腸管，肝臓なども研究対象となる[3]．

組織による取り込みあるいは放出の速度を求めるためには，その組織の血流量を測定する必要がある．ヒトではプレチスモグラフィーなどで測定する．

3）判定

骨格筋の代謝を測定する場合，上述のPheを指標とすると筋たんぱく質が正味の合成なのか分解なのかを評価できる．しかし，骨格筋内で他の物質に代謝されるアミノ酸，例えばロイシン（Leu）はエネルギー源として酸化されたりするので解釈には注意を要する．後述の標識されたアミノ酸を利用することで，正味の合成・分解のバランスだけでなく，測定した組織におけるたんぱく質の合成速度と分解速度も評価することができる[2]．

2. 尿

(1) 尿たんぱく質
1) 基礎知識

尿には1日あたり40～80mgのたんぱく質が排泄されているが，上限は100～150mg程度である．健常者でも，たんぱく質を多量に摂取した場合や激しい運動後には，尿中たんぱく質排泄が増大することがあるが一過性のものである．

2) 測定法とその意義

陽性か陰性かを調べる（定性）方法と排泄量を調べる（定量）する方法がある．試験紙法が定性法の代表である．定量法にはピロガロールレッド法やクマシーブリリアントブルー法などがあり，試薬キットが市販されている．腎機能の評価指標である．

3) 判定

運動で陽性になったり排泄量が増大することがあるが一過性である．陽性だった場合も直ちに腎臓障害というわけではないので，例えば運動量の少ない状態で再測定して確認するようにする．繰り返して測定してもたんぱく尿が認められる場合は腎臓障害が疑われる．

たんぱく質の過剰摂取は筋肉合成を促進することがないだけでなく，体内で生成が増大する尿素を排泄するために尿量が増加して腎臓に負担をかけることを理解し，必要量以上のたんぱく質を摂取しないようにする．

(2) 尿中遊離アミノ酸
1) 基礎知識

尿中には1日あたり80～200mg/dLのアミノ酸が排泄されている．尿中アミノ酸量は腎臓での再吸収機能を知る指標となるが，スポーツ科学では筋肉の収縮たんぱく質の分解の指標である3-メチルヒスチジン（3-MeHis）の測定が重要である．

2) 測定法とその意義

血漿遊離アミノ酸と同様に液体クロマトグラフィーあるいはアミノ酸分析計で分析する．3-MeHis排泄量で筋たんぱく質分解を測定する場合は，3-MeHisの尿中濃度ではなく排泄量を測定する必要がある．このため，通常は1日に排泄される尿をすべて採取・蓄尿する．1日に排泄される尿量は1.5～2.0L程度であり，これをすべて採取し保存しておくことは被験者にとって負担が大きい．この問題を解決するために，排泄された尿の一部を正確に分別保存できる専用容器（アリコートカップ）がある（図12-3）．筋肉の収縮たんぱく質の分解が亢進すると3-MeHisの排泄量が増大する．

3) 判定

3-MeHisは皮膚や消化管の平滑筋に由来するものもあるが，運動することで増大したものは骨格筋の収縮たんぱく質に由来すると見なすのが一般的である．

(3) 尿中尿素窒素
1) 基礎知識
　血中尿素窒素のところで述べたように，体内でたんぱく質，アミノ酸が異化される過程で生じた尿素は大部分が尿中に排泄される．したがって，尿中尿素窒素を分析することで体内でのたんぱく質，アミノ酸の異化に関する情報を得ることができる．

2) 測定法とその意義
　血中と同様の方法で測定する．尿中に排泄される窒素の約80％は尿素窒素（表12-1）なので，後述の窒素出納を算出する場合に，尿中総窒素量の測定の代わりに尿素窒素が測定されることがある．

3) 判定
　尿中の尿素濃度は尿量によって影響を受ける．すなわち，体内で合成される尿素の量が多くても尿量が多ければ尿中濃度は低下するので，濃度が低いからといって体たんぱく質の異化が少ないとは必ずしもいえない．したがって，たんぱく質代謝の指標として尿中尿素窒素を測定する場合は尿中濃度に尿量を乗じた排泄量を用いる必要がある．このためには，尿中アミノ酸のところで述べたように蓄尿する必要がある．

(4) 尿中クレアチニン
1) 基礎知識
　クレアチニンは腎で濾過され，ほとんど再吸収されることなく尿中に排泄される．したがって，尿中クレアチニンの測定は腎での濾過機能の指標

図12-3　アリコートカップ．排尿する毎に，尿の一部を容器底部のカートリッジに分別して保存する．カートリッジに保存後は残りの尿は廃棄できるので，外出時の採尿などに便利である．

表12-1　尿中の窒素含有物質の内訳

	1日のたんぱく質性窒素の摂取量と尿中窒素排出量		
	高たんぱく質（19 gN以上）	中等度（≒10g N）	低たんぱく質（6g N以下）
総窒素	16.80 g/日 218 mg/kg	164 mg/kg	3.60 g/日 114 mg/kg
尿素窒素	14.70 g/日 189 mg/kg	137 mg/kg	2.20 g/日 88 mg/kg
アンモニア窒素	0.49 g/日 9.7 mg/kg	6.0 mg/kg	0.42 g/日 6.2 mg/kg
尿酸	0.18 g/日 3.4 mg/kg	2.1 mg/kg	0.09 g/日
クレアチニン	0.58 g/日 9.0 mg/kg	8.1 mg/kg	0.60 g/日 7.7 mg/kg
クレアチン	1.9 mg/kg	0.93 mg/kg	

（生化学データブックI, p.1599　東京化学同人　1979）

となる．尿中クレアチニン排泄量を血中クレアチニン濃度で除して算出するクレアチニン・クリアランスは腎機能を評価する上で有用である．

2）測定法とその意義

血中と同じくJaffe法で測定される．クレアチンは筋肉に多く一定速度で代謝されているので，その代謝物であるクレアチニンは毎日ほぼ一定量が尿中に排泄される．このため，クレアチニン排泄量は筋肉量の指標として用いられる．一方，尿中排泄が毎日一定であることから，1日に排泄された全尿を採取する場合，すべてが採取されたかどうかの指標として利用できる．すなわち，クレアチニン排泄量が他の日にくらべて少ない場合は，尿の一部が採取されていないことの指標となる．また，尿中物質の排泄量をクレアチニン排泄量当たりに換算することで，全尿を採取しなくても1日あたりの排泄量を評価できる．

(5) 窒素出納
1) 基礎知識

窒素出納はたんぱく質必要量を評価するための方法である．たんぱく質を構成するアミノ酸は窒素を含んでおり，アミノ酸が体内で異化されても窒素そのものは変化することはない．したがって，窒素の摂取量と排泄量のバランスが正の時にはアミノ酸が体内に増加したことを示し，負の時には減少したことを示す．すなわち，窒素出納が正の場合はたんぱく質摂取量は充足しており，負の場合は不足している．

2) 測定法とその意義

窒素摂取量から窒素排泄量を減じて求める．窒素は尿素窒素として尿中に最も多く排泄される．その他の窒素の排泄経路には，糞便，皮膚，汗，毛髪，爪などがある（図12-4）．したがって，窒素排泄量を厳密に測定するためには，これらの排泄経路によるものを測定することが望ましい．しかし，実際には尿中排泄量だけを測定して評価したり，尿中以外の排泄量は補正[4]したりする．また，尿中の総窒素量はケルダール法で測定することもあるが，尿中の窒素の80%程度は尿素窒素（表

窒素出納（g/日）＝窒素摂取量（g/日）－窒素排泄量（g/日）

飲食物	尿 便 毛髪 皮膚 汗 その他

図12-4 窒素出納での測定項目．
窒素出納は，摂取した窒素量から排泄された窒素量を差し引いて求める．窒素摂取量は飲食物の窒素量を分析するか栄養計算によって求める．窒素排泄量は，この図の排泄経路による排泄量をすべて測定するのではなく，尿中排泄量だけを測定することも多い．その場合，尿以外の経路による排泄量を補正することもできる．

12-1) なので尿素窒素だけを測定することもある．窒素摂取量は，摂取した食物の窒素量をケルダール法で測定するか，栄養計算によってたんぱく質摂取量から算出する．

3) 判定

窒素出納は通常は正の値である．負の値はたんぱく質摂取量が必要量を満たしていないことを示すので，食事調査でたんぱく質摂取量を評価する．エネルギーが充足していない場合は，摂取したたんぱく質がエネルギー源として消費されるため窒素排泄量が増加する．したがって，窒素出納が負の場合はエネルギー摂取量が不足していないかどうかの調査が必要なこともある．

トレーニングするとたんぱく質摂取量を増大しなくても，体内への窒素貯留が増加して窒素出納の正の値が大きくなる．一過性の運動で窒素出納は負の方向に向かうが，トレーニングによる適応は窒素出納を正の方向に向ける．運動の一過性の影響とトレーニングなどの長期的な影響を区別する必要がある．

3. 筋肉などの組織

(1) 組織たんぱく質の合成速度
1) 基礎知識

筋肉たんぱく質の合成速度は，筋肉のバイオプシーと同位体で標識されたアミノ酸を用いて測定

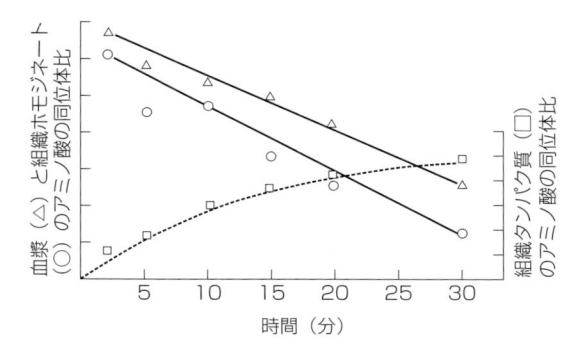

図12-5 標識されたアミノ酸を用いた組織たんぱく質合成速度測定法の理論.
(Garlick PJ et al.: A rapid and convenient technique for measuring the rate of protein synthesis in tissues by injection of [3H]phenylalanine. Biochem J. 192: 719-723, 1980.)

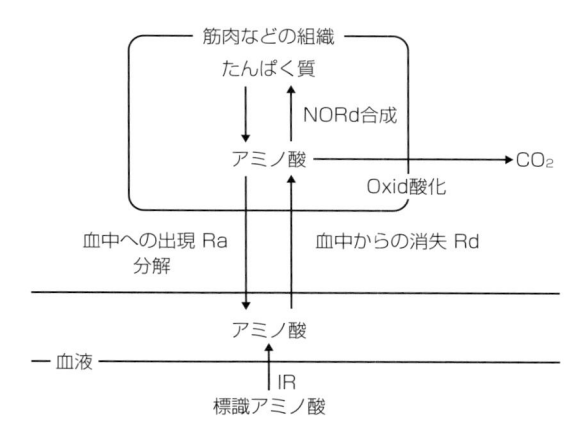

図12-6 動静脈格差法と標識されたアミノ酸を用いた組織たんぱく質代謝速度測定法の理論.
Ra, rate of appearance; Rd, rate of disappearance; NORd, Non-oxidative rate of disappearance; Oxid, oxidation. Raは組織たんぱく質の分解速度である. Rdは組織への取込み速度で, たんぱく質合成速度（NORd）と酸化速度（Oxid）からなる. 標識アミノ酸をμmol*/分で持続投与すると, 標識アミノ酸は血中へμmol/分の速度で出現してくるアミノ酸（図中のRa）によって希釈され, 血中アミノ酸の同位体比がμmol*/μmolとなる. この状態で投与速度（μmol*/分）を血中の同位体比（μmol*/μmol）で除すると分解速度のRa（μmol/分）が算出される. Ra＝Rdなので, Rdと呼気中への標識されたCO$_2$の排泄速度であるOxidの差が合成速度（NORd）となる.

できる. たんぱく質代謝の研究では炭素, 水素の同位体がよく用いられる. 炭素には放射性同位体の^{14}Cと放射能を持たない安定同位体^{13}Cがあり, 水素（H）には放射性同位体の^{3}Hと安定同位体^{2}Hがある. 物質中の炭素の一部を^{14}Cや^{13}Cで置き換えることを「標識する（ラベルする）」という. 標識された物質は微量でもその行方を追跡することができる. また, 同位体は通常の元素と同様に代謝されるので, 標識された物質の行方を調べることでその物質全体の行方を知ることができる.

筋肉たんぱく質の合成速度は, 標識されたロイシンやフェニルアラニンなどのアミノ酸を投与して, それが筋肉たんぱく質にどの程度, 取り込まれたかを測定することで算出する[5].

2）測定法とその意義

標識したアミノ酸を血中投与した後, バイオプシーで採取した筋肉のたんぱく質中と血漿中あるいは細胞内液中の, 同位体で標識されたアミノ酸を測定するのが基本である. 同位体はその存在比率である同位体比で表す. 筋肉たんぱく質および血漿中には多くのアミノ酸が存在しているので, これらのアミノ酸をガスクロマトグラフィーで分離した後に質量分析計で同位体比を測定する.

図12-5のように血漿中および細胞内の同位体比は投与後に徐々に減少するが, 変化が直線的なので平均同位体比を求められる. 一方, 組織たんぱく質中の同位体比は増加する. たんぱく質合成速度は組織たんぱく質中の同位体比を血漿中あるいは細胞内の同位体比で除して求める. この方法には, 数分から数時間という短い時間内での, 組織たんぱく質の合成速度を測定できる利点がある.

3）判定

筋肉などの組織たんぱく質は合成と分解が同時に進行しており, 合成速度が上昇しても分解速度が上回っていると正味の合成ではないことがある. 本法による結果を解釈するときには留意する.

(2) 全身のたんぱく質の代謝回転
1) 基礎知識

アミノ酸は体内でたんぱく質に合成される代謝経路の他に，エネルギー源として消費されたり，グルコースや脂肪に変換される（図12-1）．炭素の同位体で標識されたアミノ酸を用いることで，アミノ酸がこれらの経路でどのように代謝されたのか評価できる．図12-6は測定原理である．標識されたアミノ酸を血中へ持続投与して血中の同位体比が定常状態になった時には，同位体の血中からの消失と血中への出現が平衡状態になっている．このとき，血中からの消失経路には，①体たんぱく質への合成経路と②酸化されて二酸化炭素として呼気中へ排泄される経路がある．一方，出現経路には体たんぱく質の分解によってアミノ酸が血中に放出される経路がある．本法は，アミノ酸を標識した同位体の代謝経路を追跡することで全身的なたんぱく質の代謝回転を評価する方法である[2]．

2) 測定法とその意義

血中に標識されたアミノ酸を一定速度で持続注入すると，筋肉などの組織から血中に出現するアミノ酸によって希釈されて同位体比が定常状態になる．定常状態ではアミノ酸の血中からの消失速度が出現速度と等しいので，図12-6でRd=Raである．血中から消失したアミノ酸は組織中で①たんぱく質に合成（NORd）されるか②酸化（Oxid）される．Oxidは呼気中への標識された二酸化炭素の排泄速度を測定することで分かる．したがって，RaからOxidを差し引くことでNORdが求められる．

3) 判定

すでに述べた動静脈格差法では，組織たんぱく質が正味の合成状態なのか分解状態なのかは分かる．しかし，体たんぱく質は合成と分解が同時に進行しており，正味の合成が合成速度が上昇したためなのか，それとも分解速度が低下したためなのかを評価することはできない．本法を用いれば合成速度と分解速度をそれぞれ評価でき，正味の合成あるいは分解の状態の内訳が分かる．

(3) その他の筋肉などの組織を用いた評価項目
1) 基礎知識

たんぱく質はアミノ酸を結合してペプチドを作ることで合成される．この合成に関する種々の因子がたんぱく質代謝を変化させるメカニズムとして測定される．図12-7と8は遺伝情報にしたがってたんぱく質（ペプチド）が合成される過程で，

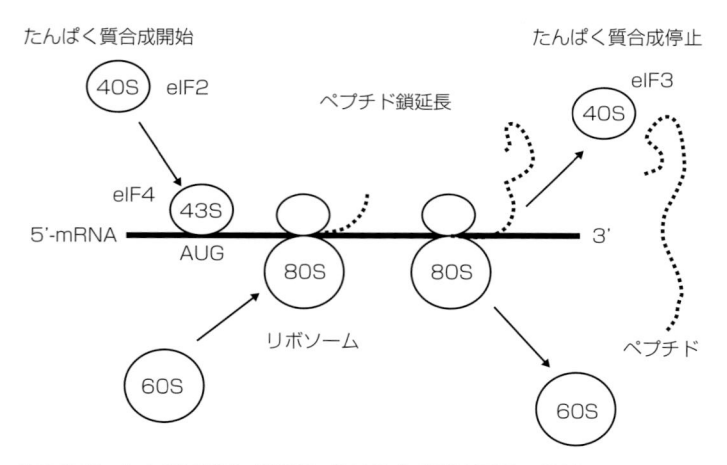

図12-7 たんぱく質合成過程における合成開始因子の役割．
(Layman DK.: Role of leucine in protein metabolism during exercise and recovery. Can J Appl Physiol. 27: 646-663, 2002.)

12章　運動によるたんぱく質代謝と生化学的指標

である．

3）判定

運動などの刺激によるこれらの因子の変化は検体を採取した時点におけるものであるが，どの程度の時間，持続するのかや影響の大きさがどの程度なのかを考慮する必要がある．すなわち，たんぱく質合成が上昇した場合，それが筋肥大につながるのかどうかは，実際に筋肥大が起こる長期的な研究などの結果とともに解釈する必要がある．

[岡村　浩嗣]

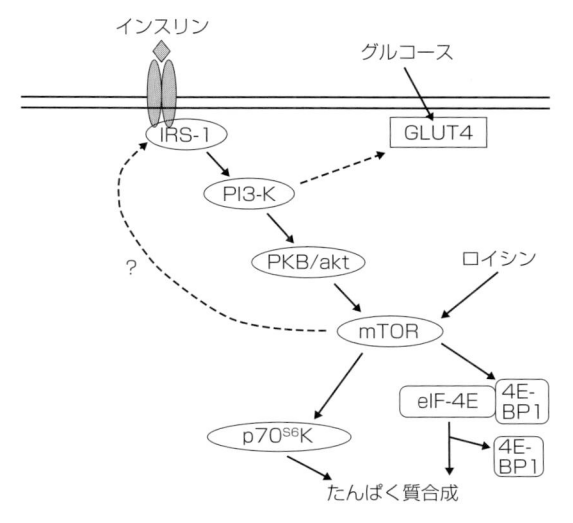

図12-8　インスリン，グルコースおよびロイシンによるたんぱく質合成調節．
この図はたんぱく質合成に対するホルモン（インスリン），グルコース，そして筋たんぱく質合成を刺激する作用を持つアミノ酸であるロイシンがどのようにたんぱく質合成に関与しているかを示している．運動のたんぱく質合成に対する影響も，これらの因子の変化を検討することで研究されている．IRS-1，インスリン受容体基質-1；PI3-K，フォスファチジル・イノシトール-3-キナーゼ；PBK，プロテイン・キナーゼB；mTOR，ラパマイシンの哺乳類標的；eIF-4E，eIF4開始複合体の4Eサブユニット，4E-BP1，eIF-4Eの結合抑制因子．（Layman DK.: Role of leucine in protein metabolism during exercise and recovery. Can J Appl Physiol. 27: 646-663, 2002.）

翻訳開始因子（eIF）などがどのように関与しているかを示している[6]．

2）測定法とその意義

バイオプシーで採取した組織を検体とし，電気泳動によって目的とする因子を分離して，それぞれに対する抗体を用いて測定する．運動や栄養で筋肉たんぱく質合成が亢進する機序の検討に有用

[文　献]

1) Abumrad NN et al.: Use of a heated superficial hand vein as an alternative site for the measurement of amino acid concentrations and for the study of glucose and alanine kinetics in man. Metabolism 30: 936-941, 1981
2) Levenhagen DK et al.: Postexercise nutrient intake timing in humans is critical to recovery of leg glucose and protein homeostasis. Am J Physiol Endocrinol Metab 280: E982-93, 2001.
3) Hamada K et al.: Effect of amino acids and glucose on exercise-induced gut and skeletal muscle proteolysis in dogs. Metabolism 48: 161-166, 1999.
4) Tarnopolsky MA et al.: Evaluation of protein requirements for trained strength athletes. J Appl Physiol 73: 1986-1995, 1992.
5) Garlick PJ et al.: A rapid and convenient technique for measuring the rate of protein synthesis in tissues by injection of [^{3}H] phenylalanine. Biochem J 192: 719-723, 1980.
6) Layman DK: Role of leucine in protein metabolism during exercise and recovery. Can J Appl Physiol 27: 646-663, 2002.

[II. スポーツ現場に生かす運動生化学]

13章 スポーツ選手の貧血と生化学的指標

キーワード：血中ヘモグロビン濃度，フェリチン，ハプトグロビン

1. 貧血

貧血はスポーツ選手によくみられる血液疾患の代表である．貧血とは，「血液単位容積中のヘモグロビン濃度の減少」と定義され，WHOの基準[1]では成人男性で13g/dL未満，思春期および成人女性では12g/dL未満とされている．貧血の一般症状としては赤血球数が減少し，ヘモグロビン濃度が低下するため，皮膚・粘膜が蒼白となる．また，ヘモグロビン濃度の低下のため組織への酸素供給の不足が起こる．したがって，循環器系においては心機能が代償性に亢進することにより心悸亢進，すなわち動悸・息切れが起こり，中枢神経系においてはその機能低下により全身倦怠感，頭痛，めまいなどの症状が起こり，その他消化器系においても，食思不振など種々の消化器症状を呈することになる．

2. 鉄代謝の生化学

(1) 血液の成分と組成

血液は細胞成分の血球と液状成分の血漿からなっている．血球成分のほとんどは赤血球（無核）であり，白血球と血小板は合計しても血球成分の2.5％前後，血液全体でも1％前後である．血液の約55％を占める液状成分のうち約90％が水，残りの10％がフィブリノーゲン・グロブリン・アルブミンなどのたんぱく質と，脂肪，糖質（血糖），抗体，ホルモン，ビタミン，老廃物（二酸化炭素，尿素など），無機塩類などである．

(2) 赤血球の形成と崩壊

赤血球は，呼吸色素のヘモグロビンを含む円盤状の細胞である．酸素を組織細胞へ運び，二酸化炭素を組織細胞から運び出す．酸素はほとんど水に溶けないので，1Lの血漿は3.2mLの酸素しか溶かすことができない．しかし，動脈血中のヘモグロビンに結合できる酸素は220mLで，約70倍の酸素運搬能力がある．

血液中の赤血球は骨髄でいくつもの段階を経てつくられる．まず，血液幹細胞から前赤芽球がつくられる．次に，前赤芽球の核小体がはっきりしなくなり，好塩基赤芽球になる．ミトコンドリアなどの細胞小器官が消失して，好酸赤芽球となり，ヘモグロビンが増して網状赤血球となる．網状赤血球から核が抜け（脱核），成熟型の赤血球として血液中に放出される（図13-1）．ヒトの赤血球の寿命は約120日であり，つねに未分化な血液幹細胞から補給される必要がある．その際，重要な役割を果たすのが，エリスロポエチンという糖たんぱく質ホルモンである．エリスロポエチンは，腎臓の傍糸球体から分泌され，赤血球の産生を刺激する造血ホルモンである．骨髄中で，血液幹細胞からつくられた前赤芽球に刺激を与え，赤血球の産生を促す．腎臓におけるエリスロポエチン産生を調節する因子は，おもに組織の酸素分圧と考えられてきた．たとえば出血などで血中の赤芽球

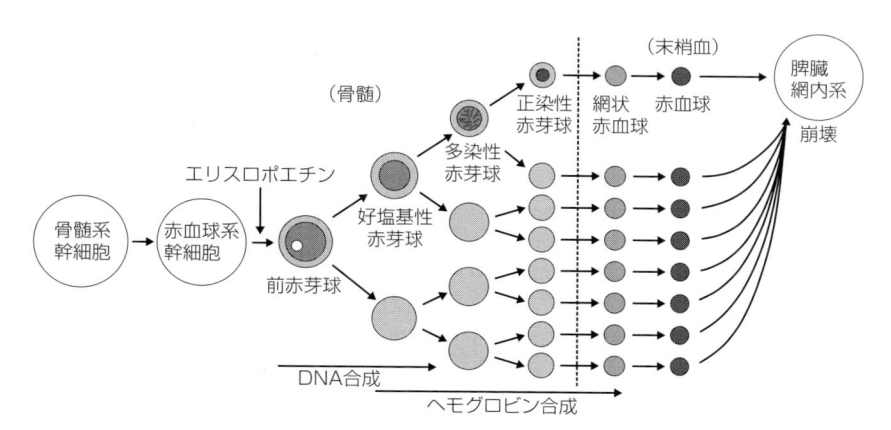

図13-1 赤血球の形成と崩壊
（中野昭一編：普及版　病態生理・生化学・栄養　図説　病気の成り立ちとからだⅡ　疾患別病態生理編，pp90，医歯薬出版株式会社，2001）

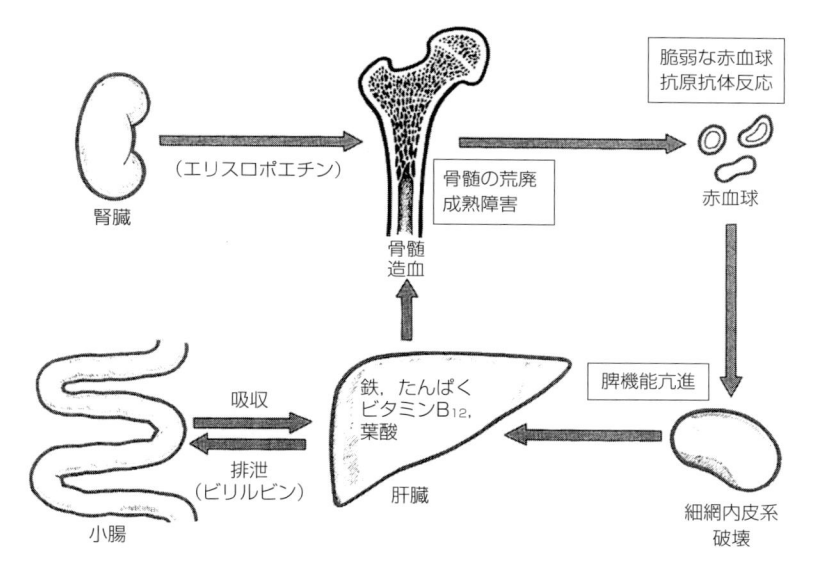

図13-2 赤血球の産生と崩壊．
（中野昭一　編：普及版　病態生理・生化学・栄養　図説　からだの仕組みと働き，pp206，医歯薬出版株式会社，2001）

が減少し，組織への酸素供給量が低下した場合，腎臓のエリスロポエチン産生細胞にある酸素センサーが酸素分圧の低下を感知し，エリスロポエチン産生が促進される（図13-2）．

(3) ヘモグロビン

ヘモグロビンは赤血球に含まれる酸素運搬体である．その機能は呼吸器官から末梢組織への酸素の輸送と，末梢組織から呼吸器官への二酸化炭素およびH^+（プロトン）の輸送と排出である．ヘモグロビンは2種類のポリペプチド鎖が各2本づ

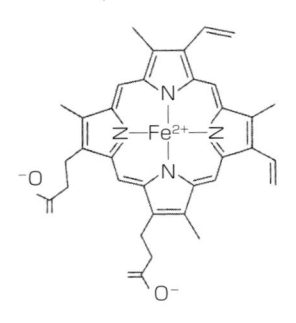

図13-3　ヘムの構造.

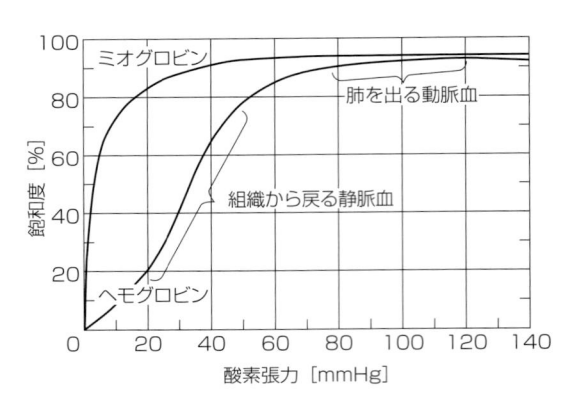

図13-4　ミオグロビンとヘモグロビンの酸素解離曲線.
(Robert K. Murry, et al.（上代淑人　翻訳）：ハーパー生化学. 初版, 丸善株式会社, 1997)

つ，合計4本のポリペプチドで構成されている四量体である．各サブユニットは，互いに非共有結合性の相互作用で結合している．各サブユニットの構造デザインは，ミオグロビンと基本的に同一であり，8個のαヘリックス部分が連結したものである．成人の主要なヘモグロビンであるHbAは，2本のα鎖とβ鎖から成る．各ポリペプチドにはヘム（図13-3）が各1個づつ非共有結合で結合しており，これらに酸素が結合する．ヘモグロビンのα鎖は141個の，β鎖は146個のアミノ酸からなっている．

ヘモグロビンを構成する4本のサブユニットは，酸素を結合することにより，サブユニット自体の高次構造に一定の変化を生じる．それに加えて，サブユニットどうしの親和性も変化し，酸素がいっそう結合しやすくなる．その結果，ヘモグロビンの酸素解離曲線は，酸素濃度の上昇に伴い，酸素に対するヘモグロビンの親和性が著明に増大し，S字状曲線となる（図13-4）．肺毛細血管の酸素張力は，約100mmHgなので，ヘモグロビンは肺において効率良く酸素と結合できる．一方，静脈血の酸素張力は約40mmHgなので，末梢組織の毛細血管では，肺で結合した酸素の多くを効率良く放出できる．ヘモグロビンの酸素解離曲線がS字状であることは，ヘモグロビンが肺から肺以外の組織への酸素の運搬に適したたんぱく質であることを意味している．一方，ミオグロビンの酸素解離曲線は双曲線状で，しかも，いかなる酸素張力でも，ミオグロビンの酸素飽和度はヘモグロビンのそれよりも高い．さらに，活動している筋肉の毛細血管では酸素張力は約20mmHgと低い．このことは，ミオグロビンが血液中のヘモグロビンから放出された酸素を受け取り，筋肉中に蓄えるのに適していることを意味している．

（4）鉄代謝

体内には4つの主要な鉄含有たんぱく質群がある．①鉄含有非酵素たんぱく質（ヘモグロビン，ミオグロビン），②鉄—硫黄含有酵素，③ヘム含有酵素，④鉄—硫黄含有酵素ではなくヘム含有酵素でもない鉄含有酵素である．基本的な酸素輸送では，非酵素たんぱく質（ヘモグロビン，ミオグロビン）が，酸素分子を結合する重要な基質として機能する．鉄—硫黄含有酵素で，鉄は1電子の運搬反応に関与し，主としてエネルギー代謝に関わる．ヘム含有酵素では，鉄は様々な形態のヘムに結合し，さまざまなコファクター（例えば，チトクロームP450複合体）が関与する電子の運搬反応に関与する．鉄—硫黄含有酵素ではなくヘム含有酵素でもない鉄含有酵素は，ポルフィリン環構造に結合しないものや，鉄—硫黄複合体ではないすべてのものがあげられる．なかでも自然界にはヘムを含むたんぱく質（ヘムたんぱく質）が広く分布している．ヒトや動物について重要なヘムたんぱく質の例を表13-1にあげる．

表13-1 ヘムたんぱく質の例.

タンパク質	機能
ヘモグロビン	血液中の酸素の運搬
ミオグロビン	筋肉中の酸素の貯蔵
シトクロムc	電子伝達鎖に関与
シトクロムp450	生体異物質の水酸化反応
カタラーゼ	過酸化水素の分解
トリプトファンピロラーゼ	トリプトファンの酸化

表13-2 体内の鉄含量（体重75kg男性の概算）.

		mg
機能鉄	ヘモグロビン	2300
	ミオグロビン	320
	ヘム酵素	80
	非ヘム酵素	100
		2800
貯蔵鉄	フェリチン	700
	ヘモジデリン	300
		1000
総量		3800

（鈴木継美，和田 攻 編：ミネラル・微量元素の栄養学「鉄」，pp352-353，第一出版，1998）

1）鉄の機能と体内分布

鉄の機能としては酸素の運搬とエネルギー代謝が最も重要である．体内の鉄は酸化状態によってFe^{2+}とFe^{3+}のイオンとして存在する．エネルギー代謝に関与する鉄の機能は，この2つの化学形態の間を容易に移り変わることのできる性質に依存する．体内の鉄は成人男性では約4g，成人女性では約2.5gである．これらの鉄は機能鉄と貯蔵鉄に分けられる（表13-2）．全身の鉄の約2/3は機能鉄であり，その大部分はヘムたんぱく質（ヘモグロビン，ミオグロビン，各種のシトクロム等）として存在しており，その中でもヘモグロビンは特に大量に存在する．鉄はその他に，鉄─硫黄たんぱく質に属する鉄含有酵素や，鉄の貯蔵・輸送に関与するたんぱく質の構成要素等としても存在する．貯蔵鉄は成人男性では全身の鉄の約1/3を占めるが，成人女性では約1/8にすぎない．

2）鉄代謝

鉄はヘム鉄あるいは非ヘム鉄のどちらかの形で食事により摂取される（図13-5）．図に示すようにこれら異なる形の鉄吸収には，それぞれ別の経路を必要とする．近位十二指腸における鉄吸収は，体外への生理的排泄経路がなく，厳重に調節されている．正常の状態では，身体は鉄の量を保つことに敏感で，健康成人男子が失う鉄の量は約1mg/日で，吸収によってとらえる程度のものである．成人女子の場合は，月経で多量の血液を失うために，男子より鉄欠乏の状態になりやすい．

近位十二指腸の小腸上皮細胞が鉄吸収を担っている．Fe^{3+}の形で入ってくる鉄は，小腸上皮細胞表面に存在する鉄還元酵素によりFe^{2+}に還元される．食物中のビタミンCも第二鉄から第一鉄への還元を助ける．鉄の小腸上皮細胞の先端表面から細胞内部への移動は，H^+（プロトン）と連動した二価金属輸送担体により行われる．この輸送担体たんぱく質は鉄に特異的ではなく，幅広いさまざまな二価金属を輸送することができる．鉄はひとたび小腸上皮細胞に入ると，フェリチンとして蓄えられるか，基底膜を通過して血漿中に移行しトランスフェリンによって運搬される．Fe^{2+}は血漿中においてトランスフェリンによって運搬される形のFe^{3+}に戻される．鉄吸収は小腸上皮細胞の段階で起こり，そこではもし十分量の取りこみがあると，それ以上の吸収は抑制される．鉄吸収は赤血球生成の全体的な鉄要求にも左右される．

3）食事鉄

食物中で鉄は2つの基本となる形態を取っており，ヘム鉄と非ヘム鉄である．ヘム鉄は，植物源から動物源までに存在するすべての鉄の形態であり，ミオグロビンとヘモグロビンの有するポルフィリン環構造に鉄がしっかりと結合している．非ヘム鉄はその他の形態の鉄である．無機鉄は胃酸によって溶解，イオン化され，第一鉄イオンに還元され，クエン酸やアスコルビン酸のような化合物と錯体を形成し，消化管上部で溶解した状態となる．鉄と錯体を形成し，溶液状に保持することができるアスコルビン酸のような物質の種類や量もまた可溶性管腔内プールの非ヘム鉄の量に影響を及ぼす．非ヘム鉄吸収を阻害する物質には，フ

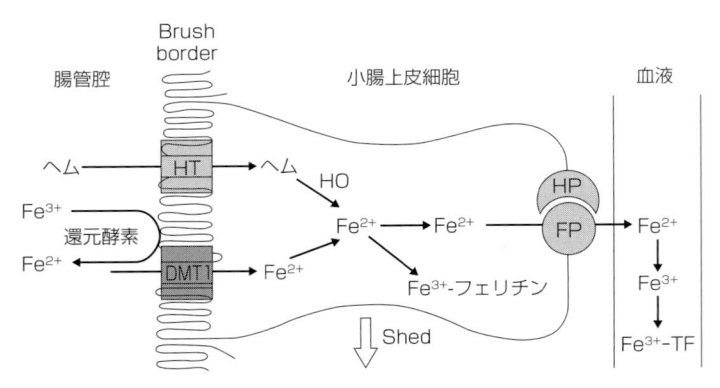

図13-5 鉄の吸収.
(Robert K. Murry, et al.（上代淑人　翻訳）：ハーパー生化学．初版，丸善株式会社，1997)

表13-3　赤血球指数による貧血の分類.

小球性低色素性貧血 (MCV≦80, MCHC≦30)	正球性正色素性貧血 (MCV=81～100, MCHC=31～35)	大球性正色素性貧血 (MCV≧101, MCHC=31～35)
①鉄欠乏性貧血 ②サラセミア ③鉄芽球性貧血 ④無トランスフェリン血症	①溶血性貧血 ②再生不良性貧血 ③急性出血 ④急性白血病，骨髄異形成症候群，多発性骨髄腫，悪性リンパ腫に伴う貧血 ⑤二次性貧血（感染症，甲状腺疾患，肝障害，腎障害） ⑥骨髄への腫瘍細胞浸潤 ⑦発作性夜間血色素尿症	①巨赤芽球性貧血，ビタミンB_{12}欠乏（悪性貧血・胃全摘後），葉酸欠乏 ②骨髄異形成症候群 ③肝障害・甲状腺機能低下症に伴う貧血

ィチン酸，ポリフェノールやタンニンをはじめとして数多くの成分がある．これらの阻害物質は，消化管管腔内において，第一鉄イオンや第二鉄イオンと強固な複合体を形成し，吸収性のたんぱく質と反応できなくする．したがって，大量の精製されていない穀類や非消化性繊維を含む食事は，鉄の生体利用効率が低い．一方，高度に精製された穀類を含む食事や非消化性繊維などがほとんど含まれていない食事や多くの肉類を含む食事は，鉄の生体利用効率は高い．ヘム鉄は非ヘム鉄と比較して生体利用効率は高く，その生体利用効率は，非ヘム鉄に比べ食事中に含まれる他の因子の影響を受けにくい．これまで鉄塩，鉄を含む食事，および食品などの化学的な性質について，管腔上部における塩基性pHにおいても鉄の可溶性を保持し，吸収性たんぱく質との応答ができるようにする物質との最適な組み合わせを作成するためにさまざまな研究がなされてきた[6,7]．

3. スポーツ選手の貧血

吉村はスポーツ活動に伴って発現する貧血を，「運動性貧血」，「スポーツ貧血」と呼んだ[8]．吉村によれば，運動時には筋のたんぱく合成が著しく更新するため，たんぱく欠乏状態で運動した場合，溶血を生じ，その遊離した血色素たんぱくを筋のたんぱく合成に利用している．その際に生ずる貧血を運動性貧血と定義した．多くの場合，スポーツ選手に発生する貧血全般に対して運動性貧血，スポーツ貧血という言葉を用いている．貧血の有無は血中ヘモグロビン濃度から判定し，種類の推定には赤血球指数を用い（表13-3），生化学

表13-4 スポーツ選手の鉄欠乏性貧血の主な原因と機序.

原因	機序
消化管出血（ストレス，腸管虚血），腎出血，過多月経	赤血球漏出による鉄損失
血管内溶血（過重練習，高温多湿練習環境）	ヘモグロビン鉄としての鉄損失
筋肉損傷（過重練習，高温多湿練習環境）	ミオグロビン鉄としての鉄損失
食欲低下（過重練習），食事量減（体型維持）	鉄摂取不足
腸管虚血（過重練習）	鉄吸収不全
筋肉の肥大化，成長	鉄需要の増加
大量発汗	汗中鉄としての損失

（北島晴夫：スポーツ選手の貧血の診かた．治療，89（8），2477-2482，2007を一部改変）

指標から種類の確定をする．

(1) 貧血の種類

スポーツ選手の貧血の原因は，1．血漿量増大による血液希釈，2．運動による血球破壊（血管内溶血）と血色素尿によるヘモグロビンの体外への損失，3．発汗に伴う鉄の損失，4．体内鉄の不足や，赤血球合成材料の不足による骨髄での赤血球産生の減少である．貧血の原因から貧血の種類を，1）希釈性貧血，2）溶血性貧血，3）鉄欠乏性貧血に分類することができる．

1）希釈性貧血

希釈性貧血は，トレーニングに伴って血漿量が増加し，相対的な濃度の低下を引き起こすみかけ上の貧血[9]といわれる．トレーニングによって起こるこのような適応は血液の粘性抵抗を低くして血流を円滑にし，結果的に酸素運搬能力を高めると考えられる．また逆に，スポーツ活動直後は血液濃縮も起こるので，これらの影響を考慮して血中ヘモグロビン濃度を判断する．みかけの貧血なのか真の貧血なのかの判断は，血中ヘモグロビン濃度や，ヘマトクリット値，赤血球数などの血液学指標に加えて，鉄代謝の指標もあわせて検討する．

2）溶血性貧血

溶血性貧血では，通常，正球性正色素性貧血を示し，網赤血球の著明な増加，血清ビリルビン高値，血清ハプトグロビン低値，尿中ウロビリノゲン増加がみられる．運動による溶血は，血球破壊（血管内溶血）によるものである．血球破壊の原因としては，ランニングや，剣道などでみられる足底への物理的衝撃がある[10,11,12]．脾臓から放出されるリゾレシチンによる赤血球膜抵抗性の低下や乳酸などによる代謝性アシドーシスによる赤血球浸透圧脆弱性の亢進などが考えられる．血管内で溶血が起こり，赤血球からヘモグロビンが血漿中に入るとハプトグロビンと結合し代謝される．したがって血漿中のハプトグロビン濃度の減少は血管内溶血の指標となる．

3）鉄欠乏性貧血

鉄欠乏性貧血は，スポーツ選手の貧血の中で最も発生頻度の高い貧血である．鉄欠乏性貧血の判定には，血液学検査と鉄代謝に関係する生化学的指標の検査を組み合わせて判定する．主に，血中ヘモグロビン濃度，ヘマトクリット値，赤血球数，MCV，MCH，MCHC，血清鉄，総鉄結合能，トランスフェリン飽和率，フェリチンを用いる場合が多い．スポーツ選手の鉄欠乏性貧血についてこれまでに指摘されている原因と機序を表13-4に示した．

鉄欠乏は，体内の貯蔵鉄が不十分な状態や，さまざまな組織への鉄の供給が十分でない状態と定義される[15]（図13-6）．鉄が不足すると造血組織では造血が制限されて貧血，鉄欠乏性貧血に陥る．貯蔵鉄不足は，急速にあるいは非常にゆっくりとおこる．それは，鉄の摂取量（または貯蔵量）と鉄の必要量とのバランスに依存する．個々の組織や細胞内小器官で真の鉄欠乏を生じる速度は，鉄の再利用に関する細胞内メカニズムと同様にこれらの鉄含有たんぱく質の代謝回転速度に依存する．この必須体内鉄欠乏が生じた場合，骨格筋への影響が顕著であり，ミトコンドリアにおける

機能的な結果と鉄欠乏症の程度

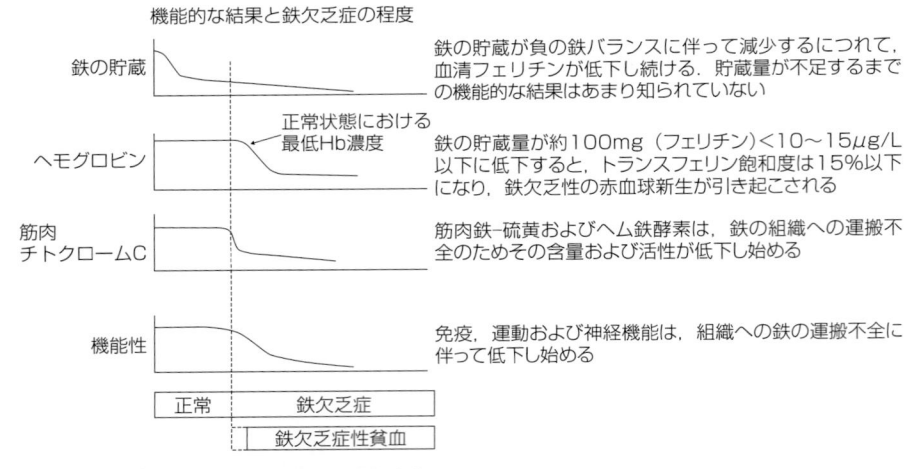

鉄の貯蔵が負の鉄バランスに伴って減少するにつれて、血清フェリチンが低下し続ける。貯蔵量が不足するまでの機能的な結果はあまり知られていない

鉄の貯蔵量が約100mg（フェリチン）<10〜15μg/L以下に低下すると、トランスフェリン飽和度は15%以下になり、鉄欠乏性の赤血球新生が引き起こされる

筋肉鉄-硫黄およびヘム鉄酵素は、鉄の組織への運搬不全のためその含量および活性が低下し始める

免疫、運動および神経機能は、組織への鉄の運搬不全に伴って低下し始める

図13-6　貯蔵鉄不足とそれに伴う機能変化.
（木村修一, 小林修平　翻訳監修：専門領域の最新情報　最新栄養学　第9版「鉄」, pp436, 建帛社, 2007）

表13-5　鉄栄養状態の分類基準（鉄欠乏の3段階）.

分類	ヘモグロビン濃度 (g/dl)	トランスフェリン飽和率 (%)	血清フェリチン (ng/ml)
貯蔵鉄欠乏	≧12	≧16	<12
潜在性鉄欠乏	≧12	<16	<12
鉄欠乏性貧血	<12	<16	<12

(Report of the International Nutritional Anemia Consultative Group, measurements of iron status, The Nutrition Foundation, Inc, Washington, DC, 1985)

鉄—硫黄含量，チトクローム量および総酸化能の低下を伴う．TCA回路酵素の活性や他の臓器のミトコンドリアの酸化能はあまり強い影響は受けない．赤血球細胞の寿命は，ヒトでは約120日で，他の動物ではそれよりも短いので，ある組織や細胞内小器官では，赤血球に有意な変化を検出する以前に何らかの機能的な鉄欠乏に陥っている場合もある．

(2) 体内鉄の状態評価

1985年Cookを中心とするWHOの貧血研究班（International Nutritional Anemia Consultative Group）により鉄欠乏の3段階が定義された[17]．第1段階として貯蔵鉄が減少した状態（前潜在性鉄欠乏），第2段階として赤血球造血のための鉄が欠乏した状態（潜在性鉄欠乏），第3段階として鉄欠乏性貧血である（表13-5）．鉄栄養状態に関係する複数の血中の鉄関連指標と判定基準を用いて鉄欠乏を判定する．また各段階での検査値の変動は図13-7のとおりである[18]．

(3) 貧血の発生頻度

平成11年度日本オリンピック委員会強化指定選手の検診の結果では，貧血の頻度は男性選手で4.7%，女性選手で5.4%であった．競技種目別にみると，女子陸上選手では，56%に貧血が認められた．その他，これまでに女子スポーツ選手の貧血および鉄欠乏の発生頻度が高いことが報告されている[19〜23,33〜37]．

分類	問題なし	貯蔵鉄欠乏	潜在性鉄欠乏	鉄欠乏性貧血
細胞内皮系細胞の鉄(0〜6)	2〜3+	0〜1+	0	0
総鉄結合能(μg/dL)	330±30	360	390	410
血清フェリチン(μg/L)	100±60	<12	<12	<12
鉄吸収	問題なし	上昇	上昇	上昇
血清鉄(μg/dL)	115±50	115	<60	<40
トランスフェリン飽和率(%)	35±15	30	<16	<16
赤血球プロトポルフィリン(μg/dL RBC)	30	30	>70	>70
赤血球	問題なし	問題なし	問題なし	小球性低色素性

図13-7 鉄欠乏の進展に伴う各種指標の変動.
(Cook, J.D., Finch, C. A., et al.: Assessing iron status of a population. Am. J. Clin. Nut, 32: 2115-2119, 1979)

4. 貧血に関係する生化学的指標

(1) フェリチン（貯蔵鉄）

　フェリチンは23％の鉄を含有しており，アポフェリチン（鉄を除いたたんぱく質部分）は約440kDaの分子量である．フェリチンは分子量18.5kDaのサブユニット24個からなり，それらは3000〜4500個のFe^{3+}原子の周りにミセルを形成している．貧血にいたる前からの鉄欠乏状態を把握するためには，体内の貯蔵鉄を反映する指標であるフェリチン値を用いる．フェリチンは早期に鉄欠乏者を検出できることから，貧血にいたる前の潜在性の鉄欠乏状態をとらえるのに役立つ指標である[17,24,25]．

　フェリチン1ng/mLは体内貯蔵鉄8mgに相当し[25]，フェリチンと貯蔵鉄との関係が鉄吸収によって評価され[26]，鉄欠乏で低下，炎症や肝疾患で上昇することが報告された[27]．このフェリチンの使用により貯蔵鉄の状態を感度よく的確に把握することが可能となった．しかし，フェリチンの測定方法により値に違いが見られるため，フェリチンの測定方法を確認したうえで鉄欠乏を評価・判定することも必要である[28]．フェリチンの限界値は，一般成人男女で12ng/mLとする場合が多い．中には10ng/mL，15ng/mL，17ng/mL，20ng/mLとする場合もみられる．スポーツ選手に対応した限界値の設定はみあたらない．評価対象選手と評価の目的に応じて限界値を設定することとなる．

(2) ハプトグロビン

　ハプトグロビンは溶血の指標のひとつである．溶血とは，赤血球膜が破れて，赤血球内へのヘモグロビンが血液中に流出する現象である．ハプトグロビン（Hp）は赤血球の外に出たヘモグロビン（Hb）を強固な非共有結合で結合する（Hp-Hb）糖たんぱく質である．血漿中のハプトグロビンの濃度は，1dLあたり40〜180mgのヘモグロビンを結合できる量である．毎日分解されるヘモグロビンの約10％が循環血中（すなわち赤血球外）に放出されるが，残り90％は古い壊されかかった赤血球中にあって，組織球系の細胞によって分解処理される．遊離ヘモグロビンは腎糸球体を通過して細尿管に入り，その中で沈殿する傾向があり，極めて大量の不適合輸血の後にヘモグロビン量がハプトグロビンの結合能を越えたような場合に起こり得る（図13-8）．しかしながら，Hb-Hpの複合体ならば大きすぎて糸球体を通らない．それゆえHpの機能は，腎臓への遊離Hbの亡失を防止することにあり，これによってHbの中の大切な鉄が保存される．さもないと，鉄は身体から失わ

```
A. Hb        →  腎臓  →  尿中に排泄または細尿管で沈殿；
   (MW 65000)              鉄は身体から失われる

B. Hb      +    Hp    →   Hb：Hp 複合体 ─╫→ 腎臓
   (MW 65000) (MW 90000)  (MW 155000)
                              ↓
                          肝細胞で異化：
                          鉄は保存され再利用される
```

図13-8 遊離HbとHb-Hp複合体との代謝経路の相違.
(Robert K. Murry, et al.（上代淑人 翻訳）：ハーパー生化学. 初版, 丸善株式会社, 1997）

れてしまうことになる．ヒトのハプトグロビンには3つの多型があって，Hp1-1，Hp2-1，およびHp2-2として知られている．ハプトグロビンの多型は多くの炎症性疾患の罹患率と関係する可能性が示唆されている[38]．

ヒト血漿中のハプトグロビンの量は変化するので，診断上有用なことがある．溶血性貧血の場合には，Hpは低下を示すが，これは，ハプトグロビンの半減期が約5日であるのに対し，Hb-Hpの半減期は90分程度に短縮されるので，この複合体が肝細胞によってすみやかに血漿中から除去されてしまう結果であるとされている．すなわちハプトグロビンはヘモグロビンを結合すると，正常の約80倍もの速さで血漿から消失する．それ故，溶血性貧血でみられるようにHbが常時赤血球から遊出しているような状態の下では，ハプトグロビンの濃度は急激に低下する．ハプトグロビンは一種の急性期相たんぱく質で，種々の炎症状態においてその血漿濃度が上昇する．

(3) トランスフェリン

トランスフェリン（Tf）は，鉄を必要とする体中の部位への鉄を輸送する際の中心的役割を果たしている血漿たんぱく質である．分子量約76kDaの糖たんぱく質であり，肝臓で合成される．トランスフェリンは血液中の鉄（1分子あたり2原子のFe^{3+}結合）を，鉄を必要とする箇所に輸送するので，体内での鉄の代謝において中心的な役割を果たす．1日あたり約2000億個の赤血球（約20mL）が破壊されるので，約25mgの鉄が放出され，そのほとんどがトランスフェリンで運搬される．多くの細胞の表面にトランスフェリン受容体（TfRs）が存在する．トランスフェリンはこれらの受容体に結合し，細胞内に取り込まれる．リソソーム内の酸性pHによって，鉄はトランスフェリンから解離する．解離した鉄はリソソーム内から細胞質に入る．トランスフェリンの総量を総鉄結合能といい，鉄と結合していないトランスフェリン量を不飽和鉄結合能として，体内の動態を知るための間接的な手段とする．

(4) 血清鉄

一般成人の総鉄量は約4gでありたんぱくと結合して存在している．約2/3はヘモグロビンと結合して赤血球中にあり，約1/3はフェリチンやヘモジデリンと結合し，貯蔵鉄としてさまざまな細胞に広く分布する．特に肝細胞や肝・脾・骨髄中の網内系細胞に多く存在する．約0.1%がトランスフェリンと結合して血漿中に存在する．

5. スポーツ選手の貧血および鉄欠乏の予防

(1) 鉄摂取量の目安

一般成人の鉄の推定平均必要量と推奨量は，それぞれ月経のある女性9mg，10.5mg，男性6.5mg，7.5mgとされている[30]．一方でスポーツ選手に対して摂取すべき鉄の目標量は，10〜15mgとする場合もある[31]．その他スポーツ選手に対して報告されている数値は，Donath（1992）は30〜40mg，長嶺（1984）は25〜30mg，山岡（1994）は20〜25mgとする値がある．しかし，どれも根拠は乏しい．

仮に基本的な鉄損失量が0.76mg，汗による鉄損失量が1mg，月経による鉄損失量が0.55mgとし，腸管吸収率15%で計算すると，鉄の必要量は15mgとなる．そこに個人間変動10%を考慮すると18.5mgとなる．スポーツ選手の鉄摂取量の目安を考える際に考慮すべき点は，運動による血球破壊（血管内溶血）と血色素尿によるヘモグロ

ビンの体外への損失，発汗に伴う鉄の損失と，個人間変動が大きい可能性があるということである．

(2) 貧血予防の食事

　血色素の材料となっているのは，主に鉄とたんぱく質であり，赤血球合成材料にはその他，ビタミンB_6，B_{12}や葉酸なども関係している．一般女性を対象として行われた鉄栄養状態と食物摂取量の関連に関する研究の中で，魚介・肉類を短期的ではなく継続的に摂取することを重視すべきことが示されている[32]．魚介・肉類とは，つまり主菜をとることにつながる．貧血および鉄欠乏の予防のためには，鉄とたんぱく質の豊富な食品を使用した料理を継続的・日常的にとることが必要となる．食物摂取状況に偏りの見られるスポーツ選手は多い．日々の食事の中で主菜を軽視してはいけない．また，鉄の豊富な食品は，亜鉛や銅を含む場合が多い．鉄摂取量と他の微量元素の摂取とが正の相関を示すことから，適切な鉄摂取にあることが結果的に他の微量元素も摂取することにつながる．

　体重が軽いほうが有利とされる競技種目に関わる競技者で，エネルギー摂取量が少なく，相対的に鉄の摂取不足がみられる．多くの場合，鉄摂取量ばかりではなく，他の様々な栄養素の不足も同時にみられる．エネルギー不足の状態で運動を続けると貧血や鉄欠乏につながる．鉄をはじめとした各栄養素の摂取を考える前に適切なエネルギー摂取がなされているかどうかを確認する．

　その他，練習環境にも配慮することが必要となる．練習計画に基づき，練習効率を高めつつ，練習強度・練習時間の軽減を図り，足底への物理的衝撃（footstrike）を緩和する靴，footstrikeの少ない練習コースあるいは練習場の検討，高温多湿環境の回避策についても検討が必要と思われる．そしてストレス管理を考慮することも忘れてはならない．

[亀井　明子]

[文　献]

1) Report of a WHO Technical Report series, No.405, 1-37 (1968) WHO, Geneva
2) 中野昭一編：普及版　病態生理・生化学・栄養図説　病気の成立ちとからだⅡ　疾患別病態生理編，90，医歯薬出版株式会社，2001.
3) 中野昭一　編：普及版　病態生理・生化学・栄養　図説　からだの仕組みと働き，206，医歯薬出版株式会社，2001.
4) Robert K Murry et al.（上代淑人　翻訳）：ハーパー生化学．初版，丸善株式会社，1997.
5) 鈴木継美，和田　攻　編：ミネラル・微量元素の栄養学「鉄」，352-353，第一出版，1998.
6) Hallberg L, Hulthen L: Prediction of dietary iron absorption. An algorithm to calculate absorption and bioavailability of dietary iron, Am J Clin Nutr 71: 147-1160, 2000.
7) Reddy MB, Hurrell RF, Cook JD: Estimation of nonheme-iron bioavailability from meal composition. Am J Clin Nutr 71, 937-943, 2000.
8) Yoshimura, H: Anemia During Physical training (sports anemia). Nutrition Rev 28: 251, 1970.
9) Eichner ER: Sports anemia, iron supplements and blood doping. Med Sci Sports Exerc 24 (9): 315-318, 1992.
10) Ashenden M J et al.: Serum ferritin and anemia in trained female athletes. Int J Sports Nutr 8 (3), 223-229, 1998.
11) 今　有礼ほか：夏季合宿期における大学剣道部員の血清ハプトグロビン変動．武道学研究，39 (1), 1-8, 2006.
12) Falsetti HL et al.: Hematological variations after endurance running with hard-and soft-soled running shoes. Phys Sportsmed 11 (8): 118-127, 1983.
13) Schumacher Y O et al.: Hematological indices and iron status in athletes of various sports and performances. Med Sci Spoers Exerc 34 (5), 869-875, 2002.
14) 北島晴夫：スポーツ選手の貧血の診かた．治療，89 (8), 2477-2482, 2007.
15) Green R, Charlton R, Seftel H et al.: Body iron excretion in man: collabotative study. Am J

Med 45: 336-353, 1968.
16) 木村修一, 小林修平　翻訳監修：専門領域の最新情報　最新栄養学　第9版「鉄」, 436, 建帛社, 2007.
17) Report of the International Nutritional Anemia Consultative Group, measurements of iron status, The Nutrition Foundation, Inc, Washington, DC, 1985.
18) Cook JD, Finch CA et al.: Assessing iron status of a population. Am J Clin Nut 32: 2115-2119, 1979.
19) 赤間高雄ほか：スポーツ選手の貧血治療に関する一考察．臨床スポーツ医学 12, 579-582, 1995.
20) Beard J, Tobin B: Iron status and exercise. Am J Clin Nutr (suppl), 594s-597s, 2000.
21) David J Shaskey, Gary A Green: Sports Haematology. Sports Med 9 (1): 27-38, 2000.
22) 鈴木義浩ほか：大学体育系運動選手の血液検査．臨床スポーツ医学 8, 899-904, 1991.
23) 山崎一人：女子長距離陸上選手における運動性貧血の所見．学校保健研究 42, 117-122, 2000.
24) Cook JD, Finch CA, Smith NJ: Evaluation of the iron status of a population. Blood 48, 449-455, 1976.
25) Walters GO, Miller FM, Worwood M: Serum ferritin concentration and iron stores in normal subjects. J Clin Pathol 26, 770-772, 1973.
26) Cook JD, Lipschitz DA, Miles LE, Finch CA: Serum ferritin as a measure of iron stores in normal subjects. Am J Clin Nutr 27, 681-687, 1974.
27) Lipschitz DA, Cook JD, Finch CA: A clinical evaluation of serum ferritin as an index of iron stores. N Engl J Med 290, 1213-1216, 1974.

28) 亀井明子ほか：若年成人女性の血清フェリチンの濃度と血液ヘモグロビン濃度との関係—横断的観察—．栄養学雑誌 61 (6), 357-362, 2003.
29) 亀井明子：貧血予防と鉄・たんぱく質摂取，樋口　満編，新版コンディショニングのスポーツ栄養学，89-95. 市村出版，2007.
30) 厚生労働省策定：日本人の食事摂取基準2010年版，第一出版，2010
31) （財）日本体育協会スポーツ医・科学専門委員会監修，小林修平，樋口　満　編著：アスリートのための栄養・食事ガイド，19, 第一出版，2007.
32) 亀井明子ほか：くり返し測定による血中の鉄関連指標の変動と長期間の鉄摂取量との関係—若年成人女性の場合—．栄養学雑誌 61 (2)：99-108, 2003.
33) Landahl G et al.: Iron deficiency and anemia: a common problem in female elite soccer players. Int J Sport Nutr Exerc Metab 15 (6): 689-694, 2005.
34) Suedekum NA et al.: Iron and athlete. Curr Sports Med Rep 4 (4), 199-202, 2005.
35) Di Santolo M et al.: Anemia and iron status in young fertile non-professional female athletes. Eur J Appl Physiol 102 (6), 703-709, 2008.
36) Ostojic SM et al.: Weekly training volume and hematological status in female top-level athletes of different sports. J Sports Med Phys Fitness 48 (3): 398-403, 2008.
37) Ashenden MJ et al.: Serum ferritin and anemia in trained female athletes. Int J Sport Nutr 8 (3), 223-229, 1998.
38) Joris R et al.: Haptoglobin Polymorphism and Body Iron Stores. Clin Chem Lab Med 40 (3), 212-216, 2002.

[II. スポーツ現場に生かす運動生化学]

14章 スポーツ選手の体調管理とビタミン・ミネラル

キーワード: 脂溶性ビタミン, 水溶性ビタミン, 低骨密度, カルシウム

　ビタミンは微量で体内の代謝に重要な働きをしているにもかかわらず，動物体内では生合成されないか，合成量が生体要求量を満たさないために外界より摂取しなければならない有機化合物である．これらは基本的な栄養素の1つであるが，他の栄養素とは異なり，エネルギー源や身体の構成成分とはならない．

　ビタミンに関する知識はスポーツ競技者にかぎらず，健康を求めるすべての人々に必要とされる．現在，ビタミンと呼ばれているものは13種類で，水に溶ける水溶性ビタミンと油脂に溶ける脂溶性ビタミンに分類されている（表14-1, 2）．ビタミンは各種代謝の補酵素としての働きやホルモン様の生理作用を有している．そのため，ビタミンが不足すると代謝機能や自立神経機能が低下し，肉体的・精神的に疲労を感じたり，免疫力が低下したりする．体調を整えるためには，ビタミンの摂取が大切である．また，水溶性ビタミンは過剰に摂取した際にも比較的容易に尿中に排泄され，過剰症が現れにくく欠乏を招きやすいのに対して，脂溶性ビタミンは体内に貯留され，過剰症が現れやすい．

　本章では各種ビタミンの体調管理における役割についてはじめに述べ，次いで運動によってビタミンの必要量が高まっているか，またパフォーマンスの改善や向上に関係するかについて述べる．

1. 水溶性ビタミン

(1) ビタミン B₁（チアミン）

　ビタミン B₁ はリン酸エステルとして存在し，チアミン一リン酸（TMP），チアミン二リン酸（TPP），チアミン三リン酸（TTP）がある．とくにTPPは，糖代謝酵素の補酵素として糖代謝や分岐鎖アミノ酸の代謝に関与している（表14-1）．ビタミン B₁ は糖質からのエネルギー産生に必須過程であるピルビン酸からアセチルCoAへの酸化的脱炭酸の中で重要な働きをしている（図14-1）．このため，ビタミン B₁ の必要量は総エネルギー消費量と糖質代謝が増加している際には高くなる．また，ビタミン B₁ は水溶性ビタミンであり，貯蔵量に限界があるため，エネルギー消費が増加している時には特に不足しやすいと考えられている．「日本人の食事摂取基準」(2010年度版)ではビタミン B₁ の推奨量は摂取エネルギー1,000kcalあたり0.54mgが必要であるとされている[1]．すなわち，1日3,000kcal程度のエネルギーを消費するスポーツ選手は1.6mg程度の摂取が必要である．ビタミン B₁ を多く含む食品には胚芽（米，小麦），ごま，レバーなどの臓器や豚肉等があるが，ビタミン B₁ は水に溶けやすく，熱に弱いため調理損耗が大きい．また，ビタミン B₁ の過剰摂取による影響はほとんど見られないことからも，エネルギー消費量の多いスポーツ選手は推奨量もしくはそれ以上の摂取を目指す必要がある

表14-1 水溶性ビタミン

ビタミン名（化学名）	機能（主な生理作用）	欠乏症 過剰症	食事摂取基準	食品
ビタミンB1（チアミン）	糖質代謝の補酵素	欠乏症：最大酸素摂取量の低下，運動知覚の麻痺，脚気症状	0.54mg/1000kcal（推奨量）	胚芽，豚肉，豆類
ビタミンB2（リボフラビン）	糖および脂質代謝の補酵素，視覚，皮膚の健康維持	欠乏症：口角炎，舌炎，皮膚炎	0.60mg/1000kcal（推奨量）	肝臓，卵，乳製品
ビタミンB6（ピリドキン・ピリドキサール・ピリドキサミン）	アミノ酸代謝の補酵素，中枢神経機能，赤血球形成	欠乏症：口角炎，皮膚炎，視覚神経障害	0.023mg/gたんぱく質（推奨量）	肝臓，肉類，魚類，卵
ナイアシン（ニコチン酸）	糖および脂質代謝の補酵素	欠乏症：ペラグラ，舌炎，皮膚炎 過剰症：消化管障害，肝臓障害	5.8mgNE/1000kcal（推奨量）	肝臓，肉類，魚類，乾しいたけ，豆類
ビタミンB12（コバラミン）	赤血球産生に関与	欠乏症：巨赤芽球性貧血（葉酸とも関連）	2.4μg/日（推奨量）	肝臓，肉類，貝類，牛乳
葉酸（プテロイルグルタミン酸）	たんぱく質や核酸合成に関与，造血作用	欠乏症：巨赤芽球性貧血（ビタミンB12とも関連）	240μg/日（推奨量）	緑黄色野菜，肝臓，肉類
パントテン酸	脂肪酸および糖質の代謝に関与	欠乏症：ヒトでの欠乏症はまれである	5mg/日（目安量）	肝臓，肉類，魚類，豆類，卵等
ビオチン	糖質，脂質，たんぱく質，エネルギー代謝に関与	欠乏症：皮膚炎（生卵白の過剰摂取で現れる）	45μg/日（目安量）	肝臓，卵，肉類
ビタミンC（アスコルビン酸）	過酸化物生成の抑制，コラーゲンの生成に関与，鉄の吸収促進	欠乏症：壊血症，全身倦怠，関節痛，鉄欠乏性貧血	100mg/日（推奨量）	果実類，野菜類，いも類

だろう．

ビタミンB1とパフォーマンスとの関係については，糖質代謝と乳酸産生が増えることにより，ビタミンB1が不足した食事をしていると最大酸素摂取量の低下が見られることが報告されている[2]．また，筋肉中に乳酸が過剰に蓄積すると筋肉内のpHが低下し，筋活動が阻害されることが知られている．一方，スポーツ選手にビタミンB1を投与しても，生体内でのビタミンB1の状態を示す指標は改善されたが，運動パフォーマンスは改善しなかったことが報告されている[3]．

(2) ビタミンB2（リボフラビン）

ビタミンB2は生体内ではフラビンモノヌクレオチド（FMN），フラビンアデニンヌクレオチド（FAD）の形で存在しており，主として酸化還元反応や糖質，たんぱく質，脂質のエネルギー代謝に補酵素として関わっている（図14-1，表14-1）．

「日本人の食事摂取基準」（2010年度版）におけるビタミンB2の推奨量は，摂取エネルギー1,000kcalあたり0.60mgとし，エネルギー摂取量の増加に伴いビタミンB2摂取量が増加するとされている[1]．ビタミンB2の補給は神経・筋機能と筋肉代謝の両方に影響することが知られており，厳しいビタミンB2制限は，神経・筋機能だけでなく有酸素運動の能力を低下させることが報告されている[4]．しかしながら，実際に身体運動をしている人々のビタミンB2要求量が増加するであろうことを示す研究はほとんどない[5]．

ビタミンB2は動物の肝臓，牛乳，卵等の食品に多く含まれる．ビタミンB2が不足すると，成長障害や口内外の炎症，皮膚炎，眼の充血などが起こる．ビタミンB2もビタミンB1と同様に尿中に排泄されるため，過剰摂取による影響はほとんど見られないことからも，エネルギー消費量の多いスポーツ選手は推奨量もしくはそれ以上の摂取

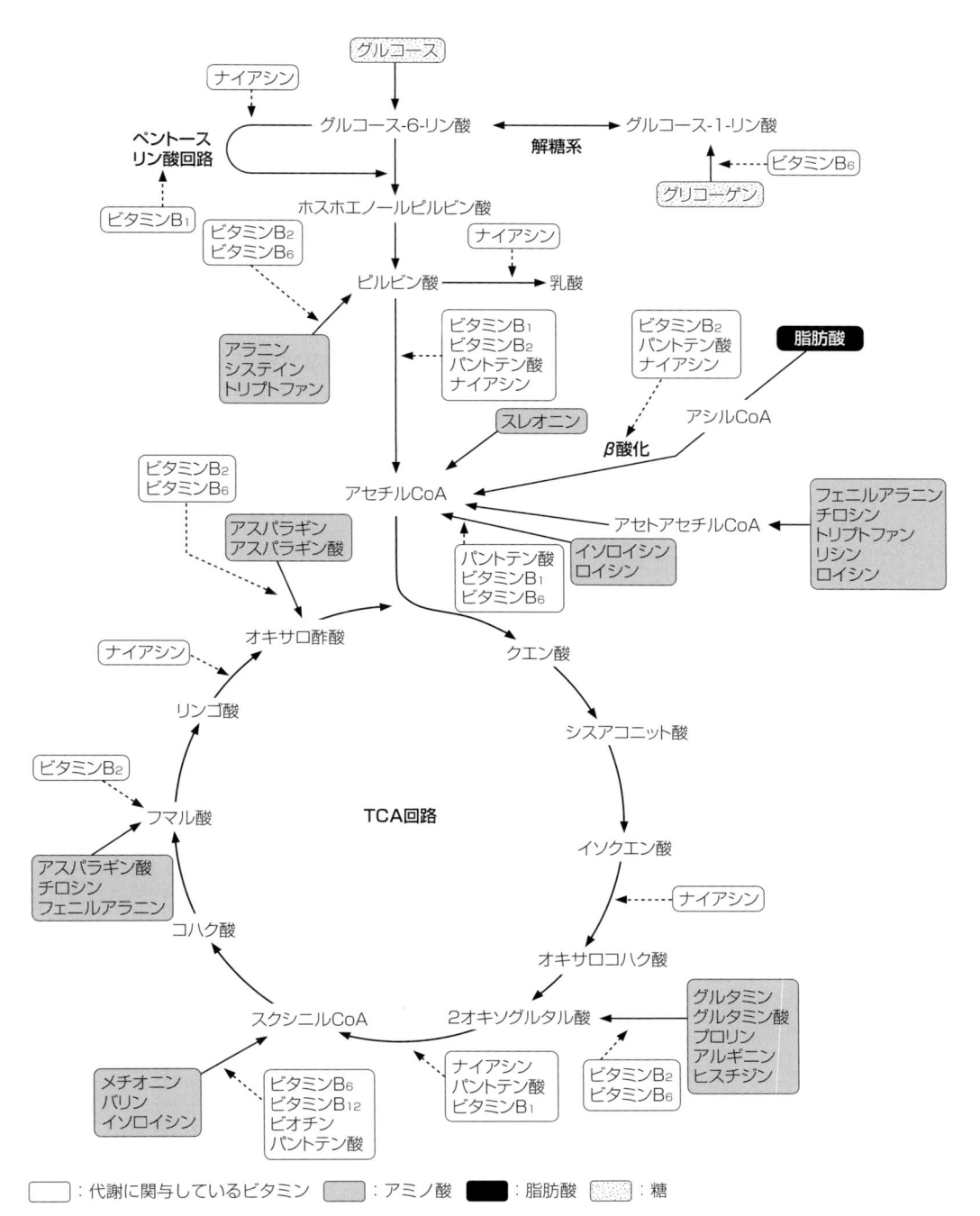

図14-1 エネルギー代謝図ビタミンの関与.
（樋口　満編：新版　コンディショニングのスポーツ栄養学．p98，市村出版，2007．）

を目指す必要があるだろう．

（3）ビタミンB6（ピリドキシン）

　ビタミンB6活性をもつ化合物として，ピリド

キシン（PN），ピリドキサール（PL），ピリドキサミン（PM）がある．生体内では，これらは，リン酸エステル型であるピリドキシンリン酸（PNP），ピリドキシサール（PLP），ピリドキサミンリン酸（PMP）として存在している．ビタミンB_6はアミノ酸代謝の補酵素として働くため，たんぱく質合成に重要な役割を果たしている（表14-1）．したがって，たんぱく質の必要量に応じて必要量が増加する．「日本人の食事摂取基準」（2010年度版）では，ビタミンB_6の推奨量をたんぱく質1gあたり0.023mgとしている[1]．このため，ビタミンB_6は多くの筋肉を必要とするスポーツ選手では極めて重要とみなされている．ビタミンB_6は植物性食品や動物性食品に含まれ，また腸内細菌によっても合成されるため，不足しにくいビタミンであるが，アミノ酸やプロテインなどのサプリメントを多用している選手は不足しがちであるので注意する必要がある．ビタミンB_6は欠乏すると口角炎，皮膚炎などが起こる一方，長期間大量に摂取すると，神経伝達物質の生成に関与していることから知覚神経障害などの恐れがある．

　ビタミンB_6とパフォーマンスの関係については，ビタミンB_2，ビタミンB_6不足の子供へのビタミンB_6投与は最大酸素摂取量を改善したことが報告されている[6]．一方で，スポーツ選手においては，ビタミンB_6の摂取と最大酸素摂取量や，他の運動パフォーマンスを示す指標との間には関係が認められておらず[7,8]ビタミンB_6のパフォーマンスへの影響は明確ではない．

(4) ナイアシン（ニコチン酸，ニコチン酸アミド）

　ナイアシンは，補酵素型として，ニコチンアミドアデニンジヌクレオチド（NAD），ニコチンアミドアデニンジヌクレオチドリン酸（NADP）があり，その還元型はNADH，NADPHと表す．ナイアシンはエネルギー産生に必要な酸化還元反応の補酵素として働く（図14-1，表14-1）．すなわち，TCAサイクルにおける電子伝達系，脂肪酸のβ酸化，脂質とたんぱく質の生合成に関与している．

「日本人の食事摂取基準」（2010年度版）では，ナイアシンの数値をニコチンアミド相当量として示し，ナイアシン当量（NE；Niacin Equivalent）とういう単位で示される．推奨量は摂取エネルギー1,000kcal当たり5.8mgNEとしている[1]．ナイアシンは動物の肝臓，肉類，魚類，乾燥椎茸などの食品に多く含まれるが，体内でアミノ酸のトリプトファンからも合成される．したがって，たんぱく質を十分に摂取していれば欠乏症はほとんど見られない．むしろナイアシンの大量摂取は，ニコチン酸が遊離脂肪酸（FFA）の代謝を抑制するため，運動中には糖質利用を増やしてグリコーゲンの枯渇を早めることになる．その結果，疲労感が増し，パフォーマンスの低下をまねく可能性がある[9]．加えて，ナイアシンは長期間にわたって大量に摂取すると，消化管および肝障害の恐れもあるため，過剰摂取には留意する必要がある．

(5) ビタミンB_{12}（コバラミン）

　ビタミンB_{12}はコバルトを含有する化合物である．メチル基転移反応などの補酵素として重要であり，核酸，たんぱく質合成，脂質・糖質代謝にも関与する（図14-1，表14-1）．また，ビタミンB_{12}は葉酸とともに血球（ヘモグロビン）の生成に関与している．そのため，欠乏すると骨髄での造血機能が障害され，巨赤芽球性貧血の原因となる．「日本人の食事摂取基準」(2010年度版）では，ビタミンB_{12}の推奨量は2.4μg／日であるが[1]，一般には，厳密な菜食主義者や胃切除者などを除いて欠乏は見られない．

　ビタミンB_{12}と運動との研究では，射撃選手がチアミンとビタミンB_6を同時に摂取した場合，ビタミンB_{12}の摂取量の増加は射撃能力を向上させたことが報告されている[10]．しかし，スポーツ選手のビタミンB_{12}摂取やその不足に関する研究は少なく，パフォーマンスへの影響は明確でない．

(6) 葉酸

葉酸はpteroic acid誘導体の総称で，グルタミン酸との結合体をプテロイルグルタミン酸という．核酸の合成やアミノ酸代謝で重要な役割をしているビタミンである（表14-1）．食品中にも広く分布しており，腸内細菌からも合成されるため欠乏症は起こりにくいが，不足した場合には，核酸合成の低下に起因する巨赤芽球性貧血（悪性貧血）を発症する．また，葉酸摂取が不足すると，血清にホモシステインの蓄積がみられる．ホモシステインの蓄積は，動脈硬化の引き金となる．「日本人の食事摂取基準」(2010年度版) において，葉酸の推奨量を成人（18～29歳）男性および女性で240μg/日としている[1]．血中葉酸濃度の低い女性ランナーに葉酸を投与しても最大酸素摂取量は改善されなかったこと，また無酸素運動のパフォーマンスに影響しなかったとの報告があるが[11,12]，パフォーマンスと葉酸投与に関する研究は少ない．

(7) パントテン酸

パントテン酸はアセチルCoAの構成成分であり，脂肪酸の代謝，糖質の代謝などの物質代謝に関与している（表14-1）．動植物食品に広く含まれており，腸内細菌でも合成されるので，欠乏症は少ない．「日本人の食事摂取基準」(2010年度版) において，パントテン酸の目安量は成人（18—49歳）男性および女性で5mg/日となっている[1]．パントテン酸の投与がパフォーマンスを改善したとの報告がある一方で[9]，1日に1gを超える大量投与でもパフォーマンスに何の影響も及ぼさなかったとの報告[3]もあり，パントテン酸のパフォーマンスへの影響については明確でない．

(8) ビオチン

ビオチンは，カルボキシラーゼの補酵素として，炭酸固定反応や炭酸転移反応に不可欠であり，糖新生，脂肪酸合成，アミノ酸代謝などと深く関わっている（図14-1，表14-1）．さまざまな食品に広く含まれ，腸内細菌でも合成されることから，欠乏症は起こりにくい．しかし，生卵白を大量に摂取すると，卵白に含まれるアビジンというたんぱく質がビオチンと強固に結合し，吸収を阻害する．そのため，皮膚炎や脱毛などを呈する欠乏症を生じることはよく知られている．「日本人の食事摂取基準」(2010年度版) において，ビオチンの目安量は成人男性および女性で50μg/日としている[1]．ビオチン投与がパフォーマンスに及ぼす影響は報告されていない．

(9) ビタミンC

ビタミンCには，還元型のアスコルビン酸と酸化型のデヒドロアスコルビン酸があり，生体内では可逆的に反応に利用される．アスコルビン酸は酸化還元反応による抗酸化能をもち，過酸化物質の生成を抑制する（図14-2，表14-1）．また，コラーゲンの生合成，コレステロール等の脂質代謝，肝臓内での薬物・不要物質の代謝，鉄の吸収促進などに関与している．ビタミンCが欠乏すると，コラーゲンの合成が障害されるために血管の結合組織が弱くなり，出血しやすくなり，壊血病となる．臨床症状として，出血のほか，全身倦怠，易疲労感，関節痛などが特徴的である．また，ビタミンCの欠乏によりコラーゲンの生成，さらには骨の形成が阻害されると，骨がもろくなり骨粗鬆症へとつながる．「日本人の食事摂取基準」(2010年版) において，ビタミンCの推奨量は成人男性および女性で100mg/日としている[1]．ビタミンCは野菜や果物に豊富に含まれているため，それらの食品を十分に摂取していれば，欠乏症はみられない．

ビタミンCと運動との関連では，ビタミンCの補給は最大酸素摂取量やOBLA (onset of bood lactate accumulation)・（血中乳酸値が4mmol水準に達した点）に有意な影響は与えなかったが[13]，一方では，最大酸素摂取量の50％強度の運動時にビタミンCを補給した場合，パフォーマンスを改善したことが報告されている[14]．また，スポーツ選手へのビタミンCの補給は，運動後のコルチゾールや抗酸化指標を減少したことが報告

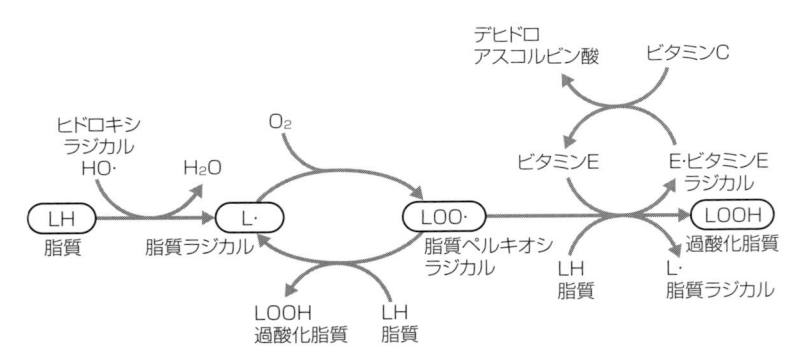

図14-2 脂質過酸化連鎖反応とビタミンEとCの抗酸化作用.
（岩本珠美：栄養科学シリーズNEXT スポーツ・運動栄養学. 加藤秀夫・中坊幸弘編, p50, 講談社, 2007.）

表14-2 脂溶性ビタミン

ビタミン名（化学名）	機能（主な生理作用）	欠乏症過剰症	食事摂取基準	食品
ビタミンA（レチノール）	上皮組織の維持，視覚や粘膜の機能に関与，成長促進	欠乏症：夜盲症，成長障害，角膜乾燥症	800-850μgRE/日（男性），650-700μgRE/日（女性）（推奨量）	肝臓，緑黄色野菜，卵
ビタミンD（カルシフェロール）	カルシウムとリンの吸収促進，骨形成	欠乏症：くる病，骨軟化症，骨粗鬆症　過剰症：高カルシウム血症，腎障害	5.5μg/日（推奨量）	干ししいたけ，肝臓，魚類
ビタミンE（トコフェロール・トコトリエノール）	抗酸化作用，細胞膜の保護	欠乏症：成人で欠乏することはまれである	7.0mg/日（男性）6.5mg/日（女性）（目安量）	植物性油，主実類，緑黄色野菜
ビタミンK（フィロキノン・メナキノン）	血液凝固因子の活性化，骨形成の促進	欠乏症：血液凝固不良，出血性疾患	75μg/日（男性）60μg/日（15〜29歳女性）65μg/日（30歳以上女性）（目安量）	緑黄色野菜，豆類（納豆），海草

されている[15,16]．

2. 脂溶性ビタミン

(1) ビタミンA

　ビタミンAには，アルコール型のレチノール，アルデヒド型のレチナール，カルボン酸型のレチノイン酸がある．ビタミンAは，動物性食品に含まれるレチノールとしての摂取と，緑黄色野菜に含まれる色素のカロテノイドからの生成によって供給される．カロテノイドにはα-，β-，γ-カロテンがあり，生体内でビタミンAに転換できることからプロビタミンAと呼ばれる．レチノールおよびレチナールは視覚および生殖機能の維持に作用し，レチノイン酸は成長や上皮組織の維持に必要と考えられている（表14-2）．そのため，ビタミンAが不足すると上皮組織の機能維持，成長，生殖機能，視覚機能の障害となる．特にレチノールは視覚（ロドプシンの生成）において重要な働きを司るため，欠乏すると成人では夜盲症となる．一方，ビタミンAは過剰に摂取すると頭痛，肝肥大，関節の痛みを引き起こすが，β-カロテンでは過剰症は起こりにくい．「日本人の食事摂取基準」（2010年版）では，成人男性およ

び女性の推奨量をそれぞれ800〜850μgRE（Retinol activity Equivalents：レチノール当量）/日と650〜700μgRE/日としている．レチノールとβ-カロテンの両方は一重項酸素を消去する能力をもち，それゆえに，抗酸化物質として働くことが考えられている[17]．しかしながら，ビタミンAが身体的パフォーマンスに及ぼす影響を明確に示す研究はまだない．

(2) ビタミンD

ビタミンDが，機能を発揮するためには，肝臓と腎臓で活性型ビタミンDに代謝されることが欠かせない．活性型ビタミンDは骨からのカルシウムの溶出を促進することで血中カルシウム濃度の維持，上昇に関与している．小腸ではカルシウムやリンの吸収を促進し，腎臓ではそれらの再吸収を促進している（表14-2）．このように，ビタミンDは骨からのカルシウムの溶出と骨へのカルシウムの沈着のバランスや，体内カルシウムの恒常性を維持している．ビタミンDの欠乏により，血中カルシウム濃度の低下とともに，副甲状腺ホルモンの分泌量の上昇が起こる．ビタミンDが欠乏すると，骨の石灰化が不全となり，幼時ではくる病，成人では骨軟化症を引き起こす．また，カルシウム不足は高齢期における骨粗鬆症の発症の危険因子となる．

スポーツ選手において，骨の石灰化が十分に行われない場合，後々には疲労骨折のリスクが増加する[18]．「日本人の食事摂取基準」（2010年版）では，成人男性および女性のビタミンDの目安量を5.5μg/日としている[1]．

(3) ビタミンE

ビタミンEには，8種類の同族体（α-，β-，γ-，δ-トコフェロールと，α-，β-，γ-，δ-トコトリエノール）がある．α-トコフェロールの生理活性がもっとも高く，生体内でも90％を占めている．ビタミンEは抗酸化ビタミンであることが知られている．ビタミンEはビタミンCと生体内で互いが共同して活性酸素やフリーラジカルに電位を供与することで酸化型ビタミンとなり，これらを消去する（図14-2）．すなわち，それらは生体膜での過酸化脂質の生成を防いでいる．「日本人の食事摂取基準」（2010年度版）では，生体内のビタミンEの大部分がα-トコフェロールであるためα-トコフェロールについて算定され，成人の目安量は男性7.0mg/日，女性6.5mg/日としている[1]．ビタミンEは植物油に多く含まれており，摂取が不足することは少ない．

ビタミンEと運動との関係については，その抗酸化力に関するものが多く，ビタミンEの投与により血漿中の脂質過酸化を抑制したという報告が多い[19,20]．しかしながら，運動によって生じるDNA損傷や炎症，または筋損傷には影響を及ぼさないことも報告されており[21]，運動時の酸化ストレスに対するビタミンEの効果については，さらなる研究が求められている．

(4) ビタミンK

ビタミンKには，ビタミンK$_1$（フィロキノン），ビタミンK$_2$（メナキノン），ビタミンK$_3$（メナジオン）がある．ビタミンK$_1$は主に緑黄色野菜や植物油に含まれ，K$_2$は納豆菌や腸内細菌によって合成される．ビタミンK$_3$は合成ビタミンである．ビタミンKは血液凝固因子であるプロトロンビンの合成に必要である（表14-2）．また，骨に存在するたんぱく質であるオステオカルシンのグルタミン酸残基のγ-カルボキシル化を促すことにより，骨形成を促進する（図14-3）．オステオカルシンは，γ-カルボキシル化されることにより，カルシウムと結合する能力を獲得する．高齢女性において，低ビタミンK栄養状態では血中の不活性型オステオカルシン濃度が増加し，大腿骨頸部骨折のリスクが上がることが報告されている[22]．「日本人の食事摂取基準」（2010年度版）において，ビタミンKの目安量は成人（18〜29歳）男性では75μg/日，15歳〜29歳女性は60μg/日，30歳以上女性は65μg/日としている[1]．これは血液凝固を対象として策定された値であり，骨の健康の維持にはより多くのビタミンK摂取が必要である

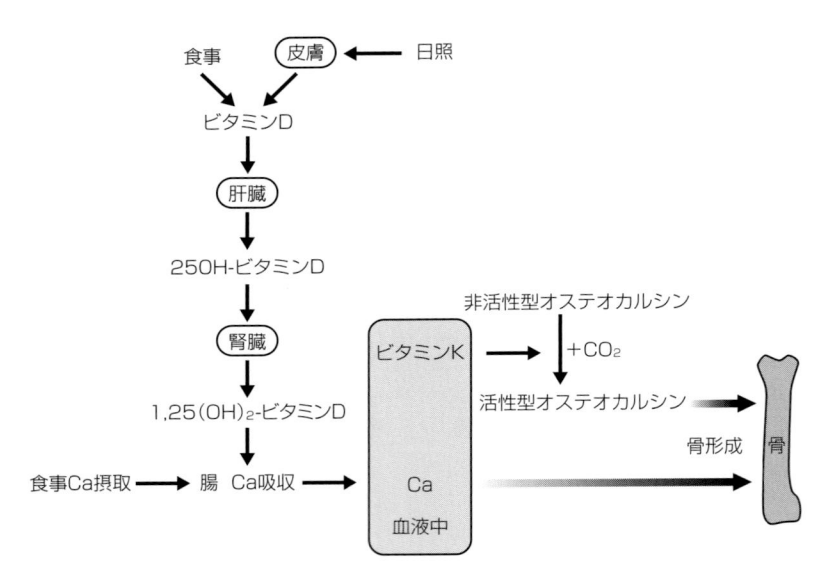

図14-3 ビタミンDとビタミンKの骨形成.
(岩本珠美:栄養科学シリーズNEXT スポーツ・運動栄養学.加藤秀夫・中坊幸弘,p52,講談社,2007.)

という疫学調査の報告がある.

エストロゲン分泌の低下に伴う低骨密度の女子選手へのビタミンKの投与は,骨形成マーカーを増加させ,骨吸収マーカーを減少させたことが報告されている.すなわち,ビタミンKはオステオカルシンのカルシウム結合能を上昇させた[23].ビタミンKは骨代謝に対して有効に作用する可能性があるが,パフォーマンスとの関係は研究されていない.

[東泉　裕子]

3. ミネラル

(1) カルシウムの体内分布と代謝

カルシウムは生体内でもっとも豊富なミネラルであり,全ての生命現象に重要な役割を果たしている.体内には約1kgのカルシウムが保持されており,このうち,99%は骨と歯に,残りの1%は細胞内や細胞外液中に存在している.細胞内のカルシウムは,骨格筋や心筋の収縮,ホルモン分泌,神経の情報伝達,細胞の増殖と分化等を調節している.血液を含む細胞外液中のカルシウムは,血液凝固や細胞接着等に関与している[24].

一方,骨のカルシウムは,リン酸カルシウムの結晶(ハイドロキシアパタイト)として,骨基質たんぱく質(コラーゲン)に沈着し,骨を構築している.建物にたとえると,コラーゲンが鉄筋の骨組みであり,ミネラルがコンクリートのようなものである.骨の役割は身体の支持器官としての働きの他に,カルシウムの貯蔵庫として重要な働きがある.すなわち,血液中のカルシウム濃度が低下すると,骨から直ちにカルシウムを溶出して血中のカルシウム濃度を一定(10 mg/dL)に保つように調節されている.

カルシウム代謝を調節しているのは,活性型ビタミンD,副甲状腺ホルモン,カルシトニンである.血中のカルシウム濃度が低下すると,副甲状腺ホルモンの分泌が亢進し,腎臓における活性型ビタミンDの合成を促進する.ビタミンDは腸管からのカルシウムの吸収を促すとともに,副甲状腺ホルモンと共同して骨吸収を促進し,また,腎臓におけるカルシウムの再吸収を促して血中のカルシウムを一定に保つ.血中のカルシウム濃度が

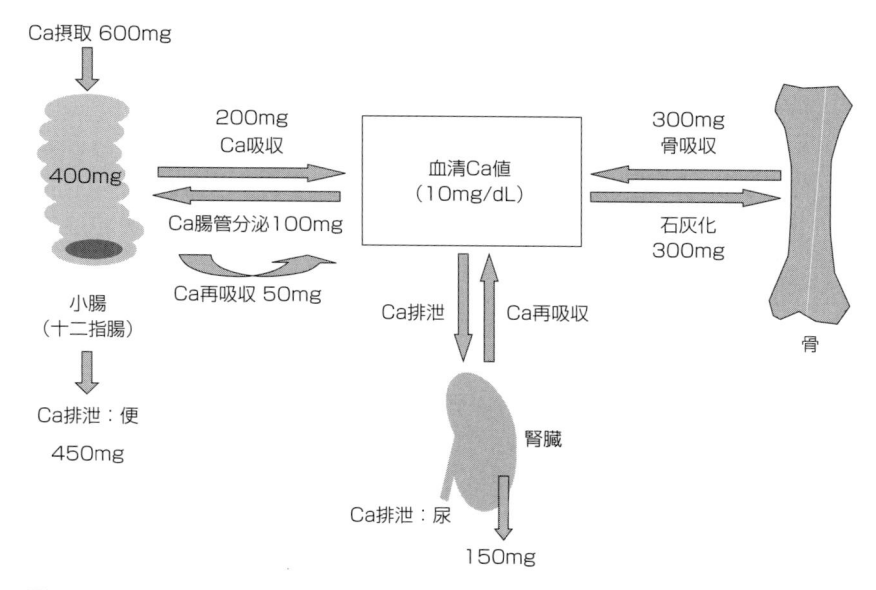

図14-4 生体内のカルシウムの動き（成人男性）（須田立雄他編著：新骨の科学，p194，医歯薬出版株式会社）

上昇すると，カルシトニンが甲状腺から分泌されて，骨からのカルシウムの溶出を抑える[24]．図14-4に平均的な日本人男子の1日のカルシウムの動きを示した．

(2) 骨粗鬆症とは

カルシウムは骨を構成するミネラルの大部分を占めている．骨基質とミネラルを合わせて骨量というが，骨量は男女とも20歳前後で最大に達し（最大骨量），男女とも45歳くらいまでは一定か少し上昇し，その後は低下する（図14-5）．女性は50歳前後で閉経を迎えるが，閉経により女性ホルモンの分泌が低下するため，この時期には骨吸収が亢進して骨量が著しく減少する．一方，男性の骨量は加齢とともに緩やかに減少する．70歳を過ぎると，男女とも加齢による骨量の減少が起こる．骨量が減少し，骨折しやすくなった病態が骨粗鬆症である．骨粗鬆症の定義は，2000年のNIHコンセンサス会議において「骨強度の低下を特徴とし，骨折のリスクが増大しやすくなる骨格疾患」とされた[25]．骨強度は，骨密度と骨質の2つの要因からなり，骨密度は骨強度の70％を規定する

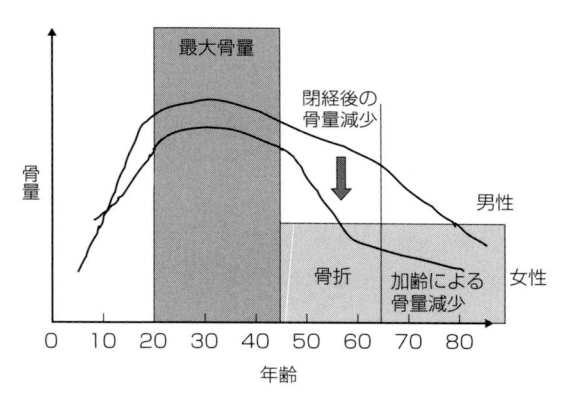

図14-5 年齢と骨量の変化．
（三木哲郎編集：骨粗鬆症と骨折予防．Medical View社，図11を改変）

とした．骨質は，骨の構造，骨代謝回転，微細骨折の有無，石灰化の程度等によって決まる．

骨粗鬆症の予防で一番大事なことは，若年期に最大骨量を高めておくことであり，次に女性においては，閉経期の骨量減少を抑えること，また，男女とも高齢期には転倒の予防が重要な課題となる．我が国では高齢化社会を迎え，現在骨粗鬆症患者は約1,000万人と推計されている（図14-6）．

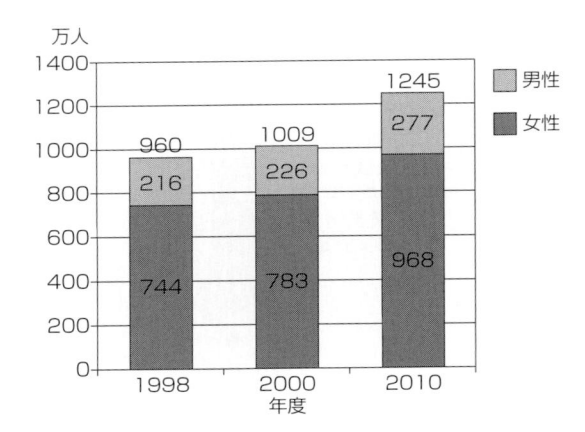

図14-6 骨粗鬆症患者数の推計（骨粗鬆症財団：骨粗鬆症検診の予後調査に基づく検診と指導のあり方に関する調査研究事業報告）

日本骨代謝学会の診断基準では，骨量が若年者（20歳から44歳）の70%未満である場合を骨粗鬆症，70〜80%の場合を骨量減少と診断することしている[26]。

(3) カルシウムの摂取量と骨量

骨量に影響を与える因子は，遺伝素因，栄養，運動，ホルモン，ライフスタイルである．なかでも，栄養と運動は日常の生活で改善できることから，骨粗鬆症は予防が可能な疾病であるといえる．

栄養に関しては，カルシウムの摂取と骨密度や骨折の関係に関する研究が古くから行われている．成長期のカルシウム摂取量と骨密度の関係には正の相関が認められる．閉経前の女性を対象とした33の横断研究を解析したメタアナリシスでは，カルシウム摂取量と骨密度に有意な相関が認められた[27]（表14-3）．介入研究では思春期の女子を対象に日常のカルシウム摂取量に乳製品を加えてカルシウムの総摂取量を1,000mgにしたところ，2年間で大腿骨と腰椎の骨密度が対照群に比べて有意に増加したという報告がある．日本人においても，学童期の牛乳の摂取量と骨密度に正の相関が認められるという報告が多い．これらのことから，閉経前まではカルシウム摂取量と骨密度は相関すること，また適切な摂取量は1,000mg程度であると推定される．

一方，閉経期の女性ではエストロゲンの分泌低下により骨量は著しく減少する．閉経後女性におけるカルシウム摂取量と大腿骨頸部骨折の関係に関するメタアナリシスでは，カルシウム摂取量が300mg/日増えると骨折の相対危険率が4%低下するという結果が出ている[28]（表14-3）．白人女性を対象として，500mg/日のカルシウムを補充した介入試験では骨量の減少を抑制することはできなかったという報告があるが，しかし，閉経後女性を対象としたカルシウムの介入試験に関する系統的レビューでは，カルシウムの補給は骨量減少に対して弱いながらも有効性が認められると結論している[29]（表14-3）．日本人を対象とした系統的レビューでは，カルシウムと骨折発生率に一定の関連を認めなかったことから[30]（表14-3），今後の研究の発展を待たねばならない．カルシウムと骨密度および骨折との関連を調査した最近の報告では，十分なカルシウムの摂取は骨密度に対しては弱いながらも良い結果をもたらすものの，骨折との関連は認められないとするものが多い[31〜33]（表14-3）．これは，骨折の発生には，カルシウム摂取量の他に，骨質，筋力，身体活動量および遺伝的素因等さまざまな因子が関与するためと考えられる．

(4) カルシウム摂取量の現状

日本の骨粗鬆症の治療に関するガイドラインでは，骨粗鬆症の予防のために必要なカルシウムの摂取量は800mg/日であるとされている[26]．一方，我が国の食事摂取基準（2010年版）における，カルシウムの推奨量は表14-4に示すとおりである[1]．

日本人の食事摂取基準2010年版におけるカルシウムの1日当たりの推奨量は，30歳以上の男女では600〜700mgであるが，平成17年の国民健康・栄養調査の結果によると，男女とも18〜49歳で1日当たりの摂取量は500mgを下回っている[34]．カルシウムを多く含む食品は乳製品，小魚，野菜，大豆などである（表14-5）．推奨量のカルシウ

表14-3　カルシウム摂取と骨量の関係（疫学研究より）

番号	文献	分析方法	対象	結果
1	Welten DC J Nutr 125: 2802, 1995	メタ分析	若年および中年層（18～50歳）の閉経前女性と男性	閉経前女性については有意な相関係数を示した．閉経前女性は，1,000mg/日のカルシウムの補充により年間1パーセントの骨量損失を防げる．
2	Cumming RG JBMR 12: 1321, 1997	系統的レビュー	閉経後女性（57～84歳）	カルシウム摂取量300mg/日の増加に伴い，大腿骨頸部骨折の危険率は4%低下．1,000 mg/日では12%低下．
3	佐々木敏　Clinical Calcium 12:1316, 2002	系統的レビュー	特定せず	1研究のみ負の関連を認め，有意ではないものの負の関連が示されたのが2研究であった．他の研究は両者の間に一定の関連を認めなかった．
4	Shea B Cochrane Database Syst Rev 2004: CD004526	系統的レビュー	閉経後女性	カルシウム単独の補給は骨密度に対して弱い好影響をもたらす．脊椎骨折を予防する傾向も示されたが，それ以外の部位における骨折に対する影響は明らかではない．
5	Xu L Br J Nutr 91: 625, 2004	メタ分析	35歳以上の女性	カルシウムの摂取量と大腿骨近位部骨折の発生率の間に関連を認めなかった．
6	Winzenberg. T BMJ 333: 775, 2006	メタ分析	18歳以下の子供	カルシウムの補給と全身骨塩量及び上腕骨骨密度に弱い関連を認めた．その他の部位の骨塩量及び骨密度との関連は認められない．
7	Bischoff-Ferrari HA Am J Clin Nutr 86: 1780, 2007	メタ分析	中高年女性と男性（34-79歳）	男女ともに，カルシウムの摂取量と大腿骨近位部骨折の発生率の間に関連を認めなかった．800-1,600mg/日のカルシウムの補給は大腿骨近位部骨折の発生率に影響しない．

表14-4　カルシウムの食事摂取基準．（日本人の食事摂取基準2010年版，「日本人の食事摂取基準」策定検討会報告書，厚生労働省，平成21年7月）

(mg/日)

年齢	男性 推定平均必要量	男性 推奨量	男性 目安量	男性 耐容上限量	女性 推定平均必要量	女性 推奨量	女性 目安量	女性 耐容上限量
0～5（月）	—	—	200	—	—	—	200	—
6～11（月）	—	—	250	—	—	—	250	—
1～2（歳）	350	400	—	—	350	400	—	—
3～5（歳）	500	600	—	—	450	550	—	—
6～7（歳）	500	600	—	—	450	550	—	—
8～9（歳）	550	650	—	—	600	750	—	—
10～11（歳）	600	700	—	—	600	700	—	—
12～14（歳）	800	1,000	—	—	650	800	—	—
15～17（歳）	650	800	—	—	550	650	—	—
18～29（歳）	650	800	—	2,300	550	650	—	2,300
30～49（歳）	550	650	—	2,300	550	650	—	2,300
50～69（歳）	600	700	—	2,300	550	650	—	2,300
70以上（歳）	600	700	—	2,300	500	600	—	2,300
妊婦（付加量）					+0	+0	—	—
授乳婦（付加量）					+0	+0	—	—

を摂取するためには意識してこれらの食品を摂取する必要がある．

カルシウムは栄養機能食品の成分であるため，サプリメント等から摂取することも可能である．

表14-5 カルシウムを豊富に含む食品.

食品名	1回使用量(g)	目安量	Ca含有量(mg)
牛乳	200	カップ1	220
木綿豆腐	150	1/2丁	180
ひじき（乾燥）	10	大さじ2	140
こまつな	80	小鉢1	135
ヨーグルト	100	カップ1/2	120
スライスチーズ	18	1枚	110
まいわし（丸干し）	25	中1尾	110
ちりめんじゃこ	10	大さじ2	50
納豆	50	1パック	45
ごま	3	小さじ1	35

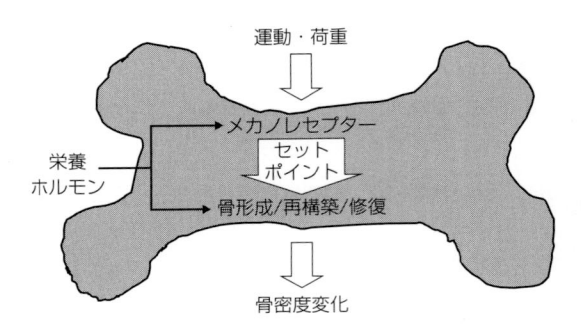

図14-7 メカニカルストレスと骨密度

栄養機能食品とは，身体の健全な成長，発達，健康の維持に必要な栄養成分を補給・補完する食品のことで，定められた用量を守っていれば厚生労働省の許可を得ることなく栄養素の機能表示ができる食品である．平成17年に「保健機能食品制度の改正」が行われ，カルシウムと葉酸については「疾病リスク低減表示」が認められることになった．カルシウムは，特定保健用食品の関与成分として，骨粗鬆症を予防する旨の記載が許可されることになった．

成人におけるカルシウムの耐容上限量は2,300mg/日である．カルシウムの過剰摂取はミルクアルカリ症候群等の健康被害をひき起すので注意が必要である．また，最近，1日当たり1,000mgのカルシウムサプリメントを5年間摂取した高齢者（平均年齢74歳）において，脳・心血管疾患の発症率が増加すると報告された[35]．したがって，高齢者においては，サプリメントからカルシウムを摂取する場合には，摂取量に注意を払う必要がある．また高齢者では腸管におけるカルシウム吸収能が低下するため，カルシウムに加えて乳糖，カゼインホスホペプチド，フラクトオリゴ糖を含む食品を同時に摂取すると効果的であろう．カルシウムの吸収にビタミンDが必須であるので，小魚や小松菜に加えて干ししいたけ等も食材に追加したい．

一方，ビタミンDは脂溶性のため体内に蓄積しやすく，過剰摂取により腎臓や筋肉にカルシウムが蓄積したり，軟組織の石灰化を引き起こす．

(5) 運動と骨量

若年者の骨量の増加や骨粗鬆症の予防に運動が効果的であるという報告は多い．骨のリモデリングは荷重により刺激されることから，運動刺激により骨量は増加する．このとき，荷重部位の骨密度が増加するのが特徴である．若年者においては週3〜5回の持久性トレーニングを数年継続することにより骨密度が増加したという報告が多い．また，成長期における運動習慣の有無が，閉経後の骨密度まで反映されることは，多くの疫学研究により明らかにされている[26]．

運動は骨量の維持に有効であるが，骨や脂質代謝の運動に対する反応性は，加齢や性ホルモンの欠乏に伴って低下する可能性も指摘されている．Frostらは，エストロゲン欠乏状態では，荷重に対する骨の反応性が低下しているという仮説をたてた[36]（図14-7）．すなわち，エストロゲン欠乏は骨の運動に対する反応性の"セットポイント"を上昇させると指摘した．実際に，閉経後女性では，若年者の骨量に対しては有効な運動量でも，ほとんど有効性が認められない．これらのことを踏まえ，弱い女性ホルモン様作用のある大豆イソフラボンの摂取と週3回（45分/回，5〜6km/時）のウォーキングの併用が，閉経後女性の骨量の維持に有効であることが報告されている[37]．

(6) カルシウム摂取と運動

カルシウムは筋収縮の開始において重要な役割を果たしているが，運動中の血中カルシウム濃度

に変化は認められない[38]。

　成長期の男女（8～11歳）を対象に，食事からのカルシウム（900mg/日）に加えて約400mg/日のカルシウムの補給摂取と週3回，20分/回の運動負荷（ホップ，ジャンプ，スキップ）を併用した研究では，各々単独に比べて，併用群で有意な骨密度の増加が認められた[39]．これらのことから，成長期における適度な運動とカルシウムの補給は，最大骨量の達成に効果的に働くことが示唆される．

　一方，女性のスポーツ選手には，骨密度の低下や疲労骨折等，スポーツ選手の骨粗鬆症が増加している．これは，カルシウムの摂取量が十分でないことに加えて，運動のストレスにより，女性ホルモンの分泌が低下する場合に認められる[38]．特に長距離ランナーでは，エネルギー摂取量が低いため，カルシウムの摂取量が摂取目安量を下回ることが多い[38]．さらに無月経の場合は，カルシウム不足が想定されるため，十分なカルシウムの補給摂取が必要である．一方，トレーニングのための高たんぱく質摂取は，腎臓におけるカルシウムの排泄を促進することもわかっている．

(7) カルシウム代謝に関与するビタミン・ミネラル

　骨の構成成分はコラーゲンをはじめとする骨基質たんぱく質とカルシウム，リン，マグネシウムなどのミネラルである．これらの栄養素の他に，骨の形成にはさらに，ビタミンD，K，C等のビタミンが必要である．ビタミンDは腸管においてカルシウムの吸収を促進し，ビタミンKは骨基質たんぱく質の1つであるオステオカルシンの合成に，ビタミンCはコラーゲンの合成に必要である．ビタミンB群も正常なコラーゲン線維の架橋に必須のビタミンである．

　リンは生体中に約850g存在しており，その85％が骨組織，14％が軟組織，1％が細胞内および外液に存在している．リンの腸管からの吸収率は60～70％である[24]．リンは通常の食生活をしていれば不足することはない．一方，加工食品には保存料や結合剤としてリン酸塩が多く使用されているため，リンは過剰に摂取しがちである．リンの過剰摂取はカルシウムの吸収を抑えるので摂りすぎに注意が必要である．カルシウムとリンの摂取比率は2：1から1：2が適切であるといわれている．

　マグネシウムは体内に約20-30g存在しており，そのうち60％は骨組織，40％は細胞内1％は細胞外液に存在している．マグネシウムの腸管からの吸収率は30～50％で，摂取量が少ないと吸収率は増加する[24]．カルシウムとマグネシウムの摂取比率は2：1が理想的であるとの報告がある[24]．マグネシウムの欠乏により，骨粗鬆症，心疾患，糖尿病の発症リスクが高まるとの報告があるが，これらの関連はまだ明確ではない．規則的な運動を行っているスポーツ選手では，血中マグネシウム濃度が低いことが報告されているが，これは，汗からの損失と赤血球への取り込みによるものと考えられている[40]．食事からのマグネシウム摂取による過剰症はないが，サプリメントの過剰摂取や通常量の制酸剤の摂取により，下痢を起こしたり，時には高マグネシウム血症による心停止に陥ることがあるので注意が必要である．

　ナトリウムの過剰摂取もカルシウムの排泄を促す．たんぱく質も正常な骨形成に欠かせない栄養素であるが，たんぱく質は摂り過ぎても腎臓におけるカルシウムの排泄を促進するため，適切な量を摂取することが重要である．野菜に含まれるシュウ酸，玄米や大豆等に含まれるフィチン酸，食物繊維等もカルシウムの吸収を妨げる．

[石見　佳子]

[文　献]

1) 厚生労働省策定：日本人の食事摂取基準（2005年版），第一出版，2005．
2) Van der Beek EJ: Vitamins and endurance training. Food for running or faddish claims?. Sports Med 2 (3): 175-197, 1985.
3) Webster MJ: Physiological and performance responses to supplementation with thiamin

and pantothenic acid derivatives. Eur J Appl Physiol Occup Physiol 77 (6): 486-491, 1998.

4) Cooperman JM, Lopez R: Riboflavin: In Handbook of Vitamins. Nutrirional, Biochemical, and Clinical Aspects (ed. L.J. Machlin), pp.299-327. Marcel Dekker, New York. 1984.

5) Brouns F, Saris W: How vitamins affect performance. J Sports Med Phys Fitness 29 (4): 400-404, 1989.

6) Suboticanec K et al.: Effects of pyridoxine and riboflavin supplementation on physical fitness in young adolescents. Int J Vitam Nutr Res 60 (1): 81-88, 1990.

7) Weight LM et al.: Vitamin and mineral supplementation: effect on the running performance of trained athletes. Am J Clin Nutr 47 (2): 192-195, 1988.

8) Weight LM et al.: Vitamin and mineral status of trained athletes including the effects of supplementation. Am J Clin Nutr 47 (2): 186-191, 1988.

9) Van der Beek EJ: Vitamin supplementation and phusical exercise pdrformance. J Sports Sci 9: 77-90, 1991.

10) Bonke D, Nickel B: Improvement of fine motoric movement control by elevated dosages of vitamin B1, B6, and B12 in target shooting. Int J Vitam Nutr Res Suppl 30: 198-204, 1989.

11) Matter M et al.: The effect of iron and folate therapy on maximal exercise performance in female marathon runners with iron and folate deficiency. Clin Sci (Lond) 72 (4): 415-422, 1987.

12) Telford RD et al.: The effect of 7 to 8 months of vitamin/mineral supplementation on athletic performance. Int J Sport Nutr 2 (2): 135-153, 1992.

13) Van der Beek EJ et al.: Controlled vitamin C restriction and physical performance in volunteers. J Am Coll Nutr 9 (4): 332-339, 1990.

14) Johnston CS et al.: Substrate utilization and work efficiency during submaximal exercise in vitamin C depleted-repleted adults. Int J Vitam Nutr Res 69 (1): 41-44, 1999.

15) Peake JM: Vitamin C: effects of exercise and requirements with training. Int J Sport Nutr Exerc Metab 13 (2): 125-151, 2003.

16) Bloomer RJ et al.: Effects of antioxidant therapy in women exposed to eccentric exercise. Int J Sport Nutr Exerc Metab 14 (4): 377-388, 2004.

17) Bates CJ: Vitamin A. Lancet 7 (345) 31-35, 1995.

18) Fraser DR: Vitamin D. Lancet 14 (345): 104-107, 1995.

19) Jenkins RR: Exercise, oxidative stress, and antioxidants: a review. Int J Sport Nutr 3 (4): 356-375, 1993.

20) Simon-Schnass I, Pabst H: Influence of vitamin E on physical performance. Int J Vitam Nutr Res 58 (1): 49-54, 1988.

21) Traber MG: Relationship of vitamin E metabolism and oxidation in exercising human subjects. Br J Nutr 96 Suppl: s34-37, 2006.

22) Takahashi M et al.: Effect of vitamin K and/or D on undercarboxylated and intact osteocalcin in osteoporotic patients with vertebral or hip fractures. Clin Endocrinol 54 (2): 219-224, 2001.

23) Craciun AM et al.: Improved bone metabolism in female elite athletes after vitamin K supplementation. Int J Sports Med 19 (7): 479-484, 1998.

24) 最新栄養学第9版（木村修一，小林修平　翻訳監修），pp373-407，建帛社．2007．

25) Osteoporosis prevention, diagnosis, and therapy. NIH concsensus statement 2000; 19: 1-45 (http://www.cocsensus.nih.gov/cons/111/111_statement.htm).

26) 骨粗鬆症の予防と治療ガイドライン作成委員会編集：骨粗鬆症の予防と治療ガイドライン2006年版，ライフサイエンス出版，2006．

27) Welten DC: A meta-analysis of the effect of calcium intake on bone mass in young and middle aged females and males. J Nutr 125: 2802-2813, 1995.

28) Cumming RG, Nevitt MC: Calcium for prevention of osteoporotic fractures in postmenopaus-

al women. J Bone Miner Res 2: 1321-1329, 1997.
29) Shea B: Cochrane database syst rev 2004: CD004526.
30) 佐々木敏:Evidence-based Nutritionに立ったカルシウム栄養:カルシウム摂取量と骨密度・骨折に関する疫学研究の系統的レビューより. Clinical Calcium 12:1316-1319, 2002.
31) Xu L et al.: Does dietary calcium have a protective effect on bone fractures in women? A meta-analysis of observational studies. Br J Nutr 91: 625-634, 2004.
32) Winzenberg T et al.: Effects of calcium supplementation on bone density in healthy children: meta-analysis of randomised controlled trials. BMJ 333: 775, 2006.
33) Bischoff-Ferrari HA et al.: Calcium intake and hip fracture risk in men and women: a meta-analysis of prospective cohort studies and randomized controlled trials. Am J Clin Nutr 86: 1780-1790, 2007.
34) 健康・栄養情報研究会編:国民栄養の現状(2007), 第一出版, 2008.
35) Bolland MJ et al.: Vasicular events in healthy older women receiving calcium supplementation: randomised controlled trial. BMJ 336: 262-266, 2008.
36) Frost HM: On our age-related bone loss: insights from a new paradigm. J Bone Miner Res 12: 1539-1546, 1997.
37) Wu J et al.: Effects of isoflavone and exercise on BMD and fat mass in postmenopausal Japanese women: a 1-year randomized placebo-controlled trial. J Bone Miner Res 21: 780-789, 2006.
38) Clarkson PM: Minerals: exercise performance and supplementation in athletes. J Sprt Sci 9: special issue, 91-116, 1991.
39) Bass SL. et al.: Exercise and calcium combined results in a greater osteogenic effect than either factor alone: a blinded randomized placebo-controlled trial in boys. J Bone Miner Res 22: 458-464, 2007.
40) Fred Brouns, 樋口 満監訳:スポーツ栄養の科学的根拠, 79-78, 杏林書院, 1993.

[II. スポーツ現場に生かす運動生化学]

15章 スポーツ選手の内分泌機能と性ホルモン

キーワード：エストロゲン，テストステロン，成長ホルモン

1. ホルモンについて

(1) ホルモンの定義

　ホルモンとは，生体内の恒常性を保つための微量な化学情報伝達物質の総称である．従来は，内分泌腺より分泌され，血流を介して運搬されて，標的器官を刺激する化学物質をホルモンと定義してきたが，近年になって，傍分泌（＝ホルモンが血流で運ばれることなく近傍の細胞に作用する）や自己分泌（＝一度，分泌されたホルモンが分泌細胞自体に作用する）などの局所分泌系の概念や心臓，消化管，血管内皮細胞，脂肪組織から分泌される生体内情報伝達物質も含めて考えられるようになった．ホルモンの主要な作用は表15-1のように4つに集約される．運動を行うと，化学情報伝達物質の働きが活発になり，これらのホルモンの働きがより顕著に現れたり，阻害されたりし，運動時特有の反応や変化がみられる．

(2) ホルモンの種類と働き

　表15-2には，生体内で生成される代表的なホルモンと主要な作用を産生部位別に表した．また，ホルモンはその化学構造によりタンパク・ペプチド型，アミン・アミノ酸型，ステロイド型，その他の4つに分けられる（表15-3）．
　タンパク・ペプチド型は多数のアミノ酸が連なったペプチドで構成されたホルモンで，視床下部や下垂体前葉から分泌されるほとんどのホルモンがここに分類される．アミン・アミノ酸型ホルモンはアミノ酸が2分子縮合したものやアミノ酸1分子の誘導体などであり，アドレナリンやノルアドレナリンなどのカテコールアミンやサイロキシンやトリヨードサイロニンなどの甲状腺ホルモンが該当する．ステロイド型に分類されるホルモンは，生体内のコレステロールを基質として作られる．代表的なホルモンは，副腎皮質で生成される糖質コルチコイド（コルチゾール），電解質コルチコイド（アルドステロン），性ホルモンのデハイドロエピアンドロステロン（DHEA）や，性腺で作られる男性ホルモン（テストステロン），女性ホルモン（エストラジオール），脂溶性ホルモンの活性型ビタミンD_3などである．その他，従来のホルモンの概念とは異なり，細胞間の情報伝達に関与するプロスタグランジンや一酸化窒素，サイトカインなどが存在する．
　これらは化学構造の違いや産生部位により作用機序も異なる（図15-1）．甲状腺ホルモンや脂溶性ホルモンは，容易に細胞膜と核膜を通過し，核内に局在している受容体と結合する．その後，DNAのホルモン応答部に結合し，遺伝子の転写を調節してそのホルモン作用を発揮する．ステロイドホルモンも同様に細胞膜を通過し容易に細胞内へ侵入するが，ステロイドホルモンの受容体は細胞質に存在しており，受容体と結合してから核膜を通過しその作用を発揮する．一方，ペプチドホルモンやカテコールアミンは，その受容体が細胞膜に存在しており，受容体に結合したあとは，

15章　スポーツ選手の内分泌機能と性ホルモン

表15-1　ホルモンの主要な作用.

1. 成長・発育の促進	2. 代謝の促進	3. 本能的行動の発現	4. 環境に対する適応
発達・成長の調節作用 生殖器および副性器の発達，骨格の形成	エネルギーの生成・利用・貯蔵など栄養代謝の調節作用	生殖機能の調節作用	自律機能の調節作用 内部環境維持の調節作用 持続的興奮の伝達

表15-2　ホルモンの種類・産生部位・主な作用.

視床下部
視床下部から分泌されるホルモンは，同名のホルモンの分泌を促進・抑制して調節する働きがある
- 成長ホルモン放出促進ホルモン（GRH）
- 成長ホルモン放出抑制ホルモン（ソマトスタチン）（GIH）
- プロラクチン放出ホルモン（PRH）
- プロラクチン抑制ホルモン（PIH）
- 甲状腺刺激ホルモン放出ホルモン（TRH）
- 副腎皮質刺激ホルモン放出ホルモン（CRH）
- ゴナドトロピン放出ホルモン（Gn-RH）
- メラニン細胞刺激ホルモン放出ホルモン（MRH）
- メラニン細胞刺激ホルモン抑制ホルモン（MIH）

下垂体前葉	下垂体中葉	下垂体後葉
●甲状腺刺激ホルモン（TSH）：甲状腺ホルモンの分泌促進 ●副腎皮質刺激ホルモン（ACTH）：副腎皮質ホルモンの分泌促進 ●成長ホルモン（GH）：成長の促進 ●卵胞刺激ホルモン（FSH）：卵胞の成熟促進，精子形成促進 ●黄体形成ホルモン（LH）：FSHと協働し卵胞を成熟させ，排卵を誘発する ●プロラクチン（黄体刺激ホルモン）（PRL）：成熟乳腺に作用し乳汁の分泌促進，黄体形成の促進	●メラニン細胞刺激ホルモン（MSH）：黒色素細胞のメラニン合成を刺激	●オキシトシン：子宮筋の収縮，乳汁射出 ●抗利尿ホルモン（バソプレシン）（ADH）：腎におけるNa$^+$の再吸収を促進させ，水分保持に働く

甲状腺	副甲状腺（上皮小体）
●サイロキシン（T$_4$）：熱量産生作用と酸素消費増加 ●トリヨードサイロニン（T$_3$）：熱量産生作用と酸素消費増加 ●カルシトニン：骨の再吸収抑制，血中Ca^{2+}の低下	●副甲状腺ホルモン（PTH）：骨の再吸収促進，血中Ca^{2+}の増加

心臓	胃	小腸
●心房性ナトリウム利尿ホルモン（ANP）：腎遠位尿細管のNa$^+$再吸収抑制	●ガストリン：ペプシンと塩酸の分泌を刺激，胃運動を亢進	●セクレチン：膵液（重曹水）の分泌を刺激 ●コレシストキニン：胆嚢を収縮，膵液（酵素）の分泌を刺激 ●血管作動性腸管ペプチド：血管拡張

膵臓	肝臓
●グルカゴン：ランゲルハンス島のα細胞から分泌される．肝臓においてグリコーゲンやたんぱく，脂肪の分解を促進 ●インスリン：ランゲルハンス島のβ脂肪から分泌される．骨格筋や心筋，脂肪細胞において糖の取り込みを促進	●アンジオテンシン：アルドステロン分泌，血圧上昇 ●インスリン様成長因子（IGF-I）：インスリン様効果，細胞成長，細胞DNA合成

腎臓	副腎髄質	副腎皮質
●レニン：アンジオテンシン生成を刺激，アルドステロンの分泌を刺激 ●エリスロポイエチン（EPO）：骨髄の赤血球生成を誘発 ●活性型ビタミンD$_3$（1,25-(OH)$_2$-D$_3$）：骨形成	●アドレナリン：心機能亢進，血糖上昇 ●ノルアドレナリン：末梢血管収縮による血圧上昇	●コルチゾール：肝の糖新生促進，血糖上昇，たんぱく・脂肪分解，水利用促進 ●アルドステロン：Na$^+$の保持とK$^+$の排出促進，細胞外液量を増加，血圧上昇 ●副腎アンドロゲン（DHEA）：弱い男性ホルモン作用

生殖腺 性腺（精巣）	生殖腺 性腺（卵巣）	生殖腺 胎盤
●アンドロゲン（アンドロステンジオン，テストステロン）：男性第二次性徴，性行動を促進	●エストロゲン（卵胞ホルモン；エストラジオール，エストロン）：卵胞の発育，子宮内膜の増殖，女性の第二次性徴 ●プロゲステロン（黄体ホルモン）：妊娠の成立維持，乳腺細胞の発育	●ヒト絨毛性ゴナドトロピン（hCG）：LH作用に類似，妊娠黄体の生成誘発と維持

（木村典代，2010）

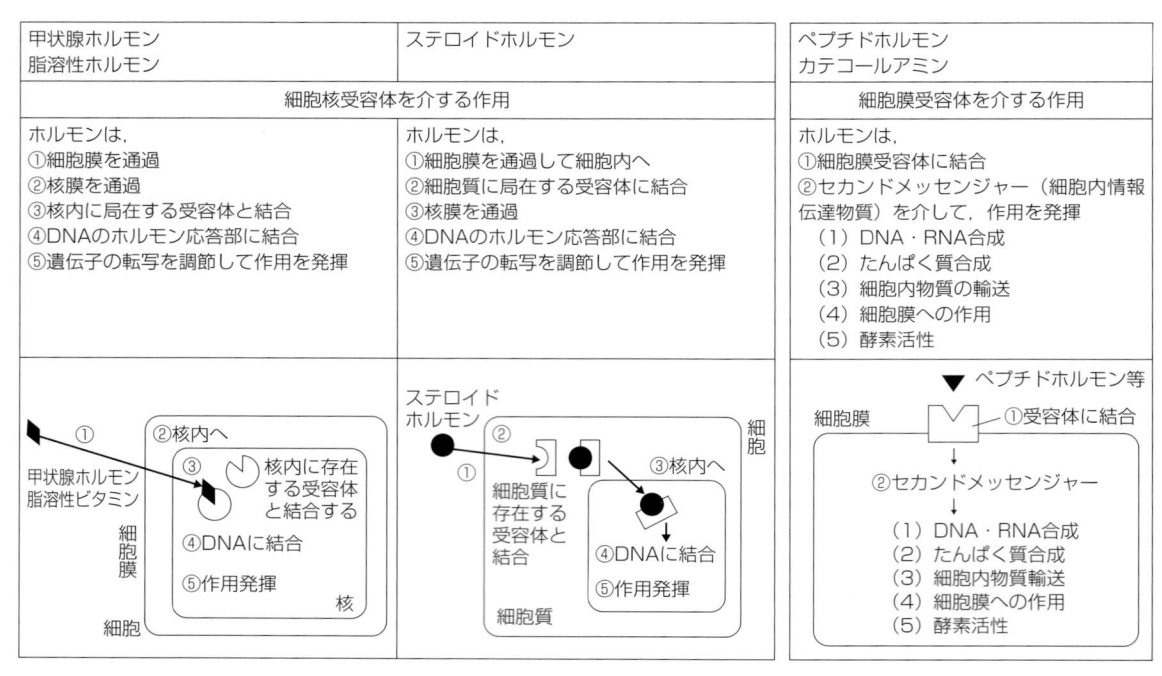

甲状腺ホルモン 脂溶性ホルモン	ステロイドホルモン	ペプチドホルモン カテコールアミン
細胞核受容体を介する作用		細胞膜受容体を介する作用
ホルモンは， ①細胞膜を通過 ②核膜を通過 ③核内に局在する受容体と結合 ④DNAのホルモン応答部に結合 ⑤遺伝子の転写を調節して作用を発揮	ホルモンは， ①細胞膜を通過して細胞内へ ②細胞質に局在する受容体に結合 ③核膜を通過 ④DNAのホルモン応答部に結合 ⑤遺伝子の転写を調節して作用を発揮	ホルモンは， ①細胞膜受容体に結合 ②セカンドメッセンジャー（細胞内情報伝達物質）を介して，作用を発揮 　（1）DNA・RNA合成 　（2）たんぱく質合成 　（3）細胞内物質の輸送 　（4）細胞膜への作用 　（5）酵素活性

図15-1　ホルモンの作用機序．（木村典代，2010）

細胞内情報伝達物質（セカンドメッセンジャー）を介して，その作用を発揮する．

2. 一過性運動時と運動トレーニング時のホルモン分泌の変化

運動時のホルモン動態については多くの報告があるが[1,2,3,4,5,6]，これらは，主として一過性運動（急性運動）を行った時の運動強度とホルモン分泌の関係について調べたものと，持久的な運動トレーニングの結果として，安静時および運動時のホルモン分泌動態がどのように変化するかという2通りにまとめることができる（表15-4）．

（1）一過性運動時のホルモン分泌の変化

一過性運動で，変動を示すホルモンの1つに下垂体前葉から分泌される副腎皮質刺激ホルモン（ACTH）があげられる．ACTHは運動強度が最大酸素摂取量の60％程度を超えると血中濃度が高まるが，ACTHの刺激を受けて分泌される副腎皮質ホルモンのコルチゾールやアルドステロンなどもそれに応答して分泌量が増加する．こうして分泌されたコルチゾールは，肝における糖新生を増加させエネルギー生成に寄与し，場合によっては激しい筋運動時に受けた筋損傷などを抗炎症作用によって修復する．また，アルドステロンは，腎の尿細管にてナトリウムの再吸収を促進させ，血漿ナトリウム量を保持することで体内水分量を保ち，体温調節維持にはたらく．このように，ホルモンは急性的な運動にすばやく反応して分泌され，運動に適した体内環境を作り出すために働いている．

（2）運動トレーニング時のホルモン分泌の変化

持久的なトレーニングを行うと，トレーニングの馴れが生じて分泌量が低下するホルモンもある．前述のACTHやコルチゾールはその代表であり，同一（絶対）運動強度の最大下運動では分泌量の低下がみられる．ただし，相対的な運動強度（つまり同一の%$\dot{V}O_2max$）では運動トレーニ

表15-3 化学構造によるホルモンの分類.

タンパク・ペプチド型	アミン・アミノ酸型	ステロイド型	その他
多数のアミノ酸が連なったペプチドで構成されている. ・単純タンパクホルモン ・糖タンパクホルモン	アミノ酸が2分子縮合したものやアミノ酸1分子の誘導体など	生体中のコレステロールを基質として生成されるコレステロール誘導体.	従来のホルモンの概念とは異なって、細胞間の情報伝達に関与する
例 視床下部ホルモン 下垂体前葉ホルモン 膵臓ホルモン 消化管ホルモン	例 甲状腺ホルモン カテコールアミン (アドレナリン・ノルアドレナリン)	例 副腎皮質ホルモン (コルチゾール, アルドステロン) 性ホルモン (テストステロン, エストラジオール) 活性型ビタミンD$_3$	例 プロスタグランジン 一酸化窒素 サイトカイン 成長因子

ングの影響はみられない.

表15-4に示すとおり，未だに一過性運動時および運動トレーニング時の適応が明確になっていないものも多い．これまでのところ，運動時のエネルギー供給に関わるホルモン（血糖調整に関与するホルモンや運動ストレスに関わるホルモンを含む），水分や電解質調整に関わるホルモンは，一過性の運動を行った時に，運動強度が40〜60% VO_2maxを超えると分泌量の増加がみられている．しかし，インスリンの分泌は運動強度が高まると減少する．また，同様にこれらのホルモンは持久的なトレーニングによる適応がみられ，同一（絶対）運動強度では分泌量が減少し，相対的な運動強度では不変となるものが多い．しかし，テストステロンやエストラジオールなどの性ホルモンでは，統一した見解が見られていないものが多いようである．

3. 運動時の内部環境とホルモンの働き

(1) 運動時のエネルギー代謝に関わるホルモン

エネルギー代謝に関わるホルモンは，カテコールアミンの一種であるアドレナリン（エピネフリン），膵臓より分泌されるグルカゴン，インスリン，副腎皮質ホルモンから分泌されるコルチゾール（グルココルチコイド），そして成長ホルモン，甲状腺ホルモンのチロキシン（T$_4$）がある．これらは糖質，脂質，たんぱく質からのエネルギー供給と貯蔵のバランスをとり，摂食行動をも調節している（図15-2）[7]．

表15-5には運動時のエネルギー代謝に関わるホルモンの働きを示した．運動を開始し交感神経系の活動が亢進すると，その刺激により副腎髄質からはアドレナリンが分泌されるようになる．アドレナリンのエネルギー産生機序は肝や筋のグリコーゲンの分解を促し，同時に肝臓における糖新生を亢進させ，さらに脂肪分解を亢進させることであるが，同時に副腎皮質から分泌される糖質コルチコイド（コルチゾール）もアドレナリンの分泌変動とほぼ平行して分泌され，肝臓における糖新生，肝臓グリコーゲンの分解促進，血糖値の上昇，脂肪分解作用を協働する．一方，運動時のインスリン分泌量は，運動によって増加したアドレナリンやノルアドレナリンによって抑制されるために減少する．このように，ホルモンはそれぞれが単独で働くのではなくお互いの作用を補ったり抑制したりしながらその作用を調節している．

(2) 水分調節にはたらくホルモン

下垂体後葉より分泌される抗利尿ホルモン（バソプレシン：ADH；Antidiuretic hormone）と副腎皮質から分泌されるアルドステロンは，協働して体液中の電解質平衡を維持し，運動中の神経活動や種々の器官の機能を保持するために重要な

表15-4 一過性運動や身体トレーニングによるホルモンの分泌変化．

	一過性運動時の変化	運動時の役割	運動トレーニングによる影響
運動時のエネルギー供給に関わるホルモン（血糖調節，運動ストレスに関わるホルモンを含む）			
副腎皮質刺激ホルモン	60%$\dot{V}O_2$maxから増加？		同一酸素摂取量の最大下運動では鍛錬者のほうが少ない しかし相対的運動強度ではトレーニングの影響はない 最大運動では鍛錬者の分泌は多くなる
コルチゾール	軽運動では不変，運動時間が長くなると増加 60%$\dot{V}O_2$max以上から増加	肝における糖新生の促進 抗炎症作用を発揮	同一酸素摂取量の最大下運動では鍛錬者のほうが少ない しかし，相対的運動強度ではトレーニングの影響はない ほとんど変化しない？減少？
アドレナリン	60%$\dot{V}O_2$max以上から増加	血糖上昇	同一酸素摂取量の最大下運動では鍛錬者のほうが少ない
ノルアドレナリン	50%$\dot{V}O_2$max以上から増加	脂肪組織の脂肪分解 心拍数や血圧の上昇	しかし，相対的運動強度ではトレーニングの影響はない 最大運動では鍛錬者の分泌は多くなる
成長ホルモン	50%$\dot{V}O_2$maxから増加	不明	安静時レベルは不変？ 運動による増加は鍛錬者は非鍛錬者に比べて少ない？増加？
グルカゴン	60%$\dot{V}O_2$max以上から増加 安静時レベルは不変	血糖上昇	安静時レベルは不変 運動による増加は鍛錬者は非鍛錬者に比べて少ない
インスリン	50%$\dot{V}O_2$max以上で減少		運動時の減少は鍛錬者で小さい
甲状腺刺激ホルモン	50%$\dot{V}O_2$maxから増加？不変？		不明
トリヨードサイロニン（T_3），サイロキシン（T_4）	中等度，長時間運動で増加？ 50%$\dot{V}O_2$maxで増加？ 無酸素性運動で増加？ 遊離のT_4は増加？ 全チロキシン濃度は不変？	不明	全チロキシン濃度はわずかに減少？ 遊離のT_4は増加？
水分，電解質調整に関与するホルモン			
アルドステロン	60%$\dot{V}O_2$max以上から増加	血漿Naの保持	不明
抗利尿ホルモン	60%$\dot{V}O_2$max以上から増加	血液量維持のための水分保持	安静時レベルは不変 運動による増加は鍛錬者は非鍛錬者に比べて少ない
レニン-アンギオテンシン系	50%$\dot{V}O_2$max以上から増加	血漿Naの保持，水分保持	
心房性ナトリウム利尿ペプチド	40%$\dot{V}O_2$max以上から増加	不明	鍛錬者では血漿濃度が高い
性ホルモン			
卵胞刺激ホルモン	不変？		不明
黄体形成ホルモン	不変？		不明
プロラクチン	40%$\dot{V}O_2$maxから増加		不明
テストステロン	わずかに増加？ 無酸素性運動で増加？ 持久運動では低下？	不明	不変？
エストラジオール プロゲステロン	増加？	不明	同一運動負荷強度では運動による増加は鍛錬者は非鍛錬者に比べて少ない

（井澤鉄也：内分泌（ホルモン）の働き，スポーツ医科学，中野昭一編，p115-135，杏林書院，1999．より一部改変）

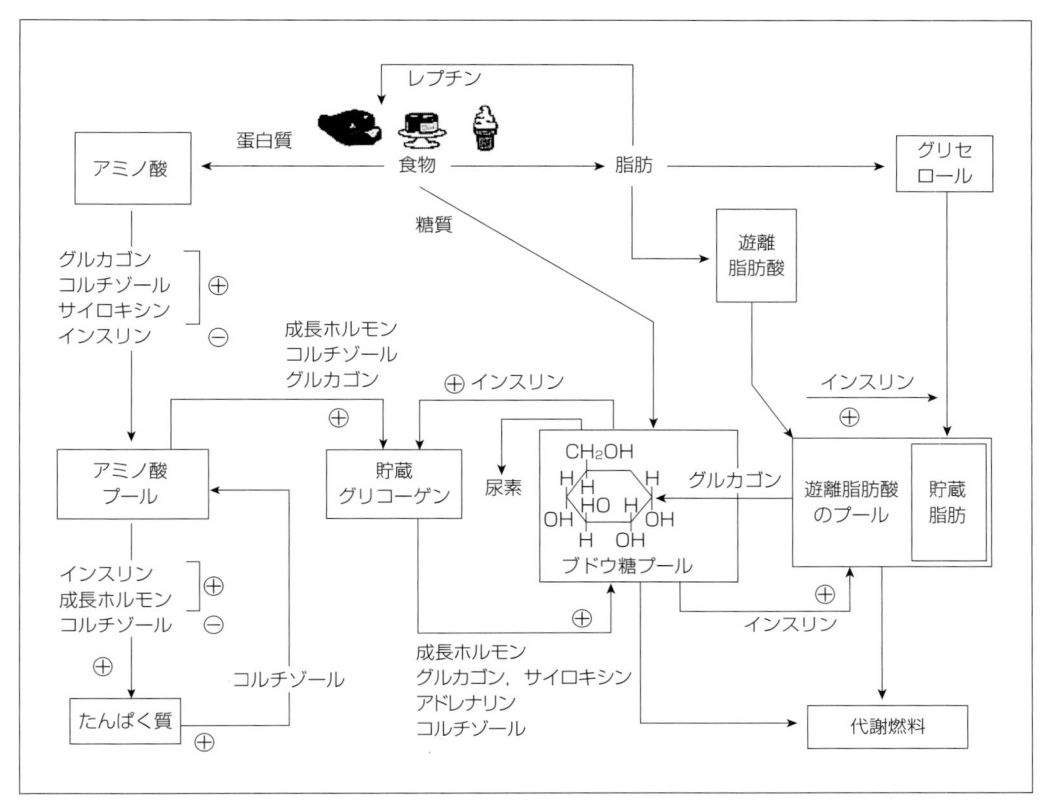

図15-2 安静時のエネルギー代謝の恒常性．(Ben Greenstein・Diana F Wood 著，高野幸路監訳：一目でわかる内分泌学 第2版，メディカル・サイエンス・インターナショナル，2008より一部改変)

役割を果たしている．

　多量の発汗により血液が濃縮され，細胞外液の浸透圧が上昇すると細胞内の水分が細胞外へ移行するため，細胞は脱水を起こすことになる（高張性脱水）．血漿の浸透圧の上昇を視床下部にある浸透圧受容器で感知すると，下垂体後葉からADHの分泌量が増え，腎の集合管における水分の再吸収が促進されるようになる．この働きにより尿による水分の体外への排出を最小限にとどめ，血漿浸透圧を低下させる．

　一方，血漿浸透圧の上昇でアルドステロンも分泌される．アルドステロンの標的細胞（ホルモンレセプターをもつ細胞）は遠位尿細管のNa$^+$（ナトリウム）ポンプとして機能しており，Na$^+$ポンプの回転を促進していったん尿中に排出された Na$^+$イオンを再吸収することにより，血液中の無機イオンなどの量を一定に保つ働きをしている．こうして，血液容量を増加させ，心拍出量や動脈圧を増加させる．

　また，運動時には，運動強度依存的にレニン活性の増加が認められている．レニンは腎臓の傍糸球体細胞で合成されるホルモンであり，血漿浸透圧の上昇や血液量減少に反応して分泌される．レニンは，肝臓で生成されたアンジオテンシノーゲンをアンジオテンシンIに切断し，アンジオテンシンIは変換酵素により生物学的活性をもつアンジオテンシンIIに変換される．アンジオテンシンIIは副腎脂質に働きかけアルドステロンの分泌量を促進させる（図15-3）．これらの機構によりアルドステロンは，運動中には最大で6倍も増加す

表15-5 運動時のエネルギー供給に関わるホルモン.

分泌	ホルモン名	主な作用
運動時に増加するホルモン	アドレナリン（エピネフリン）	肝臓：肝グリコーゲンの分解を促し血糖値を上昇させる. 骨格筋：筋グリコーゲン分解と解糖が促進され，同時に肝臓における糖新生系が亢進する. 脂肪組織：脂肪分解を亢進させ血中FFA濃度を上昇させる
	グルカゴン	肝臓：グリコーゲンの分解や糖新生を亢進させることにより血糖を上昇させる. 脂肪組織：脂肪分解を亢進させる.
	糖質コルチコイド（コルチゾール）	肝臓：糖新生の亢進，グリコーゲンの分解が亢進する 骨格筋：血糖の取り込みを抑制し血糖を上昇させる. →糖新生のための筋たんぱく質の分解促進 脂肪組織：脂肪分解促進作用
	成長ホルモン	脂肪分解亢進，骨格筋ではインスリン感受性の低下，グルコース酸化抑制による血糖上昇，肝臓でのケトン体産生促進
運動時に低下するホルモン	インスリン	骨格筋・肝臓：血糖の取り込みを促進させ，グリコーゲンの貯蔵量を増加させる. 脂肪組織：脂肪分解抑制作用

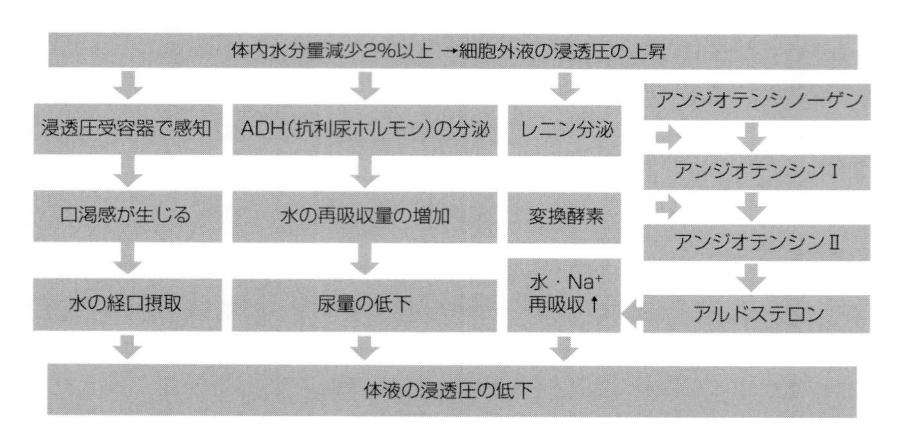

図15-3 体内の水分調節機構.（木村典代, 2010）

るといわれている[8]．

逆に，大量の汗によりナトリウムの損失が著しく多い時や，大量の汗のあとに多量に水分のみの摂取を行ったような時には，細胞外液の濃度が低下し低張性脱水を起こす．そうすると，ADHやアルドステロンの分泌量は低下するため尿中への水分排泄量が増加する．

(3) 循環器調節にはたらくホルモン

循環器系は主として，カテコールアミン（アドレナリン，ノルアドレナリン）の働きによって制御されている．副腎髄質は交感神経系の節後神経線維が多数集まって分泌細胞の形態をとったものと考えられており，ここからはアドレナリンが分泌され，心機能調整を行っている．一方，ノルアドレナリンは交感神経系や中枢神経系にもあり，

神経伝達物質の役割を果たしている．また，強い血管収縮作用をもち，それによって血圧を上昇させる．

1）心拍出量の増加

運動時には運動強度の増加に伴って心拍数の増加が見られる．この増加は主として副交感神経系の活動の抑制と交感神経系の活動の亢進のバランスにより，運動強度が低いときには，主として副交感神経系の抑制により増加し，運動強度が強くなると交感神経の亢進により増加すると考えられている．

また，運動強度が最大酸素摂取量の60％を超すとアドレナリンの分泌量が増加する．アドレナリンは心筋細胞膜のβ1アドレナリン受容体に作用し，心筋の収縮速度と収縮力を増強し心拍出量を増加させる．このような一連の働きによって，運動時には全身へ十分な血液を供給するように作用する．表15-6にはアドレナリンの作用と受容体の一覧を示している．アドレナリンは，各作用部位に存在する受容体の種類によって種々の効果を発揮する．

その他，甲状腺ホルモンのトリヨードサイロニン（T_3）やサイロキシン（T_4）などは心臓に対する作用を持っており，アドレナリンのβ-受容体を介する作用を亢進させて，心収縮力と心拍数を増加させる．ただし，運動時にその作用が特異的に増加するか否かは明らかではない．

2）運動時の血圧の調節

血中の血管収縮物質には，カテコールアミン，アンジオテンシンII，バソプレッシン，血管拡張物質には心房性ナトリウム利尿ペプチド（ANP）がある．

カテコールアミンのうちノルアドレナリンは，全身の血管に対して収縮作用をもち，血圧を上昇させる．一方，アドレナリンは表15-6にも示したように骨格筋の血管を拡張させる作用をもつ．

また，先にも触れたレニン―アンジオテンシン系においても血圧の調整が行われている（図15-4）．レニン―アンジオテンシン系の活性物質であるアンジオテンシンIIは，それ自身も血管平滑筋

表15-6　アドレナリンの作用と受容体．

作用部位	効果	受容体
心臓	収縮速度と収縮力の増加	β1
血管		
皮膚	収縮	α1
粘膜	収縮	α1
内臓床	収縮	α1
骨格筋	拡張	β2
呼吸器系	気管支拡張	β2
消化管		
平滑筋	弛緩	α2
括約筋	収縮	α1
血液		
凝固時間	短縮	
赤血球数	増加	
血漿たんぱく	増加	
代謝		
インスリン放出	減少	α2
グルカゴン放出	増加	β2
熱産生	増加	β3
脂肪分解	増加	β3
眼－瞳孔散大筋	収縮	α1
平滑筋		
脾臓の被膜	収縮	α1
子宮	収縮	α1
輸精管	収縮	α1

を収縮させる作用をもつが，その一方で副腎皮質に作用しアルドステロンを分泌させる．アルドステロンは腎臓におけるナトリウムの再吸収を促進させることで，血圧を上昇させる．

ADHは，先にも述べたように水分保持作用を持つが，この水分保持作用を介して，末梢の細動脈を収縮させることによって血圧を上昇させる．しかし，ADHには交感神経系の活性を抑制する作用もあるため，この昇圧作用は減弱するといわれている．また，ADHそのものには生理的な血中濃度の範囲内で血圧を変化させる作用はない[7]．

心房性ナトリウム利尿ペプチド（ANP）は，心臓の心房から分泌され，強力な利尿，ナトリウム排泄作用，血管拡張および血圧降下作用を有するペプチド性ホルモンである．体液量の増加などによる心房の伸展が分泌刺激となるが，運動によっても40％ $\dot{V}O_2max$ 程度で増加するという報告もある．主な作用標的臓器は，腎臓および血管であるが，他のホルモンとも協調して，体液量調節，電解質濃度調節にも関与している[9]．

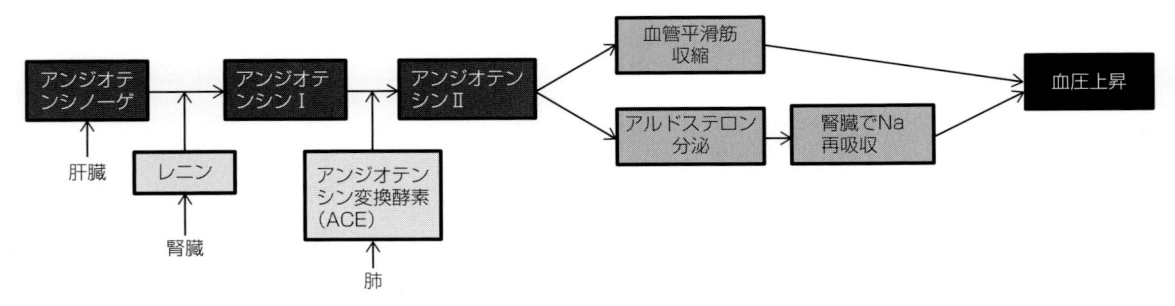

図15-4 レニン・アンジオテンシン・アルドステロン系による血圧上昇機構.（木村典代，2010）

表15-7 成長ホルモンの分泌を変化させる因子.

分泌を増加させるもの	分泌を低下させるもの
睡眠（初期），運動，低血糖，ストレス，L-アルギニン，グルカゴン，ドーパミン，エストロゲン	加齢，高血糖，血中遊離脂肪酸濃度の上昇

(4) 骨格筋におけるたんぱく質代謝にはたらくホルモン

骨格筋におけるたんぱく質代謝に関係するホルモンは，インスリン，成長ホルモン，甲状腺ホルモン，グルココルチコイド（コルチゾール）などがあげられる．インスリンの分泌はたんぱく質合成とたんぱく質分解抑制の両者に影響する．成長ホルモンは，たんぱく質合成にも働くが，たんぱく質分解にも関与する．一方，グルココルチコイド（コルチゾール）は，たんぱく質の合成抑制，分解促進の作用を持つ．そのほか，テストステロンなどの男性ホルモンも強力なたんぱく質合成因子である．

1) 成長ホルモンとインスリン様成長因子-I

成長ホルモンは，標的細胞に直接作用して成長促進作用，代謝作用を発揮するほか，肝臓や骨においてインスリン様成長因子（IGF-I；ソマトメジンC）の産生と分泌を促進させる．IGF-Iは脂肪細胞では脂肪分解を促進し，筋肉ではたんぱく質の合成を促進する．また，骨では，軟骨細胞に働きかけて骨の成長や軟骨の合成を促進させる[7]．成長ホルモンの分泌は，表15-7に示すように，睡眠，加齢，ストレスなどに影響を受ける他，血糖値，遊離脂肪酸濃度，他のホルモンや，アミノ酸濃度などにも影響を受けることがわかっている[10]．

運動によって成長ホルモンの分泌が増加するが，その分泌量は運動強度依存的であり，安静時の10～20倍に達するといわれている．成長ホルモンは睡眠初期時にも増加するが，激しい運動時の方が血中ホルモン濃度ははるかに高いレベルに達する[11]．

発育期の運動トレーニングは，安静時の成長ホルモン濃度を増加させるとする報告もあり，発育期の運動は発育促進に関与している可能性がある．しかし，運動時間が長引くと血中濃度は低下するという報告もある．この理由としては増加した成長ホルモンのフィードバック機構や血中コルチゾールの増加によって引き起こされるのではないかと推察されている[12]．

2) 男性ホルモン（アンドロゲン）

アンドロゲンとは，精巣から分泌されるテストステロンや，副腎皮質由来のDHEA，アンドロステンジオンなどの男性ホルモンの総称であるが，男性ホルモンの95％は精巣から分泌されるテストステロンに由来している．テストステロン自体は活性型のホルモンではなく，血液中から標的細胞内に取り込まれたテストステロンから生じ

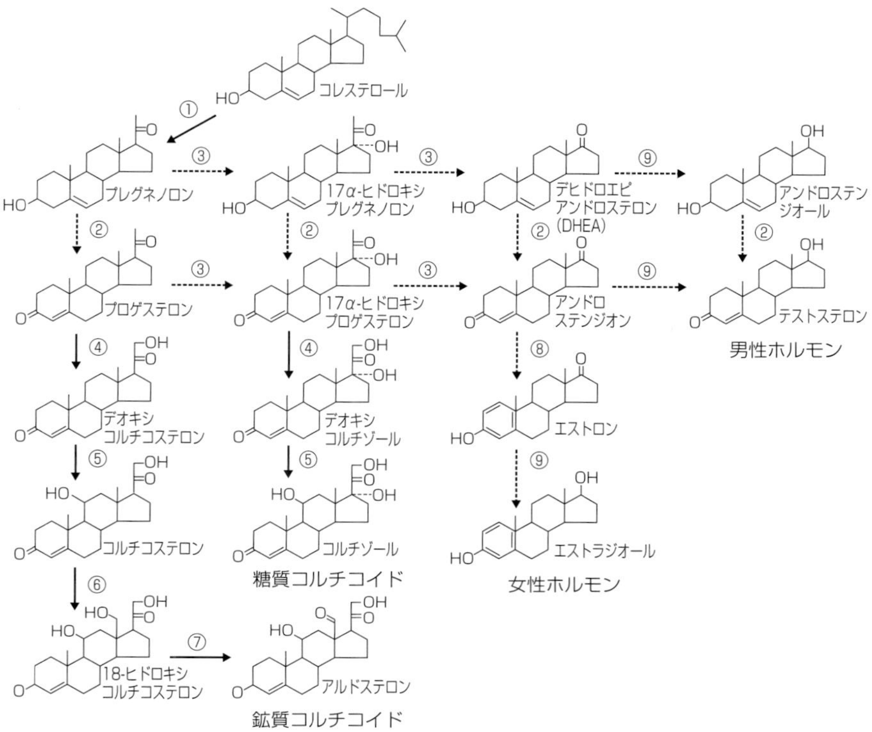

図15-5 ステロイドホルモンの生合成経路.
実線はミトコンドリア内膜での反応，破線は小胞体膜での反応を示す．①P450（scc）［コレステロール側鎖切断酵素］，②3β-ヒドロキシステロイド脱水素酵素・異性化酵素，③P450（17α, lyase）［17α-水酸化・開裂酵素］，④P450（c21）［21-水酸化酵素］，⑤P450（11β）［11β-水酸化酵素］，⑤⑥⑦ウシ・ブタではP450（11β）が，ラット・ヒトではP450（aldo）がアルドステロン合成酵素として作用する．⑧P450（arom）［アロマターゼ］，⑨17β-ヒドロキシステロイド脱水素酵素

(武森重樹著：ステロイドホルモン，共立出版株式会社，1998.より一部改変)

た5α-ジヒドロテストステロン（DHT）がその生理作用をもたらしている．男性の場合は思春期に入ると精巣からのテストステロンの分泌が盛んになり，男性を特徴づける2次性徴の発達が促され男性らしい体型となる[7,13]．女性の場合は，精巣を持たないため，アンドロゲンの大部分が副腎皮質由来のDHEA（デヒドロエピアンドロステロン）であり，血液を介して末梢組織に運ばれ，テストステロンからエストロゲン（女性ホルモン）へと代謝変換される（図15-5）.

アンドロゲンの主な生理作用は，
①筋たんぱく質の合成を高める（筋肉量の増大）
②骨格筋内でのたんぱく質代謝の増大（基礎代謝の亢進）
③骨量の増加
④男性化（体毛の増加，頭髪の減少，外生殖器の増大，音声の低音化）

などであるが，アンドロゲンの血中濃度は加齢と共に低下することが知られている．最近では，テストステロンやDHEAの血中濃度が低い者ほどメタボリックシンドロームの発症率が高いことが示されており，代謝疾患に関連する生活習慣病と密接に関連している可能性が示唆されている[14]．また，テストステロンの分泌低下と男性の更年期

障害やうつ傾向との関連も指摘されている．若年女性では，DHEAの血中濃度が高い者ほど，骨幅や筋量が多いことが報告されている[15]．

運動時のアンドロゲンの血中濃度は，一過性の運動では，運動後にテストステロンおよびその前駆物質であるDHEAの血中濃度が増加すると報告されている[16,17,18]．その一方で，持久的なトレーニングによる安静時のアンドロゲンレベルは，増加する場合も低下する場合もあり統一見解は得られていないようである．男子のウエイトトレーニングでは全体的にテストステロンは増加傾向とする報告が多いが，女子ではテストステロン自体の分泌量が少ないため変化量は明確に示されていない[18]．最近の研究によると，女性の場合はトレーニングによってテストステロンの前駆物質であるDHEAの血中濃度に変化がみられ，このDHEAが血中のテストステロン濃度の低値を補足している可能性が指摘されている[19]．

運動トレーニングや一過性運動によりアンドロゲンの合成能を維持・改善することは，生活習慣病の観点からもさらに重視すべき事項である．しかし，男性ホルモンの持つ性作用をできるだけ弱め，たんぱく質同化作用だけを強化して作られたステロイドがサプリメントの中に混入していたり，故意にスポーツ選手に悪用されたりし，ドーピング問題にまで発展することがある．国際オリンピック委員会の2007年の調査では，欧米諸国の一般サプリメントショップにて購入できる非ステロイド系と表示されているサプリメントの20％に，ラベルには記載されていないステロイドが混入していたと発表している．アメリカでは，DHEAやアンドロステンジオンなどのステロイドサプリメントを2004年までは一般のサプリメントショップで，栄養補助食品として購入することができた．しかし，2004年より，ステロイド類似物質の販売・使用禁止法案が成立し，ステロイド類似物質の販売や使用を罰則付きで禁じられている．

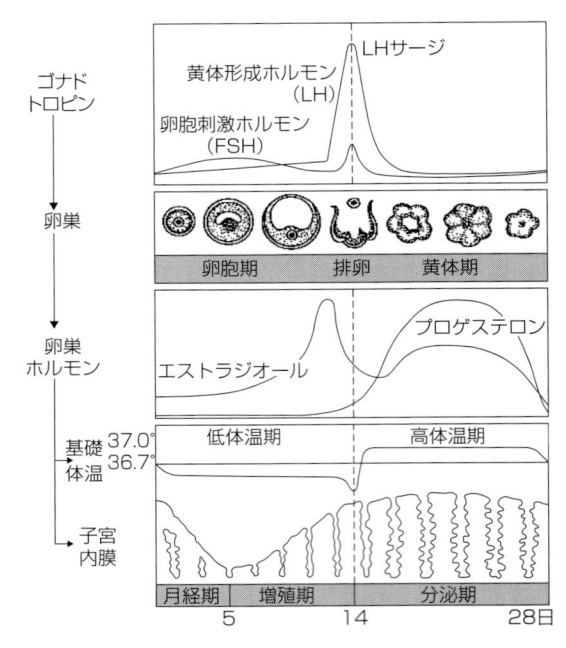

図15-6 性周期に伴うゴナドトロピン，卵巣，卵巣ホルモン，基礎体温，子宮内膜の変化．
（大地陸男：生理学テキスト pp1-462 文光堂，1996）

(5) 女性ホルモン

女性の月経周期に伴うホルモン，卵巣，基礎体温，子宮内膜の変化を図15-6に示した．月経の終わりからFSH（卵胞刺激ホルモン）により，卵巣内で卵胞が発育しはじめると，同時に卵巣からはエストラジオールの女性ホルモンの分泌が急増する．その情報が視床下部—下垂体系にフィードバックされ，下垂体からの黄体形成ホルモン（LH）の分泌が一過性に急激に上昇し排卵が誘発される．排卵後，卵胞は黄体になり，プロゲステロンが分泌される．プロゲステロンにより子宮粘膜は柔らかくなり，受精卵の着床に適した状態になる．受精により妊娠が成立すると，黄体は次第に小さくなりやがて白体となる．受精が起こらないと黄体は退化してプロゲステロンやエストロゲンの分泌は低下し，肥厚した子宮粘膜が剥離して血液とともに排出される．

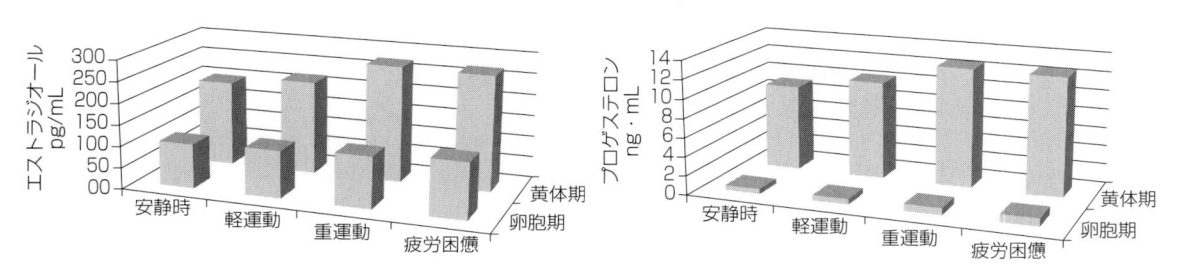

図15-7 エストラジオール（左：E2）とプロゲステロン（右：P）の性周期と運動強度別の分泌量の変化．
(Jurkowski JE et al. Ovarian hormonal responses to exercise. J. Appl Physiol, Respirat Environ, Exercise Physiol 44: 109-114, 1978.より作図)

1) 一過性運動と女性ホルモン

エストラジオールは，卵胞期にも黄体期にも運動で増加し，疲労困憊時に最高に達する．一方，プロゲステロンは，卵胞期は低く運動を行っても有意な増加は認めない．黄体期には著しく分泌量が増加し，運動強度の増加に伴って増加する（図15-7）．このように女性ホルモンの増加は性周期の影響を強く受ける．

2) 女性ホルモンのトレーニングによる分泌量の変化

女性ランナーの血中女性ホルモン濃度を調べると，週間の走行距離が長くなる程エストラジオールとプロゲステロン，性腺刺激ホルモンの濃度が低いと報告されている．この低いホルモン分泌量は月経異常と関係していることも示唆されている[20]．健康な女子に激しい運動トレーニングを実施すると，月経異常が出現する可能性が高いといわれている．また，このような現象は，体重を維持していても防ぐことはできなかったと報告されている．したがって，成人女性に激しい運動をさせることは，正常な月経周期，女性の妊孕性を守り続けていくためにも望ましいことではない．

[木村　典代]

[文　献]

1) Galbo H: Exercise physiology: humoral function. Sport Sci Rev 1: 65-93, 1992.
2) 井澤鉄也，大野秀樹：運動時の体液因子としての内分泌機能動態．骨・関節・靱帯 Vol.9, No.3, 299-308, 国際医書出版部, 1996.
3) Lamb DR: Physiology of Exercise: Responses & Adaptations. 2nd edition. pp342-345, MacMillan Publishing Company, 1984
4) 征矢英昭，井澤鉄也：第12章運動とホルモン，宮村実晴編集，最新運動生理学，297-333, 真興交易医書出版部, 1996.
5) 丹　信介：運動と内分泌系，池上晴夫編，身体機能の調節性—運動に対する応答を中心に—225-241, 朝倉書店, 1997.
6) 田中宏暁：運動による血圧降下と体液性因子の変化，体育の科学 42：174-180, 1992.
7) 高野幸路監訳：一目でわかる内分泌学　第2版，メディカルサイエンスインターナショナル，2008.
8) McArdle W et al：運動生理学—エネルギー・栄養・ヒューマンパフォーマンス—（田口貞善ら監訳），322-348, 杏林書院, 1994.
9) 井澤鉄也：運動とホルモン—液性因子による調節と適応—，NAP, 2001.
10) 松澤佑次ら監修：病気がみえるvol3代謝・内分泌疾患，メディックメディア，2006.
11) 石河利寛：健康・体力のための運動生理学，杏林書院, 2000.
12) 井澤鉄也著：内分泌（ホルモン）の働き，スポーツ医科学，中野昭一編集，115-135, 杏林書院, 1999.
13) 武森重樹：ステロイドホルモン，共立出版株式会社, 1998.
14) 相澤勝治：生活習慣病予防の機序　骨格筋とアンドロゲン，臨床スポーツ医学 vol 25, No10,

1163-1167, 2008.
15) 武安典代他：女子大学生のDHEA排泄と体格との関係について，学校保健研究 Vol. 41, (4), 320-329, 1999.
16) Kemmler W, Wildt L, Engelke K, Pintag R, Pavel M, Bracher B, Weineck J, Kalender W: Acute hormonal responses of a high impact physical exercise session in early postmenopausal women. Eur J Appl Physiol vol 90, 199-209. 2003.
17) 相澤勝治ら：一過性レジスタンス運動による血清steroid horumone応答，体力科学vol50, 293-302, 2001.
18) Deschenes MR, Kraemer WJ, Maresh CM, Crivello JF: Exercise-induced hormonal changes and their effects upon skeletal muscle tissue. Sports Med, vol 12, 80-93, 1991.
19) Aizawa K, Akimoto T, Inoue H, Kimura F, Joo M, Murai F, Mesaki N: Resting serum dehydroepiandrosterone sulfate level increases after 8-week resistance training among young females, Eur J Appl Physiol vol90, 75-80, 2003.
20) Hetland ML, Haarbo J, Christiansen C, Larsen T. Hetlund: Running induces menstrual disturbances but bone mass is unaffected, except in amenorrheic women. Am J Med vol95, 53-60, 1993.

索　引

[あ　行]

アイソザイム　91
アイソメトリック　56，94
悪性貧血　147
アクチン　49
アドレナリン　119，158，161，
　　164，165
アミノ酸　123
アミノ酸代謝　146，147
アミン・アミノ酸型ホルモン　158
アラニン　123
アリコートカップ　126
アルギニン　124
アルドステロン　158，160，163
α運動ニューロン　54
アルブミン　123
アンジオテンシノーゲン　163
アンジオテンシンI　163
アンジオテンシンII　163，165
安静時心電図　26
安静時代謝　16，17
安定同位体　15，129
アンドロゲン　166
アンドロステジオン　166
アンモニア　124

一回拍出量　42，43
遺伝的要因　40
インスリン　103，104，108，161，
　　166
インスリン感受性　103，104
インスリングルコース（血糖）　101
インスリン抵抗性　108
インスリン様成長因子（IGF-1）
　　57，166
インピーダンス法　6

うつ病性障害　73，74
運動　153，154
運動強度　17
運動指針　69
運動単位　53
運動負荷試験　26

栄養不良　124
エキセントリック　56，93
エストラジオール　158，161，168
エストロゲン　167，168
エネルギー代謝　144
エピネフリン　161
炎症　84

黄体形成ホルモン（LH）　168
大うつ病　73
オーバートレーニング症候群　25，
　　30，73，75，87，
オープンウインドウ説　86
オープンループ　64

[か　行]

加圧トレーニング　57
カーブモデル　83
核の支配領域　57
かぜ症候群　84
加速度　16
加速度計　16
活性型ビタミンD　149
活性型ビタミンD_3　158
活性酸素　84
カテコールアミン　158，164，165
カリウム　117
カルシウム　117，150，152，155
カルシウムイオン　99，100，107，
　　110
カルシウム代謝　155
カルモデュリキナーゼ　100
カロテノイド　148
肝機能　124
肝グリコーゲン　106
肝疾患　124
感染症　83
肝臓疾患　124
冠動脈奇形　26

希釈性貧血　137
基礎代謝量　12
気道感染症　84
気分障害　73，74

キャノピー　15
キャリパー法　6
救急処置　71
巨赤芽球性貧血　146
巨血芽球性貧血（悪性貧血）　147
競技記録　47
競技種目　40
筋衛星細胞　59
筋横断面積　55
筋核　57
筋グリコーゲン　90，99，102，
　　103，104，106，107，108
筋グリコーゲン超回復　108
筋原線維　49
筋サテライト細胞　59
筋ジストロフィー　91
筋小胞体　117
筋線維　49
筋線維横断面積　55
筋線維組成　51
筋線維タイプ　49
筋線維の増殖　59
筋線維の動員様式　53
筋損傷　84，93
筋内中性脂肪　100，101，102，107
筋肉痛　117

空気置換法　5
グリコーゲン　99，100，101，104，
　　105，106，107，109，112
グリコーゲン超回復　103
グリコーゲンローディング　95，
　　104，105
グリセミックインデックス　95
グルカゴン　161
グルコース　19，99，100，101，
　　105，112
グルココルチコイド　166
グルココルチコイド仮説　75
グルタミン　124
グルタミン酸　124
クレアチニン・クリアランス　128
クレアチン　125
クレアチン酸　125

クレアチンリン酸　114
クローズドループ　64
グロブリン　123

血液凝固因子　149
血液脳関門　68
月経異常　13
血清鉄　140
血中グルコース　100, 102, 106, 107
血中クレアチン　125
血中脂肪酸　102, 107
血中乳酸濃度　116
血中尿素窒素　124
血糖　101, 103, 106
血糖値　103, 106
解毒　124

交感神経緊張型　31
高強度トレーニング　76
抗酸化機能　84
抗酸化能　147
抗酸化ビタミン　149
甲状腺ホルモン　158, 166
高たんぱく質食　123
高地　117
行動性体温調節　61
抗利尿ホルモン　161
呼気ガス分析　19
呼吸交換率　38
呼吸商　16
骨格筋細胞　49
骨粗鬆症　151, 152
骨量　153, 154
コバラミン　146
コルチゾール　77, 78, 158, 160, 161, 166
コンセントリック　56, 93

[さ　行]

サイズの原理　55
最大一回拍出量　43
最大挙上重量　56
最大酸素摂取量　37
最大心拍数　38
サイトカイン　86
細胞内情報伝達系　57
細胞内情報伝達物質　160

サイロキシン（T₄）　158, 165
サッカー　116
酸化　130
酸化系酵素活性　50
酸化ストレス　84
酸素　112

持久性タイプ　44
視床下部　31
自転車駆動　39
自発的脱水　63
5α-ジヒドロテストステロン（DHT）　167
脂肪酸　100, 101, 102, 105, 106
脂肪酸の代謝　147
収縮たんぱく質　126
執着性格　74
主観的運動強度（RPE）　118
出現速度　130
消化管　126
消失速度　130
脂溶性ビタミン　143, 148
静脈血　125
食事摂取基準　22
食事誘発性熱産生　13
食物の消化　13
除脂肪量（LBM）　3, 12
女性ホルモン　158
自律性体温調節　61
腎機能　125
心筋梗塞　26, 91
人種差　13
腎臓障害　126
身体活動レベル　14
身体組成　3
身体的ストレス　77
身体密度　5
身長　3
伸張性収縮　56
腎の濾過機能　125
心拍出量　42
心拍数　16
心房性ナトリウム利尿ペプチド（ANP）　165

水中体重法　5
水溶性ビタミン　143
ステロイドホルモン　158

ストレス予防　88
スポーツ心臓　44
スロートレーニング　57

性差　40
精神的ストレス　73, 77
成長ホルモン　161, 166
生理周期　13
セカンドメッセンジャー　160
赤筋線維　50
赤血球　132
セロトニン　106
漸増負荷法　38
選択的セロトニン取り込み阻害剤　74

双極性障害　73, 74
走行　22
総たんぱく質　123
早朝起床時心拍数　33
組織バランス法　125
速筋線維　50

[た　行]

体液性免疫　85
体脂肪率　4
体重　3
体調チェック　26
タイプⅠ　50
タイプⅠ線維　50
タイプⅡ　50
タイプⅡ線維　50
ダグラスバッグ　15
脱アンモニア　124
谷型　35
短縮性収縮　56
男性ホルモン　158
断続負荷法　38

遅筋線維　50
窒素排泄量　19
遅発性筋肉痛　84, 93
中枢性の疲労　90
中枢毒性　124
中性脂肪　100, 101, 102
超音波法　8
貯蔵脂肪　4
チロキシン（T₄）　161

通過時間　43

低栄養状態　12
低血糖　66
定常状態　130
低張性脱水　164
低ナトリウム血症　65
T細胞　86
デキサメサゾン抑制試験　77
テストステロン　78, 158, 161, 166
鉄含有たんぱく質群　134
鉄欠乏性貧血　137
鉄摂取量　140
デハイドロエピアンドロステロン　158
電解質コルチコイド　158

糖　112
同位体　128
同位体比　129
糖質コルチコイド　77, 158
糖質の代謝　147
等尺性収縮　56
動静脈格差法　125
動静脈酸素格差　42, 44
糖新生　122, 123
糖代謝酵素　143
動脈血　125
動脈血化　125
特定保健用食品　154
突然死（スポーツに関連した）　25
トランスフェリン　123, 140
トリヨードサイロニン（T_3）　158, 165
トレーニング　43
トレーニング処方　35
トレッドミル走　39, 120

[な 行]

ナイアシン　146
内因性心筋疲労　33
ナチュラルキラー（NK）細胞　85
ナトリウム　117, 155

ニコチン酸　146
ニコチン酸アミド　146
二重X線吸収法（DAXA法）　8

日本人の食事摂取基準（2010年度版）　143, 146
日本体育協会　65
乳酸　100, 101, 112
乳酸カーブ　120
乳酸性作業閾値（lactate threshold；LT）　102
尿素　124
尿たんぱく質　126
尿中クレアチン　127
尿中尿素窒素　127
尿中遊離アミノ酸　126

ネガティブフィードバック機構　77
熱けいれん　71
熱産生料　14
熱失神　71
熱射病　71
熱中症事故　69
熱疲労　71
年齢　40

脳下垂体系の機能不全　32
脳下垂体前葉　77
ノルアドレナリン　158, 164

[は 行]

バイオプシー　128
肺拡散能　41
バイタルサイン　25
バソプレシン（ADH）　161, 165
バソプレッシン　165
白筋線維　50
パフォーマンス　47
ハプトグロビン　139
パルミチン　19
パントテン酸　147

ビオチン　147
皮脂厚　6
肥大型心筋症　26
ビタミンA　148
ビタミンB　155
ビタミンB_1（チアミン）　143
ビタミンB_2　144
ビタミンB_6　145
ビタミンB_{12}　146
ビタミンC　147, 155

ビタミンD　149, 155
ビタミンE　149
ビタミンK　149, 155
必須アミノ酸　124
必須脂肪　4
非必須アミノ酸　124
皮膚　126
非ヘム鉄　135
ヒポキサンチン　104
氷山型　34
ピリドキシン　145
ピルビン酸　112, 123
疲労　96, 112
貧血　132
貧血予防の食事　141

ファットローディング　105, 106
フード　15
フェニルアラニン　126
フェリチン　139
副交感神経緊張型　31
副腎脂質刺激ホルモン　77, 160
プレアルブミン　123
プロゲステロン　168
プロテインキナーゼ（AMPK）　100
プロビタミンA　148
分岐鎖アミノ酸（BCAA）　97, 106, 123

平滑筋　126
平衡状態　130
$\beta 1$アドレナリン受容体　165
ペプチド　130
ペプチドホルモン　158
ヘム鉄　135
ヘモグロビン　133
ヘモグロビン濃度　42

放射性同位体　129
歩行　22
ホルモン　158
翻訳開始因子（eIF）　131

[ま 行]

毎分換気量　41
マウスピース　15
マグネシウム　155
マクロファージ　85

末梢性の疲労　90
マラソン　116
慢性疲労症候群　29

ミオグロビン　50
ミオシン　49
水中毒　65
密度法　4
ミトコンドリア　50，99，100，102，107，109，110，112
ミネラル　150，155

無効発汗　62
無酸素運動　113

3-メチルヒスチジン（3-MeHis）　126
メディカルチェック　26
メランコリー性格　74
免疫機能　83
免疫グロブリン　85

毛細血管　51
毛細血管密度　46
モノカルボン酸トランスポーター　115

[や 行]

夜盲症　148

有効発汗　62
有酸素性代謝能力　46
遊離アミノ酸　123

溶血性貧血　137
葉酸　147

[ら 行]

ラピット・ターンオーバー・プロテイン　123
卵胞刺激ホルモン　168

利尿剤　63
リボフラビン　144
リン　155
リン酸　117

レジスタンスタイプ　44
レジスタンストレーニング　55
レチノール　148
レチノール結合たんぱく質　123
レニン-アンギオテンシン系　165
レニン活性　163
レベリングオフ　38

ロイシン　126

[欧文索引]

ACTH　77，160
ADH　163，164，165
AMP　100
AMPK　101，107，110
arterio-venous oxygen difference（a-$\bar{v}$ O_{2diff}）　42
ATP　99，100，101，103，104，105，107，108，112，124
ATPase活性　50
body mass index（BMI）　3
CaMK　101，108
cardiac output: CO, Q　42
carnitine palmityltransferase-1（CPT-1）　101
CK（Creatine Kinase）　91
CO_2産生量　14，19
CRT-1　102
DHEA　158，166
DNA（遺伝子）　57
DOMS（Delayed Onset of Muscle Sorness）　93
EPOC　14
FABPpm　100
Fat Free Mass: FFM　12

FAT/CD36　100
fatty acid binding protein（FABPpm）　101
fatty acid translocase（FAT/CD36）　101
FFM　21
FG線維　51
FOG線維　51，115
FSH　168
GLUT4　100，101，103，107，108，109
IGF-I（ソマトメジンC）　166
IMP　104
LDH（Lactate Dehydrogenase）　91
LT　102，103，105，106，107，109
Maximal oxygen up take: $\dot{V}O_2max$　37
MCT1　115
MCT4　115
MET　17
NEAT　13
O_2消費量　14，19
PAL　14
peroxisome proliferator-activated reseptor γ coactivator-1a（PGC-1a）　107
PGC-1a　108
pH　117
POMS試験　34
RPE　67
S-100　68
SO線維　51
stroke volume: SV　42
transit time　43
type IIa線維　115
WBGT　69

体育・スポーツ・健康科学テキストブックシリーズ

スポーツ現場に生かす運動生理・生化学
定価（本体2,600円＋税）

2011年　2月　7日　初版1刷
2014年　4月　2日　　　2刷

編　者
樋口　満

発行者
市村　近
発行所
有限会社　市村出版
〒114-0003　東京都北区豊島2-13-10
TEL03-5902-4151
FAX03-3919-4197
http://www.ichimura-pub.com
info@ichimura-pub.com

印刷
株式会社　杏林舎
製本
有限会社　小林製本

ISBN978-4-902109-24-5　C3047
Printed in Japan

乱丁・落丁本はお取り替えいたします．